银行业专业人员职业资格考试用书

# 公司信贷

（初级）

天明银行业专业人员职业资格考试研究组　编

河南大学出版社
·郑州·

图书在版编目(CIP)数据

公司信贷：初级 / 天明银行业专业人员职业资格考试研究组编. --郑州：河南大学出版社，2020.2（2023.12 重印）
ISBN 978－7－5649－4146－8

Ⅰ.①公… Ⅱ.①天… Ⅲ.①信贷—银行业务—中国—资格考试—自学参考资料 Ⅳ.①F832.4

中国版本图书馆 CIP 数据核字（2020）第 027334 号

**公司信贷（初级）**
GONGSI XINDAI (CHUJI)

| | |
|---|---|
| 出 版 人 | 于华龙 |
| 责任编辑 | 杨风华 |
| 责任校对 | 郭慧慧 |
| 封面设计 | 天明教育 |

出版发行　河南大学出版社
　　　　　地址：郑州市郑东新区商务外环中华大厦 2401 号　邮编：450046
　　　　　电话：0371－86059701（营销部）　0371－22860116（人文社科分公司）
　　　　　网址：hupress.henu.edu.cn

| 印　　刷 | 河南承创印务有限公司 | | |
|---|---|---|---|
| 版　　次 | 2020 年 3 月第 1 版 | 印　　次 | 2023 年 12 月第 5 次印刷 |
| 开　　本 | 787 mm×1092 mm　1/16 | 印　　张 | 18.5 |
| 字　　数 | 416 千 | 定　　价 | 50.00 元 |

**版权所有　侵权必究**

（本书如有印装质量问题，请与河南大学出版社营销部联系调换。）

# Foreword 前 言

## 考试介绍

中国银行业专业人员职业资格考试由中国银行业专业人员资格认证办公室负责组织和实施。每年考两次，以计算机考试的方式进行。同时，它分为初级和中级两个等级，初级考试合格并满足相应条件方可报名参加中级考试。

考试科目分为《银行业法律法规与综合能力》和《银行业专业实务》。其中，《银行业专业实务》下设《个人理财》《公司信贷》《个人贷款》《风险管理》《银行管理》五个专业类别。考生需通过《银行业法律法规与综合能力》与《银行业专业实务》科目下任意一个专业类别方可取得初级资格证书。考试题型全部为客观题，包括单选题、多选题和判断题。

## 本书特色

为帮助考生更加有效地备考，熟练掌握有关知识并顺利通过考试，我们组织国内优秀的名师及专家，严格按照新考试大纲和相关法律、法规和规范性文件，在认真分析和总结历年考试真题的基础上，精心编写了本书。

本书主要有以下几大特点：

### 1.紧扣考试大纲，明确学习要点

本书以考试大纲为依据，在编写过程中，专家老师精心总结命题规律，为考生提供了具有专业性、目标性、概括性的考点知识讲解，帮助考生明确复习要点，缩短学习时间，提高复习效率，增强备考信心。

### 2.具有针对性的练习题，讲解深入浅出

本书在每章知识点介绍结束后设置了"实战演练"板块，考生可据此进行自测，这既能够帮助考生巩固所学知识，又能帮助考生熟悉题型，从而使考生在考

试中举一反三解答同一类考题。同时,在封底添加了题库二维码,考生可扫描二维码进入题库进行练习,熟悉考试方式。

### 3.双色印刷,层次分明

本书采用双色印刷模式,部分知识点以曲线标出,使书中的知识点清晰明了,从而有利于考生对考点的学习和掌握。

### 4.开创两大板块,点明学习方向

本套教材在考点详解之前,开创了"思维导图""直击考纲"两大板块。

"思维导图"板块根据内文知识点,形成知识结构,使考生对章节内容一目了然,从而将所讲知识点串联起来,对书中内容做到心中有数,形成完整的知识框架,便于学习。

"直击考纲"板块根据考纲要求,按掌握、熟悉、了解三个层级高度概括考点内容。对于需要掌握和熟悉的内容,考生务必细看并理解,转化为自己的知识,因为这些大都是考试的重点;对于需要了解的内容,由于分值较小且容易掌握,考生着重了解即可,不需要花费太多时间。

尽管编写组成员精益求精,但书中难免存在不足和疏漏之处,敬请广大读者批评指正。

我们真诚地预祝所有应考人员考试成功!

本书编写组

# 目 录

## 第一章　公司信贷概述 …………………………………………………… (1)
- 思维导图 …………………………………………………………………… (1)
- 直击考纲 …………………………………………………………………… (1)
- 考点详解 …………………………………………………………………… (2)
- 第一节　公司信贷基础 …………………………………………………… (2)
- 第二节　公司信贷管理 …………………………………………………… (7)
- 第三节　公司信贷主要产品 ……………………………………………… (12)
- 实战演练 …………………………………………………………………… (19)
- 参考答案及解析 …………………………………………………………… (21)

## 第二章　信贷申请受理和贷前调查 ……………………………………… (23)
- 思维导图 …………………………………………………………………… (23)
- 直击考纲 …………………………………………………………………… (23)
- 考点详解 …………………………………………………………………… (23)
- 第一节　借款人 …………………………………………………………… (23)
- 第二节　信贷业务申请受理 ……………………………………………… (28)
- 第三节　贷前调查 ………………………………………………………… (32)
- 实战演练 …………………………………………………………………… (37)
- 参考答案及解析 …………………………………………………………… (39)

## 第三章　借款需求分析 …………………………………………………… (41)
- 思维导图 …………………………………………………………………… (41)
- 直击考纲 …………………………………………………………………… (41)
- 考点详解 …………………………………………………………………… (42)
- 第一节　概　述 …………………………………………………………… (42)
- 第二节　借款需求分析的内容 …………………………………………… (43)
- 第三节　借款需求与负债结构 …………………………………………… (49)
- 实战演练 …………………………………………………………………… (52)

△ 参考答案及解析 ………………………………………………………（53）

## 第四章 贷款环境风险分析 …………………………………………（55）
△ 思维导图 …………………………………………………………（55）
△ 直击考纲 …………………………………………………………（55）
△ 考点详解 …………………………………………………………（55）
第一节 区域风险分析 ………………………………………………（55）
第二节 行业风险分析 ………………………………………………（58）
△ 实战演练 …………………………………………………………（63）
△ 参考答案及解析 …………………………………………………（64）

## 第五章 客户分析与信用评级 ………………………………………（66）
△ 思维导图 …………………………………………………………（66）
△ 直击考纲 …………………………………………………………（66）
△ 考点详解 …………………………………………………………（67）
第一节 客户品质分析 ………………………………………………（67）
第二节 客户财务分析 ………………………………………………（74）
第三节 客户信用评级 ………………………………………………（93）
△ 实战演练 …………………………………………………………（100）
△ 参考答案及解析 …………………………………………………（101）

## 第六章 担保管理 ……………………………………………………（103）
△ 思维导图 …………………………………………………………（103）
△ 直击考纲 …………………………………………………………（104）
△ 考点详解 …………………………………………………………（104）
第一节 贷款担保概述 ………………………………………………（104）
第二节 保证担保 ……………………………………………………（108）
第三节 抵押担保 ……………………………………………………（114）
第四节 质押担保 ……………………………………………………（121）
第五节 押品管理 ……………………………………………………（127）
△ 实战演练 …………………………………………………………（130）
△ 参考答案及解析 …………………………………………………（132）

## 第七章 信贷审批 ……………………………………………………（135）
△ 思维导图 …………………………………………………………（135）
△ 直击考纲 …………………………………………………………（135）

- ▲ 考点详解 ································································· （135）
- 第一节　信贷授权与审贷分离 ················································· （135）
- 第二节　授信额度及审批 ······················································· （140）
- 第三节　信贷审查事项及审批要素 ··········································· （142）
- ▲ 实战演练 ······································································· （146）
- ▲ 参考答案及解析 ······························································· （148）

# 第八章　贷款合同与发放支付 ··················································· （150）
- ▲ 思维导图 ········································································ （150）
- ▲ 直击考纲 ········································································ （150）
- ▲ 考点详解 ········································································ （150）
- 第一节　贷款合同与管理 ······················································· （150）
- 第二节　贷款发放 ······························································· （155）
- 第三节　贷款支付 ······························································· （163）
- ▲ 实战演练 ········································································ （167）
- ▲ 参考答案及解析 ······························································· （169）

# 第九章　贷后管理 ···································································· （171）
- ▲ 思维导图 ········································································ （171）
- ▲ 直击考纲 ········································································ （171）
- ▲ 考点详解 ········································································ （172）
- 第一节　对借款人的贷后监控 ················································· （172）
- 第二节　贷款用途及还款账户监控 ··········································· （176）
- 第三节　担保管理 ······························································· （178）
- 第四节　风险预警 ······························································· （180）
- 第五节　信贷业务到期处理 ···················································· （182）
- 第六节　档案管理 ······························································· （188）
- ▲ 实战演练 ········································································ （190）
- ▲ 参考答案及解析 ······························································· （192）

# 第十章　贷款风险分类与贷款损失准备金的计提 ···························· （194）
- ▲ 思维导图 ········································································ （194）
- ▲ 直击考纲 ········································································ （194）
- ▲ 考点详解 ········································································ （194）
- 第一节　贷款风险分类概述 ···················································· （194）

第二节　贷款风险分类方法 ……………………………………………（196）
　　　▲ 实战演练 …………………………………………………………（200）
　　　▲ 参考答案及解析 …………………………………………………（201）
第十一章　不良贷款管理 ………………………………………………（202）
　　▲ 思维导图 …………………………………………………………（202）
　　▲ 直击考纲 …………………………………………………………（202）
　　▲ 考点详解 …………………………………………………………（202）
　　第一节　不良贷款的定义 ……………………………………………（202）
　　第二节　不良贷款的处置方式 ………………………………………（203）
　　　▲ 实战演练 …………………………………………………………（214）
　　　▲ 参考答案及解析 …………………………………………………（216）

附　录 ……………………………………………………………………（218）
　　《贷款通则》 ……………………………………………………………（218）
　　《商业银行授信工作尽职指引》 ………………………………………（228）
　　《商业银行集团客户授信业务风险管理指引》 ………………………（240）
　　《绿色信贷指引》 ………………………………………………………（243）
　　《流动资金贷款管理暂行办法》 ………………………………………（247）
　　《固定资产贷款管理暂行办法》 ………………………………………（252）
　　《项目融资业务指引》 …………………………………………………（256）
　　《银团贷款业务指引(修订)》 …………………………………………（258）
　　《商业银行并购贷款风险管理指引》 …………………………………（264）
　　《国务院关于加强固定资产投资项目资本金管理的通知》 …………（270）
　　《商业银行押品管理指引》 ……………………………………………（271）
　　《贷款风险分类指引》 …………………………………………………（276）
　　《金融企业不良资产批量转让管理办法》 ……………………………（279）
　　《中国银监会关于进一步加强商业银行小微企业授信尽职免责
　　　工作的通知》 ………………………………………………………（284）

参考文献 …………………………………………………………………（288）

# 第一章  公司信贷概述

## 思维导图

公司信贷概述
- 公司信贷基础
  - 公司信贷的基本要素
  - 公司信贷的种类
- 公司信贷管理
  - 公司信贷管理的原则
  - 信贷管理流程
  - 信贷管理的组织架构
  - 绿色信贷
- 公司信贷主要产品
  - 流动资金贷款
  - 固定资产贷款
  - 项目融资
  - 银团贷款
  - 并购贷款
  - 贸易融资
  - 保证业务

## 直击考纲

1. 掌握公司信贷的要素和种类。
2. 熟悉公司信贷管理的原则、流程和组织架构。
3. 了解开展绿色信贷的基本内容和要求。
4. 掌握公司信贷主要产品。

# 第一节 公司信贷基础

## 一、公司信贷的基本要素

公司信贷的基本要素主要包括借款主体、信贷产品、信贷金额、信贷期限、贷款利率、还款方式、担保方式和授信条件等。

**1.借款主体**

借款主体主要是经市场监督管理部门（或主管机关）核准登记，拥有市场监督管理部门颁发的营业执照的企业法人、由事业单位登记管理机关颁发事业单位法人证书的事业法人和其他经济组织等。

**2.信贷产品**

信贷产品是指特定产品要素组合下的信贷服务品种，主要包括贷款、担保、承兑和贴现、贸易融资、信用承诺等。

**3.信贷金额**

信贷金额是指银行向借款人提供的以货币计量的信贷产品数额。

**4.信贷期限**

（1）概念

信贷期限有广义和狭义两种。广义的信贷期限是指银行承诺向借款人提供以货币计量的信贷产品的整个期间，即从签订合同到合同结束的整个期间。狭义的信贷期限是指从具体信贷产品发放到约定的最后还款或清偿的期限。在广义的定义下，贷款期限通常分为提款期、宽限期和还款期。

| 类型 | 内容 |
| --- | --- |
| 提款期 | 从借款合同生效之日开始，至合同规定贷款金额全部提款完毕之日为止，或最后一次提款之日为止，期间借款人可按照合同约定分次提款 |
| 宽限期 | 从贷款提款完毕之日开始，或最后一次提款之日开始，至第一个还本付息之日为止，介于提款期和还款期之间 |
| 还款期 | 从借款合同规定的第一次还款日起至全部本息清偿日止的期间 |

（2）《贷款通则》有关期限的相关规定

①贷款期限根据借款人的生产经营周期、还款能力和银行的资金供给能力由借贷双方共同商议后确定，并在借款合同中载明。

②自营贷款期限最长一般不得超过10年，超过10年应当报中国人民银行备案。

③纸质票据贴现的期限最长不得超过6个月，贴现期限为从贴现之日起到票据到期日止。

④不能按期归还贷款的，借款人应当在贷款到期日之前，向银行申请贷款展期，是否展期由银行决定。

⑤短期贷款展期期限累计不得超过原贷款期限；中期贷款展期期限累计不得超过原贷款期限的一半；长期贷款展期期限累计不得超过3年。

（3）电子票据的期限

电子票据较传统纸质票据，实现了以数据电文形式代替原有纸质实物票据、以电子签名取代实体签章、以网络传输取代人工传递、以计算机录入代替手工书写等变化，其期限最长为6个月，使企业融资期限安排更加灵活。

### 直击考点

（单选）根据《贷款通则》，自营贷款期限最长一般不得超过（　　），纸质票据贴现的期限最长不得超过（　　）。

A.10年；6个月　　　　　　　　　　B.6年；6个月
C.6年；10个月　　　　　　　　　　D.10年；10个月

【答案】A

【解析】《贷款通则》有关期限的相关规定包括：（1）自营贷款期限最长一般不得超过10年，超过10年应当报中国人民银行备案；（2）纸质票据贴现的期限最长不得超过6个月，贴现期限为从贴现之日起到票据到期日止。

#### 5.贷款利率和信贷中间业务费率

（1）贷款利率

贷款利率是指借款人使用贷款时支付的资金价格。

①贷款利率的种类

| 种类 | 内容 |
| --- | --- |
| 本币贷款利率和外币贷款利率 | 根据贷款币种的不同来划分 |
| 浮动利率和固定利率 | 按照借贷关系持续期内利率水平是否变动来划分。浮动利率是指借贷期限内利率随市场利率或其他因素变化相应调整的利率；固定利率是指在贷款合同签订时即设定好固定的利率，在贷款合同期内，借款人都按照固定的利率支付利息，不需要"随行就市" |
| 法定利率、行业公定利率和市场利率 | 法定利率是指由政府金融管理部门或中央银行确定的利率，它是国家实现宏观调控的一种政策工具。行业公定利率是指由非政府部门的民间金融组织，如银行业协会等确定的利率，该利率对会员银行具有约束力。市场利率是指随市场供求关系的变化而自由变动的利率 |

② 我国贷款利率管理相关情况

| | | |
|---|---|---|
| 管理制度 | 基准利率 | 基准利率是被用作定价基础的标准利率,包括市场利率、法定利率和行业公定利率。我国中央银行公布的贷款基准利率是法定利率。人民币公司贷款的计息和结息方式,由借贷双方协商确定。<br>短期贷款利率(期限在1年以下,含1年),按贷款合同签订日的相应档次的法定贷款利率及借贷双方共同商定的浮动比例计息。中长期贷款(期限在1年以上)利率根据贷款合同确定的期限,按贷款合同生效日相应档次的法定贷款利率及借贷双方共同商定的浮动比例计息,合同期内贷款利率调整由借贷双方按商业原则确定,可在合同期内按月、按季、按年调整,也可采用固定利率的确定方式。<br>贷款展期,期限累计计算,累计期限达到新的利率档次时,自展期之日起,按展期日挂牌的累计期限同档次利率计息;达不到新的期限档次时,按展期日的原档次利率计息。逾期贷款或挤占挪用贷款,从逾期或挤占挪用之日起,按罚息利率计收罚息,直到清偿本息为止,对不能按时支付的利息,按罚息利率计收复利。<br>借款人在借款合同到期日之前归还借款时,银行有权按原贷款合同向借款人收取利息 |
| 利率结构(差别利率的总和) | 人民币贷款利率档次 | 按贷款期限分为短期、中期和长期贷款利率。短期贷款利率期限为1年以内(含1年);中期贷款利率期限为1至5年(含5年);长期贷款利率期限为5年以上(不含5年) |
| | 外汇贷款利率档次 | 目前我国中央银行已不再公布外汇贷款利率,外汇贷款利率在我国已经实现市场化。国内商业银行通常以国际主要金融市场的利率(如伦敦同业拆借利率)为基础确定外汇贷款利率 |
| 利率表达方式 | | 一般有年利率、月利率、日利率三种形式。年利率也称年息率,以年为计息期,一般按本金的百分比表示;月利率也称月息率,以月为计息期,一般按本金的千分比表示;日利率也称日息率,以日为计息期,一般按本金的万分比表示 |
| 计息方式 | | 按计算利息的周期分为按日计息、按月计息、按季计息、按年计息。按是否计算复利分为单利计息和复利计息。单利计息是指在计息周期内对已计算未支付的利息不计收利息;复利计息是指在计息周期内对已计算未支付的利息计收利息 |

### 6. 还款方式

一般分为一次性还款和分次还款,分次还款又分定额还款和不定额还款两种方式。贷款合同应该明确还款方式,借款人必须按照贷款合同约定的还款方式还款。还款方式的任何变更须经双方达成书面协议。

### 7. 担保方式

按照《中华人民共和国民法典》的有关规定,担保方式包括保证、抵押、质押和留置等方式。在信贷业务中经常运用的主要是前三种方式中的一种或几种。

**8.授信条件**

（1）提款前提条件

主要包括合法授权、政府批准、资本金要求、担保落实等。

（2）持续维护条件

主要包括财务维持、股权维持、信息交流等。

### 直击考点

（单选）年利率也称年息率，以年为计息期，一般按本金的（　　　）表示。

A.百分之几　　　　　　　　B.十分之几

C.千分之几　　　　　　　　D.万分之几

【答案】A

【解析】利率一般有年利率、月利率、日利率三种形式。年利率也称年息率，以年为计息期，一般按本金的百分比表示；月利率也称月息率，以月为计息期，一般按本金的千分比表示；日利率也称日息率，以日为计息期，一般按本金的万分比表示。

## 二、公司信贷的种类

公司信贷的种类是按一定分类方法和标准划分的信贷类别，划分信贷种类是进行贷款管理的需要，目的在于反映信贷品种的特点和信贷资产的结构。

**1.按货币种类划分**

（1）人民币贷款

人民币是我国的法定货币，以人民币为借贷货币的贷款称为人民币贷款。

（2）外汇贷款

以外汇作为借贷货币的贷款称为外汇贷款。现有的外汇贷款币种有美元、港元、日元、英镑和欧元。

**2.按贷款期限划分**

（1）短期贷款

短期贷款是指贷款期限在1年以内（含1年）的贷款。

（2）中期贷款

中期贷款是指贷款期限在1年以上（不含1年）5年以下（含5年）的贷款。

（3）长期贷款

长期贷款是指贷款期限在5年（不含5年）以上的贷款。

**3.按贷款经营模式划分**

（1）自营贷款

自营贷款是指银行以合法方式筹集的资金自主发放的贷款，其风险由银行承担，并由银行收回本金和利息。

（2）委托贷款

委托贷款是指政府部门、企事业单位及个人等委托人提供资金，由银行（受托人）根据委托人确定的贷款对象、用途、金额、期限、利率等代为发放、监督使用并协助收回的贷款。委托贷款的风险由委托人承担，银行（受托人）只收取手续费，不承担贷款风险，不代垫资金。

（3）特定贷款

特定贷款是指国务院批准并对贷款可能造成的损失确定相应补救措施后责成银行发放的贷款。

### 4. 按贷款偿还方式划分

（1）一次还清贷款

一次还清贷款是指借款人在贷款到期时一次性还清贷款本息。短期贷款通常采取一次还清贷款的还款方式。

（2）分期偿还贷款

分期偿还贷款是指借款人与银行约定在贷款期限内分若干期偿还贷款本金。中长期贷款采用分期偿还方式。

### 5. 按贷款利率划分

（1）固定利率贷款

固定利率贷款是指在贷款合同签订时即设定好固定的利率，在贷款合同期内，借款人都按照固定的利率支付利息，不需要"随行就市"。

（2）浮动利率贷款

浮动利率贷款是指贷款利率在贷款期限内随市场利率或其他因素变化按约定时间和方法自动进行调整的贷款。

### 6. 按贷款担保方式划分

（1）抵押贷款

抵押贷款是指以借款人或第三人财产作为抵押发放的贷款。

（2）质押贷款

质押贷款是指以借款人或第三人的动产或权利作为质押物发放的贷款。

（3）保证贷款

保证贷款是指以第三人承诺在借款人不能偿还贷款时，按约定承担一般保证责任或者连带保证责任而发放的贷款。银行一般要求保证人提供连带责任保证。

（4）信用贷款

信用贷款是指凭借款人信誉发放的贷款。其最大特点是不需要提供保证和抵质押等担保，仅凭借款人的信用就可以取得贷款。信用贷款的还款来源主要依靠借款人自身生产经营产生的现金流偿还，没有第二还款来源，发放时须审慎核算，一般仅向实力雄厚、信誉卓著的借款人发放,通常期限较短。

**7.按是否计入资产负债表划分**

（1）表内业务

公司信贷的表内业务主要包括贷款和票据贴现。

贷款是指商业银行以一定的利率和按期归还为条件,将货币资金使用权转让给其他资金需求者的信用活动。票据贴现是指银行应客户的要求,买进其未到付款日期的票据,并向客户收取一定的利息的业务。

（2）表外业务

公司信贷的表外业务主要包括保证、银行承兑汇票和信用证等业务。

保证业务是指银行应申请人的请求,向受益人开立书面信用担保凭证,保证在申请人未能按双方协议履行其责任或义务时,由银行代其按照约定履行一定金额的某种支付或经济赔偿责任的信贷业务。银行承兑汇票业务是银行接受出票人的付款委托,承诺在承兑汇票到期日对收款人或持票人无条件支付汇票金额的票据行为。信用证业务是指开证银行根据申请人(基础交易买方)的申请并按其指示,向受益人(基础交易卖方)开出书面承诺文件,承诺在符合信用证条款的情况下,凭规定的单据,向受益人支付一定金额或承兑的信贷业务。

### 直击考点

（多选）按贷款期限划分,公司信贷可分为(　　　)。

A.短期贷款　　　　B.循环贷款　　　　C.中期贷款　　　　D.长期贷款

E.透支

【答案】ACD

【解析】按贷款期限划分,公司信贷可分为:（1）短期贷款,贷款期限在1年以内(含1年)的贷款;（2）中期贷款,贷款期限在1年以上(不含1年)5年以下(含5年)的贷款;（3）长期贷款,贷款期限在5年(不含5)以上的贷款。

## 第二节　公司信贷管理

### 一、公司信贷管理的原则

| 原则 | 具体内容 |
| --- | --- |
| 全流程贷款管理原则 | 强调要将有效的信贷风险管理行为贯穿到贷款生命周期中的每一个环节 |
| 实贷实付原则 | 指银行业金融机构根据借款人的有效贷款需求,主要通过贷款人受托支付的方式,将贷款资金支付给符合合同约定的借款人交易对象的过程。关键是让借款人按照贷款合同的约定用途使用贷款资金,减少贷款挪用的风险 |

续表

| 原则 | 具体内容 |
|---|---|
| 诚信申贷原则 | 主要包含两层含义：一是借款人恪守诚实守信原则，按照贷款人要求的具体方式和内容提供贷款申请材料，并且承诺所提供材料是真实、完整、有效的；二是借款人应证明其信用记录良好、贷款用途和还款来源明确合法等 |
| 协议承诺原则 | 要求银行业金融机构作为贷款人，应与借款人乃至其他相关各方通过签订完备的贷款合同等协议文件，规范各方有关行为，明确各方权利义务，调整各方法律关系，明确各方法律责任。通过强调合同的完备性、承诺的法制化乃至管理的系统化，弥补过去贷款合同的不足 |
| 贷放分控原则 | 指银行业金融机构将贷款审批与贷款发放作为两个独立的业务环节，分别管理和控制，以达到降低信贷业务操作风险的目的 |
| 贷后管理原则 | 指商业银行在贷款发放以后所开展的信贷风险管理工作。主要内容是：监督贷款资金按用途使用；对借款人账户进行监控；强调借款合同的相关约定对贷后管理工作的指导性和约束性；明确贷款人按照监管要求进行贷后管理的法律责任 |

### 直击考点

（单选）借款人的贷款申请应遵循"诚信申贷"的原则，以下不符合这一要求的是（　　）。

A.借款人恪守诚实守信原则
B.借款人按照贷款人要求的具体方式和内容提供贷款申请材料
C.借款人承诺部分材料的真实性、完整性和有效性
D.借款人信用记录良好、贷款用途以及还款来源明确合法

【答案】C

【解析】贷款申请应遵循"诚信申贷"的基本要求：（1）借款人恪守诚实守信原则，按照贷款人要求的具体方式和内容提供贷款申请材料，并且承诺所提供材料的真实性、完整性和有效性；（2）借款人应证明其信用记录良好、贷款用途以及还款来源明确合法等。C选项，借款人承诺所提供材料的真实性、完整性和有效性，而非部分材料。

## 二、信贷管理流程

科学合理的信贷业务管理过程实质上是规避风险、获取效益，以确保信贷资金的安全性、流动性、盈利性的过程。一般来说，一笔贷款的管理流程分为九个环节。

### 1.贷款申请

借款人需用贷款资金时，应按照贷款人要求的方式和内容提出贷款申请，并恪守诚实守信原则，承诺所提供材料的真实、完整、有效。

### 2. 受理与调查

银行业金融机构在接到借款人的借款申请后,应由分管客户关系管理的信贷人员采用有效方式收集借款人的信息,对其资质、信用状况、财务状况、经营情况等进行调查分析,评定资信等级,评估项目效益和还本付息能力。同时也应对担保人的资信、财务状况进行分析,如果涉及抵(质)押物的还必须分析其权属状况、市场价值、变现能力等,并就具体信贷条件进行初步洽谈。信贷人员根据调查内容撰写书面报告,提出调查结论和信贷意见报公司业务经营部门及所在机构分管领导审核。

### 3. 审查及风险评价

银行业金融机构信贷人员将调查结论和初步贷款意见经所在机构分管领导审核同意后提交负责审查或风险评价的部门,由审查或风险评价部门对贷前调查报告等贷款申报资料进行全面审查,依据相关规则标准,对借款人情况、信贷方案、还款来源、担保情况等进行全面风险评价,并提出审查评价意见供有权审批人员决策。

### 4. 贷款审批

银行业金融机构要按照"审贷分离、分级审批"的原则由有权审批人员对信贷资金的投向、金额、期限、利率、担保等贷款内容和条件进行最终决策,签署审批意见。

### 5. 合同签订

合同签订强调协议承诺原则。借款申请经审查批准后,银行业金融机构与借款人应按照批复意见,共同签订书面借款合同,作为明确借贷双方权利和义务的法律文件。

(1)对于保证担保贷款,银行业金融机构还须与保证人签订书面保证合同。

(2)对于抵(质)押担保贷款,银行业金融机构还须与抵(质)押物所有人签订抵(质)押担保合同,并办理登记等相关法律手续。

### 6. 贷款发放

贷款人应设立独立的责任部门或岗位,负责贷款发放审核。贷款人在发放贷款前应确认借款人满足合同约定的提款条件,并按照合同约定的方式对贷款资金的支付实施管理与控制,监督贷款资金按约定用途使用。

### 7. 贷款支付

贷款人应设立独立的责任部门或岗位,负责贷款支付审核和支付操作。

(1)采用贷款人受托支付的,贷款人应审核交易资料是否符合合同约定条件。在审核通过后,将贷款资金通过借款人账户支付给借款人交易对象。

(2)采用借款人自主支付方式的,贷款人应要求借款人定期汇总报告贷款资金支付情况,并通过账户分析、凭证查验、现场调查等方式核查贷款支付是否符合约定用途。

### 8. 贷后管理

贷后管理是银行业金融机构在贷款发放后对合同执行情况及借款人经营管理情况进行检查或监控的信贷管理行为。其主要内容包括监督借款人的贷款使用情况、跟踪掌握企业经营与财务状况及其清偿能力、检查贷款抵(质)押品和担保权益的完整性三个方面。其主要目的是督促借款人按合同约定用途合理使用贷款,及时发现并采取有效措施纠正、处理有问题贷款,并对贷款调查、审查与审批工作进行信息反馈,及时调整与借款人合作的策略和内容。

### 9.贷款回收与处置

银行业金融机构应提前提示借款人到期还本付息;对贷款需要展期的,贷款人应审慎评估展期的合理性和可行性,科学确定展期期限,加强展期后管理;对于确因借款人暂时经营困难不能按期还款的,贷款人可与借款人协商贷款重组;对于不良贷款,贷款人要按照有关规定和方式,予以核销或保全处置。另外,还要求做好信贷档案管理,贷款结清后,该笔信贷业务即已完成,贷款人应及时将贷款的全部资料归档保管,并移交专职保管员对档案资料的安全、完整和保密性负责。

## 三、信贷管理的组织架构

商业银行信贷业务经营管理组织架构包括董事会及其专门委员会、监事会、高级管理层和信贷业务前中后台部门。

| 项目 | 具体内容 |
| --- | --- |
| 董事会及其专门委员会 | 商业银行的最高风险管理和决策机构,承担商业银行风险管理的最终责任,负责确定银行的发展战略,决定银行内部管理机构设置、经营计划、风险管理政策和内部控制政策,制定银行风险管理和内部控制的相关制度,并监督其执行情况。董事会通常下设风险委员会,审定风险管理战略,审查重大风险活动,对管理层和职能部门履行风险管理和内部控制职责的情况进行定期评估,并提出改进要求 |
| 监事会 | 我国商业银行所特有的监督部门,对股东大会负责,从事商业银行内部尽职监督、财务监督、内部控制监督等工作 |
| 高级管理层 | 主要职责是负责银行的经营管理工作,拟订银行内部管理机构设置方案和基本管理制度,授权内部各职能部门及分支机构负责人从事经营活动,组织实施经营计划,执行风险管理政策,制定风险管理的程序和操作规程,及时了解风险水平及其管理状况,并确保商业银行具备足够的人力、物力和恰当的组织结构、管理信息系统及技术水平,以有效地识别、计量、监测和控制各项业务所承担的各项风险 |
| 信贷业务前中后台部门 | (1)前台部门负责客户营销和维护,是银行的"利润中心",如公司业务部门、个人贷款业务部门,同时也是贷后管理及客户风险控制的第一责任人。<br>(2)中台部门负责贷款风险的管理和控制,如信贷审批及管理部门、风险管理部门、合规部门、授信执行部门等<br>(3)后台部门负责信贷业务的配套支持和保障,如财务会计部门、审计部门、信息技术部门等。<br>按照贷款新规的要求,商业银行应确保其前、中、后台各部门的独立性,前、中、后台均应设立"防火墙",确保操作过程的独立性 |

第一章 公司信贷概述

### 直击考点

（多选）下列关于商业银行信贷管理组织架构的说法，不正确的有（    ）。
A.董事会通常下设风险政策委员会，审定风险管理战略，审查重大风险活动
B.监事会是我国商业银行所特有的监督部门，对董事会负责
C.股东大会是商业银行的最高风险管理和决策机构，承担商业银行风险管理的最终责任
D.信贷中台部门负责贷款风险的管理和控制，也是银行的"利润中心"
E.银行的主要职责是负责执行风险管理政策，制定风险管理的程序和操作流程，及时了解风险水平及其管理状况等

【答案】BCDE
【解析】B选项，监事会是我国商业银行所特有的监督部门，对股东大会负责；C选项，董事会是商业银行的最高风险管理和决策机构，承担商业银行风险管理的最终责任；D选项，信贷前台部门负责客户营销和维护，也是银行的"利润中心"；E选项，高级管理层的主要职责是执行风险管理政策，制定风险管理的程序和操作规程，及时了解风险水平及其管理状况等。

### 四、绿色信贷

近年来，监管机构对银行业金融机构绿色信贷的指导和要求日益健全和完善。

2012年原银监会下发了《绿色信贷指引》，对银行业金融机构开展绿色信贷提出了明确要求。银行业金融机构应当有效识别、计量、监测、控制信贷业务活动中的环境风险和社会风险，建立环境风险和社会风险管理体系，完善相关信贷政策制度和流程管理。

银行业金融机构应大力促进节能减排和环境保护，从战略高度推进绿色信贷，加大对绿色经济、低碳经济、循环经济的支持，防范环境风险和社会风险，并以此优化信贷结构，更好地服务实体经济。

银行业金融机构应重点关注其客户及其重要关联方在建设、生产、经营活动中可能给环境和社会带来的危害及相关风险，包括与耗能、污染、土地、健康、安全、移民安置、生态保护、气候变化等有关的环境问题与社会问题。

银行业金融机构应至少每两年开展一次绿色信贷的全面评估工作，并向银行业监管机构报送自我评估报告。此外，还需建立绿色信贷考核评价和奖惩体系，公开绿色信贷战略、政策及绿色信贷发展情况。

2013年，原银监会发布《关于绿色信贷工作的意见》，主要是对《绿色信贷指引》的具体落实。《关于绿色信贷工作的意见》要求银行业金融机构积极支持绿色、循环和低碳产业发展，加大对战略性新兴产业、文化产业、生产性服务业、工业转型升级等重点领域的支持力度。

2014年，原银监会又发布了《绿色信贷实施情况关键评价指标》，要求各银行对照绿色信贷实施情况关键评价指标，认真组织开展本机构绿色信贷实施情况自评价工作。该

11

评价指标分为定性评价指标和定量评价指标两部分,定性评价指标主要对照《绿色信贷指引》的各项要求进行评价,定量评价指标则主要针对银行支持及限制类贷款情况、机构的环境和社会表现、绿色信贷培训教育情况、与利益相关方的互动情况等方面进行评价。

2015年,原银监会与国家发展改革委联合印发《能效信贷指引》,鼓励和指导银行业金融机构积极开展能效信贷业务。所谓能效信贷,是指银行业金融机构为支持用能单位提高能源利用效率、降低能源消耗而提供的信贷融资。《能效信贷指引》从能效项目特点、能效信贷业务重点、业务准入、风险审查要点、流程管理、产品创新等方面,提出具有可操作性的指导意见,通过专业化、针对性的业务创新和风险管控要求,为银行业金融机构提升产业服务水平提供了指导和帮助。

2016年,中国人民银行、财政部等七部委联合印发了《关于构建绿色金融体系的指导意见》,提出了支持和鼓励绿色投融资的一系列激励措施,包括通过再贷款、专业化担保机制、绿色信贷支持项目财政贴息、设立国家绿色发展基金等措施支持绿色金融发展。

2020年9月,习近平总书记郑重宣布中国二氧化碳排放力争于2030年前达到峰值,努力争取2060年前实现碳中和。我国碳达峰、碳中和目标等重大战略部署,将为银行业带来重大机遇与挑战。2021年2月,国务院下发《关于加快建立健全绿色低碳循环发展经济体系的指导意见》,要求大力发展绿色金融;发展绿色信贷和绿色直接融资,加大对金融机构绿色金融业绩评价考核力度;支持金融机构和相关企业在国际市场开展绿色融资;推动国际绿色金融标准趋同,有序推进绿色金融市场双向开放;推动气候投融资工作。

### 直击考点

(单选)银行业金融机构应至少每(　　)开展一次绿色信贷的全面评估工作,并向银行监督机构报送自我评估报告。

A.三年　　　　B.一年　　　　C.两年　　　　D.半年

【答案】C

【解析】银行业金融机构应当根据《绿色信贷指引》的要求,至少每两年开展一次绿色信贷的全面评估工作,并向银行业监管机构报送自我评估报告。

## 第三节　公司信贷主要产品

### 一、流动资金贷款

#### 1.概念

流动资金贷款是指贷款人向企(事)业法人或国家规定可以作为借款人的其他组织发放的用于借款人日常生产经营周转的本外币贷款。

# 第一章 公司信贷概述

### 2.用途

流动资金贷款用途是满足借款人日常生产经营周转资金需要，贷款人应根据借款人生产经营的规模和周期特点，合理设定流动资金贷款的额度及业务期限，以满足借款人生产经营的合理资金需求，实现对贷款资金回笼的有效控制。

### 3.分类

流动资金贷款按具体用途及还款来源差异大致可分为一般周转类流动资金贷款及满足某笔特定经营业务资金需求的专项流动资金贷款。

### 4.还款来源

一般周转类流动资金贷款的还款来源通常为借款人的综合经营现金流，贷款期限通常与借款人生产经营周期相匹配；专项流动资金贷款还款来源主要为所支持特定业务的销售回笼资金，期限通常与该业务的资金回笼时间相匹配，具有自偿性业务特征。

## 二、固定资产贷款

### 1.概念

固定资产贷款是指贷款人向企（事）业法人或国家规定可以作为借款人的其他组织发放的，用于借款人固定资产投资的本外币贷款。

### 2.用途

固定资产贷款用途是满足借款人固定资产投资的资金需要，用途具体明确。

### 3.分类

固定资产投资是建造或购置固定资产的活动，固定资产贷款按照所支持固定资产投资性质差异主要分为基本建设贷款和技术改造贷款两类。

（1）基本建设贷款用于支持以外延扩大再生产为主的新建或扩建固定资产项目建设。

（2）技术改造贷款用于支持借款人以内涵扩大再生产或扩大产品品种、提高产品品质及生产效率为目的对原有固定资产设施进行更新和技术改造。

### 4.还款来源

固定资产贷款还款来源通常为所支持固定资产投资项目未来实现收益（包括固定资产折旧对应的现金流入）。

## 三、项目融资

### 1.概念

项目融资是指符合以下特征的贷款：

（1）贷款用途通常是用于建造一个或一组大型生产装置、基础设施、房地产项目或其他项目，包括对在建或已建项目的再融资。

（2）借款人通常是为建设、经营该项目或为该项目融资而专门组建的企事业法人，包括主要从事该项目建设、经营或融资的既有企事业法人。

（3）还款资金来源主要依赖该项目产生的销售收入、补贴收入或其他收入，一般不具

13

备其他还款来源。

#### 2.项目融资与一般固定资产贷款的差异

项目融资是一种特殊形式的固定资产贷款。项目融资与一般固定资产贷款的差异主要体现在担保方式及还款来源构成不同。

（1）一般固定资产贷款通常具有公司融资属性，还款资金来源较广泛，除项目自身收入外，还包括借款人除项目之外的其他经营、投资等收入，也可以通过追加第三方担保等方式，获得其他补充还款来源。

（2）项目融资借款人通常为项目公司，且未提供第三方担保，还款来源单一，主要依赖项目自身收入，银行对融资项目的选择标准及准入门槛较高，适用于经营风险小、收益稳定、自身还款来源充足的优质项目。

### 直击考点

（多选）根据《项目融资业务指引》的规定，项目融资是指符合（　　）特征的贷款。
A.借款人通常是为建设、经营该项目或为该项目融资而专门组建的企事业法人
B.贷款用途通常是用于建造一个或一组大型生产装置、基础设施、房地产项目或其他项目
C.还款资金来源主要依赖该项目产生的销售收入、补贴收入或其他收入
D.专指对在建项目的再融资
E.借款人包括主要从事项目建设、经营或融资的既有企事业法人

【答案】ABCE

【解析】项目融资是指符合以下特征的贷款：（1）贷款用途通常是用于建造一个或一组大型生产装置、基础设施、房地产项目或其他项目，包括对在建或已建项目的再融资；（2）借款人通常是为建设、经营该项目或为该项目融资而专门组建的企事业法人，包括主要从事该项目建设、经营或融资的既有企事业法人；（3）还款资金来源主要依赖该项目产生的销售收入、补贴收入或其他收入，一般不具备其他还款来源。

## 四、银团贷款

#### 1.概念

银团贷款是指由两家或两家以上银行基于相同贷款条件，依据同一贷款合同，按约定时间和比例，通过代理行向借款人提供的本外币贷款或授信业务。

#### 2.银团成员

参与银团贷款的银行均为银团成员。银团成员应按照"信息共享、独立审批、自主决策、风险自担"的原则自主确定各自授信行为，并按实际承担份额享有银团贷款项下相应的权利，履行相应的义务。

按照在银团贷款中的职能和分工，银团成员通常分为牵头行、代理行和参加行等角色，也可根据实际规模与需要在银团内部增设副牵头行、联合牵头行等，并按照银团贷款合同履行相应职责。

银团贷款牵头行是指经借款人同意，负责发起组织银团、分销银团贷款份额的银行。单

# 第一章 公司信贷概述

家银行担任牵头行时,其承贷份额原则上不少于银团融资总金额的20%;分销给其他银团成员的份额原则上不得低于50%。按照牵头行对贷款最终安排额所承担的责任,银团牵头行分销银团贷款可以分为全额包销、部分包销和尽最大努力推销三种类型。

银团代理行是指银团贷款合同签订后,按相关贷款条件确定的金额和进度归集资金向借款人提供贷款,并接受银团委托按银团贷款合同规定进行银团贷款事务管理和协调活动的银行。代理行经银团成员协商确定,可以由牵头行或者其他银行担任。银团代理行应当代表银团利益,借款人的附属机构或关联机构不得担任代理行。

## 五、并购贷款

### 1.概念
并购贷款是指商业银行向并购方或其子公司发放的,用于支付并购交易价款的贷款。

### 2.分类
根据并购目标企业不同,并购通常可分为同行业或上下游企业并购与跨行业并购。

| 类型 | 目的 |
| --- | --- |
| 同行业并购 | 获取目标企业技术、市场及客户资源等补充,提高市场占有率及行业竞争力,实现协同效应 |
| 上下游并购 | 获得稳定、优质、低成本原材料供应,或通过向下游市场渗透,控制下游渠道、实现协同效应,提高产业链价值 |
| 跨行业并购 | 为并购方提供快速进入其他行业,分享目标行业收益及成长性,实现多元化、分散行业集中度风险的机会 |

### 3.要求
银行办理并购贷款需合理评估并购目标企业价值及并购交易价格合理性,并购交易价款中并购贷款所占比例不应高于60%;并购贷款期限一般不超过7年。

## 六、贸易融资

商业银行贸易融资是基于商品交易买卖双方信用需求提供的融资,融资主体可以是买方,也可以是卖方。贸易融资分为国内贸易融资和国际贸易融资两大类。

### (一)国内贸易融资

国内贸易融资业务基础是境内客户之间进行的境内商品或服务贸易,其融资标的可以是交易中产生的存货、预付款、应收账款等资产。目前,我国国内贸易融资业务主要有国内保理、国内信用证、国内信用证项下打包贷款等产品。

#### 1.保理业务
保理业务是以债权人转让其应收账款为前提,集应收账款催收、管理、坏账担保及融资于一体的综合性金融服务。按照商业银行在应收账款付款人拖欠或无法偿付应收账款时,是否可以要求保理申请人(应收账款收款人)回购应收账款或归还融资,分为有追索权保理和无追索权保理。

### 2. 国内信用证

开证银行依照申请人（基础交易买方）的申请向受益人（卖方）开出的有一定金额、在一定期限内凭信用证规定的单据支付款项的书面承诺。

### 3. 国内信用证项下打包贷款

商业银行基于国内信用证、对国内信用证受益人（交易卖方）提供的用于采购或生产信用证项下货物资金需求的专项贷款。

## （二）国际贸易融资

国际贸易融资业务基础是境内外客户之间进行的跨境商品或服务贸易，按银行提供服务对象的不同可以分为两大类，一类是进口方银行为进口商提供的服务，另一类是出口方银行为出口商提供的服务。

### 1. 信用证

（1）概念

信用证是银行有条件的付款承诺，即开证银行依照开证申请人（即进口商）的要求和指示，承诺在符合信用证条款的情况下，凭规定的单据向受益人（即出口商）或其指定人进行付款，或承兑；或授权另一家银行进行该项付款，或承兑；或授权另一家银行议付。

（2）分类

| 分类标准 | 类型 |
| --- | --- |
| 按开证行承诺性质的不同 | 可撤销信用证和不可撤销信用证 |
| 按信用证项下的汇票是否附商业单据 | 跟单商业信用证和光票信用证 |
| 按信用证项下的权利是否可转让 | 可转让信用证和不可转让信用证 |
| 按付款期限 | 即期信用证和远期信用证 |
| 按是否可循环使用 | 循环信用证和不可循环信用证 |
| 按是否保兑 | 保兑信用证和无保兑信用证 |

### 2. 打包贷款

打包贷款又称信用证抵押贷款，是指出口商收到境外开来的信用证，出口商在采购这笔信用证有关的出口商品或生产出口商品时，资金出现短缺，用该信用证作为抵押，向银行申请本、外币流动资金贷款，用于出口货物进行加工、包装及运输过程出现的资金缺口。

### 3. 押汇

按进出口方的融资用途来分，押汇可分为出口押汇和进口押汇。

（1）出口押汇

出口押汇是指银行凭借获得货运单据质押权利有追索权地对信用证项下或出口托收项下票据进行融资的行为。

（2）进口押汇

进口押汇是指银行应进口申请人的要求，与其达成进口项下单据及货物的所有权归银行所有的协议后，银行以信托收据的方式向其释放单据并代其对外付款的行为。进口押汇

# 第一章 公司信贷概述

包括进口信用证项下押汇和进口代收项下押汇。

### 4.保理

（1）概念

保理又称为保付代理、托收保付，是贸易中以托收、赊账方式结算货款时，出口方为了加快回笼资金或规避收款风险而采取的一种请求第三者(保理商)提供信用支持的做法。

（2）分类

国际保理按进出口双方是否都要求银行保理分为单保理和双保理。单保理是指由出口银行与出口商签订保理协议，并对出口商的应收账款承做保理业务。双保理是进、出口银行都与进、出口商签订保理协议。

### 5.福费廷

福费廷也称为包买票据或买断票据，是指银行(或包买人)对国际贸易延期付款方式中出口商持有的远期承兑汇票或本票进行无追索权的贴现(即买断)。

福费廷是英文Forfaiting的音译，意为放弃。在福费廷业务中，这种放弃包括两方面：

（1）出口商卖断票据，放弃了对所出售票据的一切权益。

（2）银行(包买人)买断票据，也必须放弃对出口商所贴现款项的追索权，可能承担票据拒付的风险。

从业务运作的实质来看，福费廷就是远期票据贴现，但又不同于一般的票据贴现业务，如银行(包买人)放弃了对出口商的追索权，只能基于真实贸易背景开立票据的偿付，融资的条件较为严格，银行(包买人)承担了票据拒付的所有风险，带有较长期限固定利率融资的性质。

### （三）商业汇票的承兑与贴现

商业汇票的承兑是指银行作为付款人，根据出票人的申请，承诺在汇票到期日对收款人或持票人无条件支付汇票金额的票据行为。商业汇票承兑是银行的表外信贷业务。

商业汇票贴现是指商业汇票的合法持票人，在商业汇票到期以前为获取票款，由持票人或第三人向金融机构贴付一定的利息后，以背书方式将票据转让给金融机构。

按贴现票据承兑人不同，商业汇票贴现业务又可分为银行承兑汇票贴现和商业承兑汇票贴现。银行承兑汇票是指由承兑申请人签发并向开户银行申请，由银行承兑的商业汇票。商业承兑汇票是指由付款人或收款人签发，付款人作为承兑人承诺在汇票到期日，对收款人或持票人无条件支付汇票金额的票据。

### 💲 直击考点

（单选）商业汇票的承兑是指银行作为付款人，根据（　　）的申请，承诺在汇票到期日对收款人或持票人无条件支付汇票金额的票据行为。

A.承兑人　　　　B.持票人　　　　C.出票人　　　　D.背书人

【答案】C

**【解析】** 商业汇票的承兑是指银行作为付款人，根据出票人的申请，承诺在汇票到期日对收款人或持票人无条件支付汇票金额的票据行为。

### 七、保证业务

#### （一）概念

保证业务是指银行应申请人的请求，向受益人开立书面信用担保凭证，保证在申请人未能按双方协议履行其责任或义务时，由银行代其履行一定金额的某种支付或经济赔偿责任的信贷业务产品。

#### （二）分类

保证业务分为融资性保证和非融资性保证业务两大类，融资性保证业务主要有借款保证、债券偿付保证等；非融资性保证业务较常见的产品有投标保证、履约保证、预收（付）款退款保证、质量保证、付款保证等。

| | | |
|---|---|---|
| 融资性保证业务 | 借款（或债券偿付）保证 | 银行应借款方（或债券发行人）的要求，向贷款方（或债券合法持有人）保证，若借款方（或债券发行人）未按期偿还借款（或债券）本息，银行将受理贷款方（或债券合法持有人）的索赔，按照保函约定承担保证责任 |
| 非融资性保证业务 | 投标保证 | 银行应投标方的要求，向招标方保证，若投标方中标后在投标有效期内撤销投标书、中标后在规定期限内不签订招投标项下的合同或者未在规定的期限内提交银行履约保函等，银行将受理招标方的索赔，按照保函约定承担保证责任 |
| | 履约保证 | 银行应保函申请人（通常为施工单位）的要求，向其交易对手（通常为工程业主）保证，若申请人未履行合同约定的义务，银行将受理其交易对手的索赔，按照保函约定承担保证责任 |
| | 预收（付）款退款保证 | 银行应预收款人要求，向预付款人保证，若预收款人没有履行合同或不按合同约定使用预付款，银行将受理预付款人的退款要求，按照保函约定承担保证责任 |
| | 质量保证 | 银行应卖方要求，向买方保证，若交付货物不符合合同约定而卖方又不能及时更换或修复时，银行将受理买方的索赔，按照保函约定承担保证责任 |
| | 付款保证 | 银行应买方的要求，向卖方保证，若卖方按买卖双方合同约定合格履行了其合同义务，买方不支付货款，银行将受理卖方的索赔，按照保函约定承担保证责任 |

## 实战演练

### 一、单项选择题

1.下列关于公司信贷的基本要素,说法错误的是(　　)。

A.信贷产品主要包括贷款、担保、承兑和贴现、贸易融资、信用承诺等。

B.按计算利息的周期,计息方式分为按日计息、按月计息、按季计息、按年计息

C.在广义的定义下,贷款期限通常分为宽限期和还款期

D.利率一般有年利率、月利率、日利率三种形式

2.中期贷款是指贷款期限在(　　)的贷款。

A.1年以上5年以下

B.1年以上3年以下

C.6个月以上3年以下

D.10年以下

3.公司信贷的基本要素不包括(　　)。

A.信贷产品、信贷金额、信贷期限、贷款利率

B.还款方式、担保方式和授信条件

C.直接融资渠道

D.交易对象

4.通过强调合同的完备性、承诺的法制化乃至管理的系统化,弥补过去贷款合同不足的是(　　)。

A.诚信申贷原则　　　　　　　　B.贷放分控原则

C.全流程管理原则　　　　　　　D.协议承诺原则

5.下列关于商业银行信贷业务经营管理组织结构的说法,不正确的是(　　)。

A.董事会是商业银行的最高风险管理和决策机构

B.监事会是我国商业银行所特有的监督部门,对股东大会负责

C.信贷前台部门负责客户营销和维护,是银行的"利润中心"

D.高级管理层承担商业银行全面风险管理的最终责任

### 二、多项选择题

6.信贷产品主要包括(　　)。

A.担保　　　　　　　　　　　　B.贷款

C.汇兑　　　　　　　　　　　　D.承兑和贴现

E.信用承诺

7.关于委托贷款的表述,错误的有( )。
A.银行代为发放、监督使用并协助收回贷款
B.委托贷款的风险由银行承担
C.银行确定贷款金额、期限、利率
D.银行作为受托人只收取手续费
E.委托贷款的资金提供方必须是银行

8.商业银行公司信贷管理的原则包括( )。
A.全流程贷款管理原则　　　　　B.实贷实付原则
C.协议承诺原则　　　　　　　　D.贷放分控原则
E.诚信申贷原则

9.下列关于利率的说法,正确的有( )。
A.中长期贷款利率调整可采用固定利率的确定方式
B.贷款展期,按合同规定的利率计息
C.短期贷款利率按合同签订日的相应档次的法定贷款利率及借贷双方商定的浮动比例计息
D.逾期贷款从逾期之日起,按罚息利率计收罚息,直到清偿本息为止
E.借款人在借款合同到期日之前归还借款时,银行不得再按原贷款合同向借款人收取利息

### 三、判断题

10.提款期是指从借款合同生效之日开始,至合同规定贷款金额全部提款完毕之日为止的一段期限。( )
A.正确　　　　　　　　　　　B.错误

11.按照《中华人民共和国民法典》的有关规定,担保方式包括留置、保证、抵押、质押等方式。( )
A.正确　　　　　　　　　　　B.错误

12.按货币种类划分,公司信贷可分为固定资产贷款与流动资金贷款两种。( )
A.正确　　　　　　　　　　　B.错误

13.推行实贷实付原则会增加贷款挪用的风险。( )
A.正确　　　　　　　　　　　B.错误

# 第一章 公司信贷概述

## 参考答案及解析

### 一、单项选择题

1.C 【解析】C选项,广义的信贷期限是指银行承诺向借款人提供以货币计量的信贷产品的整个期间,即从签订合同到合同结束的整个期间。在广义的定义下,贷款期限通常分为提款期、宽限期和还款期。

2.A 【解析】短期贷款是指贷款期限在1年以内(含1年)的贷款;中期贷款是指贷款期限在1年以上(不含1年)5年以下(含5年)的贷款;长期贷款是指贷款期限在5年(不含5年)以上的贷款。

3.C 【解析】公司信贷的基本要素主要包括交易对象、信贷产品、信贷金额、信贷期限、贷款利率、还款方式、担保方式和授信条件等。

4.D 【解析】整体来看,我国银行业金融机构对贷款合同的管理能力和水平差强人意,由此导致了许多合同纠纷和贷款损失。协议承诺原则通过强调合同的完备性、承诺的法制化乃至管理的系统化,弥补过去贷款合同的不足。

5.D 【解析】D选项,董事会承担商业银行全面风险管理的最终责任。

### 二、多项选择题

6.ABDE 【解析】信贷产品是指特定产品要素组合下的信贷服务品种,主要包括贷款、担保、承兑和贴现、贸易融资、信用承诺等。

7.BCE 【解析】委托贷款是指政府部门、企事业单位及个人等委托人提供资金,由银行(受托人)根据委托人确定的贷款对象、用途、金额、期限、利率等代为发放、监督使用并协助收回的贷款。委托贷款的风险由委托人承担,银行(受托人)只收取手续费,不承担贷款风险,不代垫资金。

8.ABCDE 【解析】公司信贷管理的原则包括:(1)全流程贷款管理原则;(2)诚信申贷原则;(3)协议承诺原则;(4)贷放分控原则;(5)实贷实付原则;(6)贷后管理原则。

9.ACD 【解析】B选项,贷款展期,期限累计计算,累计期限达到新的利率档次时,自展期之日起,按展期日挂牌的累计期限同档次利率计息;达不到新的期限档次时,按展期日的原档次利率计息。E选项,借款人在借款合同到期日之前归还借款时,银行有权按原贷款合同向借款人收取利息。

### 三、判断题

10.B 【解析】提款期是指从借款合同生效之日开始,至合同规定贷款金额全部提款完毕之日为止,或最后一次提款之日为止,期间借款人可按照合同约定分次提款。

11.A 【解析】按照《中华人民共和国民法典》的有关规定,担保方式包括保证、抵押、质押和留置等方式。在信贷业务中经常运用的主要是前三种方式中的一种或几种。

12.B 【解析】按货币种类划分,公司信贷可分为人民币贷款和外汇贷款两种。

13.B 【解析】实贷实付原则的关键是让借款人按照贷款合同的约定用途使用贷款资金,减少贷款挪用的风险。

# 第二章　信贷申请受理和贷前调查

```
                    ┌ 借款人应具备的资格和基本条件
              借款人 ┤ 借款人的权利和义务
             │      └ 借款人分类
信贷申请受理 │                ┌ 面谈访问
和贷前调查   ┤ 信贷业务申请受理 ┤ 内部意见反馈
             │                └ 贷款意向阶段
             │            ┌ 贷前调查的方法
             └ 贷前调查    ┤ 贷前调查的内容
                          └ 贷前调查报告内容要求
```

1. 熟悉借款人应具备的资格和基本条件、借款人的权利和义务、借款人分类。
2. 掌握面谈访问的内容和方式、内部意见反馈的步骤以及贷款意向阶段的材料准备和注意事项。
3. 掌握贷前调查的方法和内容。
4. 熟悉贷前调查报告的基本内容。

## 第一节　借款人

### 一、借款人应具备的资格和基本条件

#### (一)借款人应具备的资格

公司信贷的借款人应当是经市场监督管理部门(或主管机关)核准登记的企(事)业法人。

## (二)借款人应具备的基本条件

| 分类 | 条件 |
| --- | --- |
| 固定资产贷款借款人 | （1）借款人依法经工商行政管理机关或主管机关核准登记。<br>（2）借款人信用状况良好，无重大不良记录。<br>（3）借款人为新设项目法人的，其控股股东应有良好的信用状况，无重大不良记录。<br>（4）国家对拟投资项目有投资主体资格和经营资质要求的，符合其要求。<br>（5）借款用途及还款来源明确、合法。<br>（6）项目符合国家的产业、土地、环保等相关政策，并按规定履行了固定资产投资项目的合法管理程序。<br>（7）符合国家有关投资项目资本金制度的规定。<br>（8）贷款人要求的其他条件 |
| 流动资金贷款借款人 | （1）借款人依法设立。<br>（2）借款用途明确、合法。<br>（3）借款人生产经营合法、合规。<br>（4）借款人具有持续经营能力，有合法的还款来源。<br>（5）借款人信用状况良好，无重大不良信用记录。<br>（6）贷款人要求的其他条件 |

## (三)借款人应符合的要求

### 1."诚信申贷"的基本要求

（1）借款人恪守诚实守信原则，按照贷款人要求的具体方式和内容提供贷款申请材料，并且承诺所提供材料的真实性、完整性和有效性。

（2）借款人应证明其设立合法、经营管理合规合法、信用记录良好、贷款用途以及还款来源明确合法等。

### 2.借款人的主体资格要求

（1）企业法人依法办理工商登记，取得营业执照。

（2）事业法人依照《事业单位登记管理暂行条例》的规定办理登记备案。

（3）特殊行业须持有相关机关颁发的营业或经营许可证。

### 3.借款人经营管理的合法合规性

（1）借款人的经营活动应符合国家相关法律法规规定。

（2）符合国家产业政策和区域发展政策。

（3）符合营业执照规定的经营范围和公司章程。

（4）新建项目企业法人所有者权益与所需总投资的比例不得低于国家规定的投资项目资本金比例。

### 4.借款人信用记录良好

（1）借款人必须资信状况良好，有按期偿还贷款本息的能力。

（2）通过中国人民银行企业征信系统查询未发现有贷款逾期、欠息和被起诉查封的情况。

（3）借款人必须长期遵守贷款合同，诚实守信。

**5. 贷款用途及还款来源明确合法**

（1）借款人必须以真实有效的商务基础合同、购买合同或其他证明文件为依据，说明贷款的确切用途和实际使用量，不得挪用信贷资金，不使用虚假信息来骗取银行业金融机构的信贷资金。

（2）对于固定资产贷款，应有明确对应的、符合国家政策的、行政许可手续完备的项目。同时，借款人应具有持续经营能力，有合法、明确的还款来源及按期偿还贷款本息的能力。

（3）还款资金来源应在贷款申请时明确，一般情况下通过正常经营所获取的现金流量是贷款的首要还款来源。

**（四）对固定资产贷款借款人的特别要求**

固定资产贷款的借款人为新设项目法人的，其控股股东应具备良好的信用状况，无重大不良记录；国家对拟投资项目有投资主体资格和经营资质要求的，应符合其要求。

（单选）固定资产贷款借款人的经营管理要满足合法合规的要求，以下不符合这一要求的是（　　）。

A. 借款人的经营活动符合国家产业政策和区域发展政策
B. 借款人的经营活动符合营业执照规定的经营范围和公司章程
C. 新建项目所有者权益与总投资比例可以适度低于国家规定的资本金比例
D. 借款人的经营活动应符合国家相关法律法规规定

【答案】C

【解析】C选项，新建项目企业法人所有者权益与所需总投资的比例不得低于国家规定的投资项目资本金比例。

## 二、借款人的权利和义务

**1. 借款人的权利**

根据《贷款通则》第十八条规定，借款人的权利如下：

（1）可以自主向主办银行或者其他银行的经办机构申请贷款并依条件取得贷款。
（2）有权按合同约定提取和使用全部贷款。
（3）有权拒绝借款合同以外的附加条件。
（4）有权向贷款人的上级和中国人民银行反映、举报有关情况。
（5）在征得贷款人同意后，有权向第三人转让债务。

**2. 借款人的义务**

根据《贷款通则》第十九条规定，借款人的义务如下：

（1）应当如实提供贷款人要求的资料（法律规定不能提供者除外），应当向贷款人如实提供所有开户行、账号及存贷款余额情况，配合贷款人的调查、审查和检查。

（2）应当接受贷款人对其使用信贷资金情况和有关生产经营、财务活动的监督。

（3）应当按借款合同约定用途使用贷款。

（4）应当按借款合同约定及时清偿贷款本息。

（5）将债务全部或部分转让给第三人的，应当取得贷款人的同意。

（6）有危及贷款人债权安全情况时，应当及时通知贷款人，同时采取保全措施。

### 直击考点

（单选）根据《贷款通则》的有关规定，下列关于借款人权利的表述，错误的是（　　）。
A.有权按合同约定提取和使用全部贷款
B.可以自主向其主办银行或者其他银行的经办机构申请贷款并依条件取得贷款
C.有权向贷款人的上级和中国人民银行反映、举报有关情况
D.无须征求贷款人意见，可以直接向第三人转让债务

【答案】D

【解析】D选项，根据《贷款通则》第十八条规定，借款人在征得贷款人同意后，有权向第三人转让债务。

## 三、借款人分类

### 1.按照规模划分

根据《国家统计局关于印发〈统计上大中小微型企业划分办法（2017）〉的通知》要求，按照借款人的行业门类、大类、中类和组合类别，依据从业人员、营业收入、资产总额等指标或替代指标，可以将其划分为<u>大型、中型、小型、微型</u>等四种类型，个体工商户参照本标准进行划分。具体划分标准见下表：

| 行业名称 | 指标名称 | 计量单位 | 大型 | 中型 | 小型 | 微型 |
|---|---|---|---|---|---|---|
| 农、林、牧、渔业 | 营业收入（Y） | 万元 | Y≥20 000 | 500≤Y<20 000 | 50≤Y<500 | Y<50 |
| 工业* | 从业人员（X） | 人 | X≥1 000 | 300≤X<1 000 | 20≤X<300 | X<20 |
|  | 营业收入（Y） | 万元 | Y≥40 000 | 2 000≤Y<40 000 | 300≤Y<2 000 | Y<300 |
| 建筑业 | 营业收入（Y） | 万元 | Y≥80 000 | 6 000≤Y<80 000 | 300≤Y<6 000 | Y<300 |
|  | 资产总额（Z） | 万元 | Z≥80 000 | 5 000≤Z<80 000 | 300≤Z<5 000 | Z<300 |

续表

| 行业名称 | 指标名称 | 计量单位 | 大型 | 中型 | 小型 | 微型 |
|---|---|---|---|---|---|---|
| 批发业 | 从业人员（X） | 人 | X≥200 | 20≤X<200 | 5≤X<20 | X<5 |
| | 营业收入（Y） | 万元 | Y≥40 000 | 5 000≤Y<40 000 | 1 000≤Y<5 000 | Y<1 000 |
| 零售业 | 从业人员（X） | 人 | X≥300 | 50≤X<300 | 10≤X<50 | X<10 |
| | 营业收入（Y） | 万元 | Y≥20 000 | 500≤Y<20 000 | 100≤Y<500 | Y<100 |
| 交通运输业* | 从业人员（X） | 人 | X≥1 000 | 300≤X<1 000 | 20≤X<300 | X<20 |
| | 营业收入（Y） | 万元 | Y≥30 000 | 3 000≤Y<30 000 | 200≤Y<3 000 | Y<200 |
| 仓储业* | 从业人员（X） | 人 | X≥200 | 100≤X<200 | 20≤X<100 | X<20 |
| | 营业收入（Y） | 万元 | Y≥30 000 | 1 000≤Y<30 000 | 100≤Y<1 000 | Y<100 |
| 邮政业 | 从业人员（X） | 人 | X≥1 000 | 300≤X<1 000 | 20≤X<300 | X<20 |
| | 营业收入（Y） | 万元 | Y≥30 000 | 2 000≤Y<30 000 | 100≤Y<2 000 | Y<100 |
| 住宿业 | 从业人员（X） | 人 | X≥300 | 100≤X<300 | 10≤X<100 | X<10 |
| | 营业收入（Y） | 万元 | Y≥10 000 | 2 000≤Y<10 000 | 100≤Y<2 000 | Y<100 |
| 餐饮业 | 从业人员（X） | 人 | X≥300 | 100≤X<300 | 10≤X<100 | X<10 |
| | 营业收入（Y） | 万元 | Y≥10 000 | 2 000≤Y<10 000 | 100≤Y<2 000 | Y<100 |
| 信息传输业* | 从业人员（X） | 人 | X≥2 000 | 100≤X<2 000 | 10≤X<100 | X<10 |
| | 营业收入（Y） | 万元 | Y≥100 000 | 1 000≤Y<100 000 | 100≤Y<1 000 | Y<100 |
| 软件和信息技术服务业 | 从业人员（X） | 人 | X≥300 | 100≤X<300 | 10≤X<100 | X<10 |
| | 营业收入（Y） | 万元 | Y≥10 000 | 1 000≤Y<10 000 | 50≤Y<1 000 | Y<50 |
| 房地产开发经营 | 营业收入（Y） | 万元 | Y≥200 000 | 1 000≤Y<200 000 | 100≤Y<1 000 | Y<100 |
| | 资产总额（Z） | 万元 | Z≥10 000 | 5 000≤Z<10 000 | 2 000≤Z<5 000 | Z<2 000 |
| 物业管理 | 从业人员（X） | 人 | X≥1 000 | 300≤X<1 000 | 100≤X<300 | X<100 |
| | 营业收入（Y） | 万元 | Y≥5 000 | 1 000≤Y<5 000 | 500≤Y<1 000 | Y<500 |
| 租赁和商务服务业 | 从业人员（X） | 人 | X≥300 | 100≤X<300 | 10≤X<100 | X<10 |
| | 资产总额（Z） | 万元 | Z≥120 000 | 8 000≤Z<120 000 | 100≤Z<8 000 | Z<100 |
| 其他未列明行业* | 从业人员（X） | 人 | X≥300 | 100≤X<300 | 10≤X<100 | X<10 |

说明：

（1）大型、中型和小型企业须同时满足所列指标的下限，否则下划一档；微型企业只需满足所列指标中的一项即可。

（2）表中各行业的范围以《国民经济行业分类》为准。带*的项为行业组合类别，其中，工业包括采矿业，制造业，电力、热力、燃气及水生产和供应业；交通运输业包括道路运输业，水上运输业，航空运输业，管道运输业，多式联运和运输代理业、装卸搬运，不包括铁路运输业；仓储业包括通用仓储，低温仓储，危险品仓储，谷物、棉花等农产品仓储，中药材仓储和其他仓储业；信息传输业包括电信、广播电视和卫星传输服务，互联网和相关服务；其他未列明行业包括科学研究和技术服务业，水利、环境和公共设施管理业，居民服务、修理和其他服务业，社会工作，文化、体育和娱乐业，以及房地产中介服务，其他房地产业等，不包括自有房地产经营活动。

（3）企业划分指标以现行统计制度为准。
①从业人员是指期末从业人员数，没有期末从业人员数的，采用全年平均人员数代替。
②营业收入，工业、建筑业、限额以上批发和零售业、限额以上住宿和餐饮业以及其他设置主营业务收入指标的行业，采用主营业务收入；限额以下批发与零售业企业采用商品销售额代替；限额以下住宿与餐饮业企业采用营业额代替；农、林、牧、渔业企业采用营业总收入代替；其他未设置主营业务收入的行业，采用营业收入指标。
③资产总额，采用资产总计代替。

### 2.按照企业性质划分

根据我国相关法律规定，我国有国有经济、集体所有制经济、私营经济、外商投资企业，以及港、澳、台资企业等经济类型。相应地，按照企业性质划分，商业银行借款人主要有以下类型：国有企业、事业单位、集体所有制企业、私营企业、外商投资企业、港、澳、台资企业。

## 第二节　信贷业务申请受理

### 一、面谈访问

#### 1.面谈准备

初次面谈前，调查人员应当做好充分准备，拟定详细的面谈工作提纲。提纲内容应包括客户总体情况、客户信贷需求、拟向客户推介的信贷产品等。

#### 2.面谈内容

面谈过程中，调查人员可以按照国际通行的信用"5C"标准原则，即品德（Character）、能力（Capacity）、资本（Capital）、担保（Colateral）、环境（Condition），从客户的公司状况、信贷需求、还贷能力、担保的可接受性以及客户目前与银行的关系等方面集中获取客户的相关信息。

（1）面谈中需了解的信息

| 项目 | 内容 |
| --- | --- |
| 客户的公司状况 | 历史沿革、股东背景与控股股东情况、管理团队、资本构成、组织架构、产品情况、所在行业情况、所在区域经济状况、经营现状等 |
| 客户的信贷需求状况 | 信贷业务目的、用途、金额、期限、利率、条件等 |
| 客户的还贷能力 | 主营业务状况、现金流量构成、经济效益、还款资金来源等 |
| 担保的可接受性 | 保证人的经济实力及担保能力，或押品种类、权属、价值、变现难易程度等 |
| 客户与银行关系 | 客户与本行及他行的业务往来状况、信用履约记录等 |

（2）面谈结束时的注意事项

①若客户的信贷申请可以考虑（但还不确定是否受理），调查人员应当向客户获取进一步的信息资料，并准备后续调查工作，注意不得超越权限作出有关承诺。

②若客户的信贷申请不予考虑，调查人员应留有余地地表明银行立场，向客户耐心解释原因，并建议其他融资渠道，或寻找其他业务合作机会。

（单选）商业银行信贷人员在受理客户借款申请后，初次面谈了解客户信贷需求状况时，除信贷目的、信贷金额、信贷条件外，还必须了解（　　）。

A.经济走势　　　　　　　　B.贷款用途
C.信用履约记录　　　　　　D.宏观政策

【答案】B

【解析】信贷人员在面谈中需了解的客户的信贷需求状况包括信贷目的、信贷用途、信贷金额、信贷期限、信贷利率、信贷条件等。

## 二、内部意见反馈

### 1.面谈情况汇报

客户经理在面谈后，应及时、全面、准确地向主管汇报了解到的客户信息，并通过其他渠道对客户情况进行初步查询。

### 2.撰写会谈纪要

面谈后，业务人员须及时撰写会谈纪要。会谈纪要应条理清晰、言简意赅、内容详尽、准确客观地记录信贷业务面谈涉及的重要主体、获取的重要信息、存在的问题与障碍以及是否需要做该笔信贷业务的倾向性意见或建议。

在实务操作中，信贷申请是否受理往往基于对客户或项目的初步判断。作为风险防范的第一道关口，在信贷业务的派生收益与本身安全性的权衡上，业务人员应坚持将信贷安全性放在第一位,对安全性较差的项目在受理阶段须持谨慎态度。

### 三、贷款意向阶段

如果确立了贷款意向,则表明信贷业务可以正式受理。在该阶段,客户经理应做到:

(1)及时以合理的方式(如通过口头、电话或书面方式)告知客户信贷申请正式受理,或者根据信贷需求出具正式的信贷业务意向书。

(2)要求客户提供正式的贷款申请书及更为详尽的材料。

(3)将储备项目纳入信贷项目库。

#### (一)贷款意向书的出具

**1. 贷款意向书与贷款承诺的区别**

(1)相同点

都是贷款程序中不同阶段的成果,常见于中长期贷款。但并非每一笔中长期贷款均需做贷款意向书和贷款承诺,有的贷款操作过程中既不需要贷款意向书也不需要贷款承诺。

(2)不同点

贷款意向书表明该文件是为贷款进行下一步的准备和商谈而出具的一种意向性的书面声明,不具备法律效力,银行可以不受意向书任何内容的约束。贷款承诺是借贷双方就贷款的主要条件已经达成一致,银行同意在未来特定时间内向借款人提供融资的书面承诺,具有法律效力。

**2. 出具贷款意向书和贷款承诺的权限**

(1)出具贷款意向书的权限

在项目建议书批准阶段或之前,各银行可以对符合贷款条件的项目按权限出具贷款意向书。

(2)出具贷款承诺的权限

在项目可行性研究报告批准阶段或之后,银行可根据信贷授权等有关规定,经有权机构审批后,对外出具贷款承诺。

(3)出具贷款意向书和贷款承诺的要求

对于需要贷款的项目应及早介入、及时审查。在出具贷款意向书和贷款承诺时要谨慎处理、严肃对待,不得擅自越权对外出具贷款承诺,以免造成工作上的被动或使银行卷入不必要的纠纷。

**3. 注意事项**

(1)银企合作协议涉及的贷款安排一般属于贷款意向书性质。若要求协议具有法律效力,则对其中的贷款安排应以借款合同来对待。因此,签订银企合作协议时,客户经理首先应明确协议的法律地位,并据此谨慎对待协议条款。

(2)贷款意向书、贷款承诺须按内部审批权限批准后方可对外出具。

## 直击考点

（单选）关于贷款意向书和贷款承诺，以下表述不正确的是（　　）。
A.在出具贷款意向书和贷款承诺时要谨慎处理、严肃对待
B.银企合作协议涉及的贷款安排一般属于贷款承诺性质
C.不得擅自越权对外出具贷款承诺，以免使银行卷入不必要的纠纷
D.贷款意向书、贷款承诺须按内部审批权限批准后方可对外出具
【答案】B
【解析】B选项，银企合作协议涉及的贷款安排一般属于贷款意向书性质。

### （二）贷款申请资料的准备

**1.信贷业务申请书的出具要求**

客户通常需要向银行提供一份正式的信贷业务申请书，但银行主动营销的客户可视客户配合意愿情况酌情把握。业务人员应要求客户在拟定申请书时写明：申请人概况、申请信贷业务金额、期限、品种、用途、利率或费率、还款或付款来源、担保、用款计划、还款计划及其他事项。此外，业务人员还应要求申请人的法定代表人或其授权人在信贷业务申请书上签字并加盖申请人公章。

**2.申请人需要提供的其他资料的要求**

（1）注册登记或批准成立的有关文件。
（2）公司章程。
（3）借款人的验资证明。
（4）近期中国人民银行企业征信报告及许可银行查询征信的授权书。
（5）借款人预留印鉴卡及开户证明。
（6）法人代表或其授权代理人身份证明及其必要的个人信息。
（7）有权机构作出的关于同意申请信贷业务的文件、决议。
（8）借款人近三年和最近一期的财务报表。
（9）借款人自有资金、其他资金来源到位或能够计划到位的证明文件。
（10）相关交易合同、协议。

若借款人为外商投资企业或股份制企业，应提交关于同意申请借款的董事会决议和借款授权书正本。

**3.借款人还需要提供的其他材料**

| 贷款类型 | 具体内容 |
| --- | --- |
| 保证形式 | 经银行认可，有担保资格及能力的保证人的担保意向书；营业执照复印件；公司章程；法定代表人身份证明文件；有权机构作出的关于同意提供担保的股东会或董事会决议和授权书正本；近三年经审计的财务报表和审计报告；近期中国人民银行企业征信报告及查询授权 |

*续表*

| 贷款类型 | 具体内容 |
|---|---|
| 抵(质)押形式 | 抵(质)押物清单；抵(质)押物价值评估报告；抵(质)押物权属证明文件；若抵(质)押人为外商投资企业或股份制企业，应出具同意提供抵(质)押的董事会决议和授权书 |
| 流动资金贷款 | 原辅材料采购合同，产品销售合同或进出口商务合同，营运计划及现金流量预测；若为出口打包贷款，应出具进口方银行开立的信用证；若为票据贴现，应出具承兑的汇票(银行承兑汇票或商业承兑汇票)；若借款用途涉及国家实施配额、许可证等方式管理的进出口业务，应出具相应批件 |
| 固定资产贷款 | 符合国家有关投资项目资本金制度规定的证明文件，项目可行性研究报告及有关部门对研究报告的批复，其他配套条件落实的证明文件；若为转贷款、国际商业贷款及境外借款担保项目，应提交国家计划部门关于筹资方式、外债指标的批文；政府贷款项目还需提交该项目列入双方政府商定的项目清单的证明文件 |

### (三)注意事项

对企业提交的经审计和未审计的财务报表应区别对待，对企业财务状况的分析应以经审计的财务报表为主，其他财务资料为辅。若为新建项目，对于提供财务报表可不作严格要求，但应及时获取借款人重要的财务数据。应认真借阅借款人或担保人公司章程的具体规定，以确信申请人或担保人具有该笔信贷或担保业务完备的授权。

借款人提供复印件需加盖公章，业务人员应对借款人提供的复印件与相应的文件正本进行核对，核对无误后，业务人员在复印件上签字确认。在实务操作中，业务人员还可根据信贷业务的具体情况，要求借款人增加、补充或修改有关材料，直至完全符合信贷业务的要求。

## 第三节 贷前调查

### 一、贷前调查的方法

#### 1. 现场调研

现场调研可获得对企业最直观的了解，所以成为贷前调查中最常用、最重要的一种方法，同时也是在一般情况下必须采用的方法。开展现场调研工作通常包括现场会谈和实地考察两个方面。

（1）现场会谈

现场会谈时，应当约见尽可能多的、不同层次的成员，包括行政部门、财务部门、市场部门、生产部门及销售部门的主管，可以获取许多重要信息。会谈应侧重了解其关于企业经营战略和发展的思路、企业内部的管理情况，从而获取对借款人及其高层管理人员的感性认识。

（2）实地考察

实地考察时，调查人员应到客户的生产经营场所，观察公司的厂房、库存、用水量、用电量、设备或生产流水线。实地考察应侧重调查公司的生产设备运转情况、实际生产能力、产品结构情况、订单、应收账款和存货周转情况、固定资产维护情况、周围环境状况等。业务人员在完成现场调研工作后，应及时写出现场工作检查报告，为下一步评估工作做好准备。

2. 非现场调查

（1）搜寻调查

搜寻调查指通过各种媒介物搜寻有价值的资料开展调查。这些媒介物包括有助于贷前调查的杂志、书籍、期刊、互联网资料、官方记录等。搜寻调查应注意信息渠道的权威性、可靠性和全面性。

（2）委托调查

委托调查可通过中介机构或银行自身网络开展调查。对于第三方中介机构提供的信息，业务人员应当结合贷前调查过程中获得的信息对其内容进行审慎核查。

（3）其他方法

调查人员可通过接触客户的关联企业、竞争对手或个人获取有价值信息，还可通过行业协会（商会），政府的职能管理部门（如市场监督管理部门、税务机关、海关等机构）了解客户的真实情况，并对该类信息审慎分析并注明出处。

调查人员应避免过分轻信借款人提供的有关信息，或者被实地考察中的假象所迷惑。在实务操作中，建议采用突击检查方式进行现场调研，同时可通过其他调查方法对考察结果加以证实。

### 直击考点

（单选）贷前调查是贷款决策的基本组成部分，通过杂志、书籍、期刊等各种媒介物搜寻有价值的资料开展调查的方法称为（　　）。

A. 委托调查　　　　　　　　B. 搜寻调查
C. 现场调研　　　　　　　　D. 问卷调研

【答案】B

【解析】搜寻调查指通过各种媒介物搜寻有价值的资料开展调查。这些媒介物包括有助于贷前调查的杂志、书籍、期刊、互联网资料、官方记录等。搜寻调查应注意信息渠道的权威性、可靠性和全面性。

### 二、贷前调查的内容

贷前调查的主要对象是借款人、保证人、抵（质）押人、抵（质）押物等。调查人员在开展贷前调查工作时，应围绕这些具体对象从以下方面入手进行全面调查，特别是对信贷业务

合法合规性、安全性和效益性等方面进行调查。

### 1. 信贷合规性调查

信贷的合规性是指银行业务人员对借款人和担保人的资格合乎法律和监管要求的行为进行调查、认定。调查的内容包括：

（1）认定借款人、担保人合法主体资格。

（2）认定借款人、担保人的法定代表人、授权委托人、法人的公章和签名的真实性和有效性，并依据授权委托书所载明的代理事项、权限、期限认定授权代理人是否具有签署法律文件的资格、条件。

（3）对需董事会决议同意借款和担保的，信贷调查人员应调查认定董事会同意借款、担保决议的真实性、合法性和有效性。

（4）对需股东（大）会决议同意借款和担保的，信贷调查人员应调查认定股东（大）会同意借款、担保决议的真实性、合法性和有效性。

（5）对抵押物、质押物清单所列抵（质）押物品或权利的合法性、有效性进行认定。

（6）对信贷用途合法合规性进行认定。

（7）对购销合同的真实性进行认定。

（8）对借款人的借款目的进行调查。

### 2. 信贷安全性调查

信贷的安全性是指银行应当尽量避免各种不确定因素对其资产和贷款等方面的影响，保证银行稳健经营和发展。调查的内容包括：

（1）对借款人、保证人及其法定代表人的品行、业绩、能力和信誉精心调查，熟知其经营管理水平、公众信誉，了解其履行协议条款的历史记录。

（2）考察借款人、保证人是否已建立良好的公司治理机制，主要包括是否制定清晰的发展战略、科学的决策系统、执行系统和监督系统、审慎的会计原则、严格的目标责任制及与之相适应的激励约束机制、健全的人才培养机制和健全负责的董事会。

（3）对借款人、保证人的财务管理状况进行调查，对其提供的财务报表的真实性进行审查，对重要数据核对总账、明细账，查看原始凭证与实物是否相符，掌握借款人和保证人的偿债指标、盈利指标和营运指标等重要财务数据。

（4）对借款人过去三年的经营效益情况进行调查，核实其拟实现的销售收入和利润的真实性和可行性，并进一步分析行业前景、产品销路以及竞争能力。

（5）对过往信贷业务履约情况进行调查。

（6）对有限责任公司和股份有限公司对外股本权益性投资和关联公司情况进行调查。

（7）对抵押物的价值评估情况做出调查。

（8）对于申请外汇贷款的客户，调查人员要调查认定借款人、保证人承受汇率、利率风险的能力，尤其要注意汇率变化对抵（质）押担保额的影响程度。

### 3.信贷效益性调查

信贷的效益性是指贷款经营的盈利情况,是商业银行经营管理活动的主要动力。业务人员开展的调查内容包括:

(1)结合当期资金成本、拨备等监管要求,计算该笔贷款的利差及风险调整后的收益情况。

(2)对借款人过去和未来给银行带来收入、存款、贷款、结算、结售汇等综合效益情况进行调查、分析、预测。

(多选)在商业银行贷前调查中,信贷合规性调查主要包括(　　　)。
A.认定借款人、担保人合法主体资格
B.对借款人、保证人及其法定代表人的品行、业绩、能力和信誉的调查
C.对抵押物的价值评估情况做出调查
D.对抵押物、质押物清单所列抵(质)押物品或权利的合法性、有效性进行认定
E.对贷款使用合法合规性进行认定

【答案】ADE
【解析】B、C选项属于信贷安全性调查的内容。

## 三、贷前调查报告内容要求

### (一)贷前调查报告内容一般要求

信贷业务人员要将贷前调查与信用风险分析结果形成贷前调查报告,供风险管理部门或风险评审委员会评审、批准。调查报告一般包括以下内容:

#### 1.借款人基本情况

主要包括借款人名称、性质、成立日期、经营年限、法人代表、组织架构、股东背景、实际控制人等基本情况;借款人经营范围、所属行业、核心主业、提供产品或服务的年生产能力;借款人的技术、管理情况;主要管理人员的品行、专业技术水平、经营管理能力评价;借款人是否涉入兼并(被兼并)、合资、分立、重大诉讼、破产等事项;借款人关联方的销售、融资情况及关联交易等情况。

#### 2.借款人生产经营及经济效益情况

主要包括借款人所处的行业情况、采购及销售模式、成立(特别是近三年)的成长性、盈利水平和变动趋势;产成品与原材料的价格比例关系与变动趋势;近三年销售收入及各主要业务板块收入、成本及利润的结构、增长率与未来变动趋势;主要供应商、下游客户及结算方式、业务周期、产品销售季节特点;产品市场份额及变动趋势;外向型企业近三年原材料进口数量和金额、产品出口量和创汇额、进出口商品盈亏及出口换汇成本分析等。

### 3. 借款人财务状况

主要包括根据近三年及当期财务报表分析资产负债比率、流动资产和流动负债结构、主营业务利润率变化情况及原因、投资收益、营业外收入对利润总额的影响程度、未来变动趋势,侧重分析借款人的短期偿债能力、财务数据真实性;流动资金数额和周转速度;存货数量、净值、周转速度、变现能力、呆滞积压库存物资情况;应收账款金额、周转速度、数额较大或账龄较长的国内外应收账款情况,相互拖欠款项及处理情况;应付账款情况;对外投资情况、在建工程与固定资产的分布情况;亏损挂账、待处理流动资产损失、不合理资金占用及清收等情况。

### 4. 借款人资信及与银行往来情况

主要包括借款人在银行开户的情况,在本行信用等级、授信限额、借款额及额度占用情况;其他银行和非银行机构的融资情况,中国人民银行企业征信系统反映的贷款情况、担保情况及信用记录情况;借款人的或有负债情况;借款人已经提供的抵(质)押担保情况。

### 5. 资金用途

资金用途是指借款人的整体资金需求及信贷业务的具体用途。主要依据借款人经营情况及具体交易合同,针对该笔信贷业务金额、期限、用途、支用计划,结合所涉及采购、生产、销售、资金回笼等环节经营周期以及借款人现金流量情况分析信贷业务金额及期限的合理性和必要性。

### 6. 还款能力

主要包括还款来源;分析、说明借款人是否有还贷资金缺口,主要包括借款人依靠自身生产经营产生的现金流、综合收益及其他合法收入等对归还银行贷款的可靠性评价。

### 7. 担保情况

主要包括保证人基本状况;保证人担保能力评价:资信水平、信用等级、评级机构、其他对外保证金额、抵押或质押情况;根据近三年的资产、负债、所有者权益、资产负债率、销售收入、净利润、创汇等指标分析其资本信用与财务状况;抵(质)押的合法性;抵(质)押物名称、所在地、数量、质量和所有权/使用权人;抵(质)押物价值评价;抵(质)押率测算;抵(质)押物的变现能力评价;抵押物是否已办理保险手续,保险权益是否已转让银行或是否已出具把保险权益转让给银行的承诺函。

### 8. 银行业金融机构收益预测

主要包括利息收入、年结算量及结算收入、日均存款额、其他收入和收益等内容。

### 9. 风险评估意见

在对上述情况进行逐项分析并分别得出分项结论的基础上,对各分项论证结果进行全面的归纳总结,形成总体的风险评估意见。

### 10. 结论性意见

主要包括是否提供贷款;贷款的金额、期限、用途、利率、还款计划、担保方式、提款条件、信贷资金支付条款,以及尚需进一步落实的问题。

## 第二章 信贷申请受理和贷前调查

### (二)固定资产贷款贷前调查报告内容的特殊要求

| 项目 | 内容 |
|---|---|
| 项目合法性要件取得情况 | 可行性研究报告批复、立项批复、土地利用合法性文件、规划批复、环评批复等合法性要件的取得时间、批文文号、批复内容与项目是否一致;项目总投资、投资构成及来源;产品名称、规模;经济效益和社会效益评价等 |
| 投资估算与资金筹措安排情况 | 银行对项目总投资、投资构成及来源的评估结果;项目资本金的来源和落实情况,资本金是否符合规定的比例;申请固定资产贷款金额、币别、用途、期限、利率;申请其他银行固定资产贷款金额、币别、用途、期限、利率;流动资金落实情况;投资进度;银行贷款的用款计划等 |
| 项目建设必要性及技术情况 | 是否符合国家产业政策、投资政策、行业规划和社会经济发展需要,行业分析、市场情况、市场供求情况、价格走势和产品竞争能力、项目的工艺技术、装备的先进性和适用性、项目引进设备情况、非引进项目使用国内设备情况、商务合同等 |
| 项目配套条件落实情况 | 厂址选择和土地征用的落实情况;资源条件和原材料、辅助材料、燃料供应的落实情况;配套水、电、气条件的落实情况;运输条件的落实情况;环保指标是否达到有关部门的要求,环境影响报告书是否已经由相关部门批准等 |
| 项目效益情况 | 相关财务指标、财务现金流量和各年累计盈余资金是否出现负值、盈亏平衡点分析、敏感性分析等 |
| 项目风险分析 | 项目中存在的建设期风险和经营期风险等 |

### (三)流动资金贷款贷前调查报告内容的特殊要求

流动资金贷款贷前调查报告除需满足贷前调查报告内容一般要求外,还需包括借款人流动资金需求分析与测算的内容,<u>主要包括分析借款人经营规模及运作模式、季节性、技术性及结算方式等因素对借款人流动资金需求量的影响</u>。

流动资金贷款需求量测算是以企业产销规模为参照指标,并借助一定的计量方法,测算出企业一定时期内与产销相匹配的流动资金贷款需求规模,然后按照经济运行状况、行业发展规律和借款人的有效信贷需求及未来发展前景等情况,在合理预测的基础上,对定量估算结果进行必要调整,进而确定实际流动资金贷款需求量。

### 一、单项选择题

1.下列不属于贷前调查主要对象的是(　　)。
A.抵(质)押人　　　　　　　　B.借款人的开户行

C.担保人　　　　　　　　　　　　D.借款人

2.商业银行确立贷款意向后,业务人员应向客户索取贷款申请资料,下列有关收集贷款申请材料的表述中,错误的是(　　)。

A.若为新建项目,对于提供财务报表可不作严格要求

B.借款人的验资证明

C.对企业提交的经审计和未经审计的财务报表应区别对待

D.只需要向借款人索取上两年经审计的财务报表和近期月报表

3.公司信贷的借款人应当是经市场监督管理部门(或主管机关)核准登记的(　　)。

A.政府机关　　　　　　　　　　　B.部门

C.企(事)业法人　　　　　　　　　D.个人

4.面谈过程中,银行调查人员可按照(　　)标准原则,从有关方面集中获取客户的相关信息。

A.国际信用"4C"　　　　　　　　　B.国际信用"5C"

C.银行业信用　　　　　　　　　　D.贷款信用

## 二、多项选择题

5.关于贷前调查,以下说法不正确的有(　　)。

A.业务人员可以通过杂志、书籍、期刊、互联网资料、官方记录等方式进行贷前调查

B.现场会谈时,应当尽可能约见相同部门的成员

C.信贷业务人员可以按照借款人提供的有关信息作为决策主要依据

D.业务人员需要提前预约进行现场调研,不可以采用突击检查方式

E.实地考察时,调查人员可以委托他人参观客户的生产经营场所

6.申请固定资产贷款的客户应向银行提供(　　)等。

A.政府贷款项目需提交该项目列入双方政府商定的项目清单的证明文件

B.项目可行性研究报告及有关部门对可行性研究报告的批复

C.符合国家有关投资项目资本金制度规定的证明文件

D.原辅材料采购合同

E.其他配套条件落实的证明文件

7.商业银行信贷安全性调查的主要内容包括(　　)。

A.对借款人、保证人的财务管理状况进行调查

B.对抵押物的价值评估情况做出调查

C.对有限责任公司和股份有限公司对外股本权益性投资和关联公司情况进行调查

D.对借款人在他行借款的利率进行调查

E.对借款人生产计划的制定情况进行认定

8.公司信贷中,初次面谈的工作提纲应包括(　　)。

A.客户总体情况　　　　　　　　　B.客户信贷需求

C.可承受偿还期限　　　　　　　　D.可承受偿还利率

E.拟向客户推介的信贷产品

### 三、判断题

9.信贷调查人员应避免过分轻信借款人提供的有关信息,或者被实地考察中的假象所迷惑。在实务操作中,建议采用突击检查方式进行现场调研,同时可通过其他调查方法对考察结果加以证实。(    )

A.正确 　　　　　　　　　　　　　　B.错误

10.信贷的效益性是指贷款经营的盈利情况,是商业银行经营管理活动的主要动力。(    )

A.正确 　　　　　　　　　　　　　　B.错误

11.企业法人依照《事业单位登记管理暂行条例》的规定办理登记备案就能够申请办理贷款业务。(    )

A.正确 　　　　　　　　　　　　　　B.错误

12.搜寻调查是信贷调查中最常用、最重要的一种方法,因为搜寻调查的信息最具权威性、可行性和全面性。(    )

A.正确 　　　　　　　　　　　　　　B.错误

## 参考答案及解析

### 一、单项选择题

1.B 【解析】贷前调查的主要对象是借款人、保证人、抵(质)押人、抵(质)押物等。业务人员在开展贷前调查工作时,应围绕这些具体对象进行全面调查,特别是对贷款合法合规性、安全性和效益性等方面进行调查。

2.D 【解析】D选项,借款人应该提供近三年和最近一期的财务报表。

3.C 【解析】公司信贷的借款人应当是经市场监督管理部门(或主管机关)核准登记的企(事)业法人。借款人应符合的要求有:(1)"诚信申贷"的基本要求;(2)借款人的主体资格要求;(3)借款人经营管理的合法合规性;(4)借款人信用记录良好;(5)贷款用途及还款来源明确合法。

4.B 【解析】面谈过程中,调查人员可以按照国际通行的信用"5C"标准原则,即品德(Character)、能力(Capacity)、资本(Capital)、担保(Colateral)、环境(Condition),从客户的公司状况、贷款需求、还贷能力、担保的可接受性以及客户目前与银行的关系等方面集中获取客户的相关信息。

### 二、多项选择题

5.BCDE 【解析】B选项,现场会谈时,应当约见尽可能多的、不同层次的成员,包括行政部门、财务部门、市场部门、生产部门及销售部门的主管,因为这些部门在企业的经营中都发挥着重要作用,通过会谈可以获取许多重要信息;C选项,信贷调查人员应避免过分

轻信借款人提供的有关信息，或者被实地考察中的假象所迷惑；D选项，在实务操作中，建议采用突击检查方式进行现场调研，同时可通过其他调查方法对考察结果加以证实；E选项，实地考察时，调查人员应到客户的生产经营场所，观察公司的厂房、库存、用水量、用电量、设备或生产流水线。

  6.ABCE　【解析】D选项为申请流动资金贷款需提交的材料。

  7.ABC　【解析】除A、B、C选项外，商业银行信贷安全性调查的内容还包括：（1）对借款人、保证人及其法定代表人的品行、业绩、能力和信誉精心调查；（2）考察借款人、保证人是否已建立良好的公司治理机制；（3）对原到期贷款及应付利息清偿情况进行调查；（4）对于申请外汇贷款的客户，调查人员要调查认定借款人、保证人承受汇率、利率风险的能力，尤其要注意汇率变化对抵（质）押担保额的影响程度等。

  8.ABE　【解析】初次面谈前，调查人员应当做好充分准备，拟定详细的面谈工作提纲。提纲内容应包括：（1）客户总体情况；（2）客户信贷需求；（3）拟向客户推介的信贷产品等。

### 三、判断题

  9.A　【解析】信贷调查人员应避免过分轻信借款人提供的有关信息，或者被实地考察中的假象所迷惑。在实务操作中，建议采用突击检查方式进行现场调研，同时可通过其他调查方法对考察结果加以证实。

  10.A　【解析】信贷的效益性是指贷款经营的盈利情况，是商业银行经营管理活动的主要动力。

  11.B　【解析】借款人的主体资格要求包括：（1）企业法人依法办理工商登记，取得营业执照；（2）事业法人依照《事业单位登记管理暂行条例》的规定办理登记备案；（3）特殊行业须持有相关机关颁发的营业或经营许可证。

  12.B　【解析】现场调研是贷前调查中最常用、最重要的一种方法，同时也是在一般情况下必须采用的方法，通过现场调研可获得对企业最直观的了解。搜寻调查属于非现场调查。

# 第三章 借款需求分析

借款需求分析
- 概述
  - 借款需求的含义
  - 借款需求分析的意义
  - 借款需求的影响因素
- 借款需求分析的内容
  - 销售变化引起的需求
  - 资产变化引起的需求
  - 负债和分红变化引起的需求
  - 其他变化引起的需求
- 借款需求与负债结构
  - 季节性销售模式
  - 销售增长旺盛时期
  - 资产使用效率下降
  - 固定资产重置或扩张
  - 长期投资
  - 商业信用的减少和改变
  - 债务重构
  - 盈利能力不足
  - 额外的或非预期性支出

1. 熟悉借款需求分析的意义和借款需求的影响因素。
2. 熟悉借款需求的分析方法,能够运用相关资料判断企业是否需要借款,以及借款需求是由何原因引起。
3. 熟悉借款需求与负债结构的关系。

41

## 考点详解

# 第一节 概 述

### 一、借款需求的含义

#### 1.借款需求的含义

借款需求是指公司由于各种原因造成了资金的短缺,即公司对资金的需求超过了公司的现金储备,从而需要借款。

#### 2.借款需求和借款目的的区别与联系

借款需求指的是公司为什么会出现资金短缺并需要借款。借款需求的原因可能是由于长期性资本支出以及季节性存货和应收账款增加等导致的现金短缺。因此,公司的借款需求可能是多方面的。而借款目的主要是指借款用途,即企业从商业银行所借资金投向的具体领域,如用于购买原材料等日常经营周转、购建固定资产扩大再生产、并购支付对价、置换存量债务等。

### 二、借款需求分析的意义

借款需求与还款能力和风险评估紧密相连,是决定贷款金额、期限、品种等要素的重要因素。通过了解借款企业在资金运作过程中导致资金短缺的关键因素和事件,银行能够更有效地评估风险,更合理地确定贷款期限,并帮助企业提供融资结构方面的建议。

借款需求分析的意义具体表现在:

(1)银行只有通过借款需求分析,才能把握公司借款需求的本质,从而做出合理的贷款决策;否则,可能由于期限不匹配等原因导致公司无法按时还款,从而增加银行的贷款风险。

(2)银行可以通过借款需求的分析为公司提供融资方面的合理建议,这不但有利于公司的稳健经营,也有利于银行降低贷款风险。

(3)银行在受理贷款中借款需求分析有利于银行进行全面的风险分析。

### 三、借款需求的影响因素

无论是现金流量表、资产负债表还是利润表,都可以用来作为公司借款需求分析的基础,通过这些财务报表的分析,银行可以了解公司借款的原因。

#### 1.现金流量表

现金流量表是在资产负债表和利润表基础上所构建的,将现金的使用和需求分为资产的增加、债务的减少和与现金使用相关联的因素三类。其中,与现金使用相关联的因素又包括营业支出、投资支出和融资支出。

第三章 借款需求分析

**2.资产负债表和利润表**

借款需求的主要影响因素包括季节性销售增长、长期销售增长、资产效率下降、固定资产重置及扩张、长期投资、商业信用的减少及改变、债务重构、利润率下降、红利支付、一次性或非预期支出等。

从资产负债表看，季节性销售增长、长期销售增长、流动资产周转率下降可能导致流动资产增加；商业信用的减少及改变、债务重构可能导致流动负债结构变化；固定资产重置及扩张、长期投资可能导致长期资产的增加。从利润表来看，一次性或非预期的支出、利润率的下降都可能对企业的收入支出产生影响，进而影响到企业的借款需求。

（多选）从资产负债表来看，可能导致流动资产增加的因素包括（　　）。
A.固定资产重置　　　　　　B.季节性销售增长
C.长期投资　　　　　　　　D.长期销售增长
E.提供的商业信用减少
【答案】BD
【解析】从资产负债表看，季节性销售增长、长期销售增长、流动资产周转率下降可能导致流动资产增加。

## 第二节　借款需求分析的内容

### 一、销售变化引起的需求

**1.季节性销售增长**

具有季节性销售特点的公司将经历存货和应收账款等资产的季节性增长，存货增长通常会出现在销售旺季期间或之前，而应收账款增加则主要是由销售增长引起的。

存货和应收账款等资产的季节性增加需要现金去满足其增长的需要。以下是季节性资产增加的三个主要融资渠道：

（1）季节性商业负债增加，应付账款和应计费用。
（2）内部融资，来自公司内部的现金和有价证券。
（3）银行贷款。

通常情况下，季节性商业负债增加并不能完全满足季节性资产增长所产生的资金需求。在销售高峰期，应收账款和存货增长的幅度往往要高于应付账款和应计费用增长幅度。当季节性资产数量超过季节性商业负债时，超出的部分需要通过公司内部融资或者银行贷款来补充。公司一般会尽可能用内部资金来满足营运资本投资，如果内部融资无法满足全部融资需求，公司就会向银行申请短期贷款。银行贷款的还款来源主要是季节性资产减少所释放出的现金。

通过对现金流的预测以及月度或季度的营运资本投资、销售和现金水平等的分析,银行可以获得如下信息:

(1)决定季节性销售模式是否产生季节性借款需求,即公司是否具有季节性销售模式,如果有的话,季节性销售模式是否使公司产生季节性借款需求。

(2)评估营运资本投资需求的时间和金额。

(3)决定合适的季节性贷款结构及偿还时间表。

### 直击考点

(单选)对于季节性经营特征比较明显的公司,银行贷款的还款来源主要是季节性(　　)所释放的现金。

A.负债减少　　　　　　　　B.资产增加
C.负债增加　　　　　　　　D.资产减少

【答案】D

【解析】具有季节性销售特点的公司,其银行贷款的还款来源主要是季节性资产减少所释放出的现金。

#### 2.长期销售收入增长

如果资产没有增加,那么只有资产效率持续上升,销售收入才有可能持续、稳定增长。但是通常来讲,资产效率很难实现长期持续的增长。因此,资产的增加对于销售收入的增长就显得非常重要。

(1)资产增长的模式

核心流动资产指的是在资产负债表上始终存在的那一部分流动资产。这部分资产应当由长期融资来实现。当一个公司的季节性销售收入和长期性销售收入同时增长时,流动资产的增长体现为核心流动资产和季节性资产的共同增长。

公司可以通过多种渠道获得资金满足运营资本投资需求,其中留存收益是支撑销售长期增长的重要资金来源。即使长期销售增长保持稳定不变,企业固定资产增长也应该遵循"阶梯式发展模式"。这部分用于支持长期销售增长的资本性支出(主要包括内部留存收益和外部长期融资),其融资也必须通过长期融资实现。

银行判断公司长期销售收入增长是否产生借款需求的方法一般有以下两种:

①快速简单的方法是判断持续的销售增长率是否足够高,比如年增长率超过10%。然而在很多情况下,这种粗略的估计方法并不能准确地判断实际情况。

②更为准确的方法是确定是否存在以下三种情况:销售收入保持稳定、快速的增长;经营现金流不足以满足营运资本投资和资本支出的增长;资产效率相对稳定,表明资产增长是由销售收入增加而不是效率的下降引起的。

（2）可持续增长率的计算

可持续增长率是公司在没有增加财务杠杆情况下可以实现的长期销售增长率。可持续增长率的假设条件如下：

①公司的资产使用效率将维持当前水平。
②公司的销售净利率将维持当前水平，并且可以涵盖负债的利息。
③公司保持持续不变的红利发放政策。
④公司的财务杠杆不变。
⑤公司未增发股票，增加负债是其唯一的外部融资来源。

以上这些变量在现实中不可能一成不变，但只要变量的变化不是非常剧烈，还是可以通过可持续增长率来判断公司的大致发展趋势的。

内部融资的资金来源是净资本、留存收益和增发股票，但一般情况下，在估计可持续增长率时通常假设内部融资的资金来源主要是留存收益。

一个公司的可持续增长率取决于以下四个变量：

①利润率，利润率越高，销售增长越快。
②留存利润，用于分红的利润越少，销售增长越快。
③资产使用效率，效率越高，销售增长越快。
④财务杠杆，财务杠杆越高，销售增长越快。

可持续增长率的计算公式：

$$SGR = \frac{ROE \times RR}{1 - ROE \times RR}$$

其中，SGR表示可持续增长率；ROE为资本回报率，即净利润与所有者权益的比率；RR为留存比率，RR=1-红利支付率。

在财务分析中，ROE可以分解为利润率、资产效率和财务杠杆。因此，利润率、资产效率、财务杠杆三个因素通过资本回报率反映在上述公式中，而剩余利润通过留存比率反映在上述公式中。

（3）可持续增长率的作用

通过对可持续增长率的分析，可以获得以下重要信息，这些信息与可持续增长率的四个影响因素有关：

①在不增加财务杠杆的情况下，利润率、资产使用效率、红利支付率均保持不变，公司的销售增长速度如何？
②在红利支付率、资产使用效率和财务杠杆保持不变，利润率可变的情况下，公司的销售增长情况如何？
③如果公司的资产使用效率改变了，要保持公司目前的财务杠杆、利润率和红利分配政策，销售增长情况将如何变化？
④在资产效率和利润率不变的情况下，公司通过外部融资增加财务杠杆，销售增长情况将如何？

⑤如果公司提高了红利支付率,这将对公司的内部融资能力产生什么样的影响?

若公司的运营情况基本稳定,以上问题可以通过替代可持续增长率的四个影响因素或引入新的假设来衡量。为了分解并解释每个变量的变化影响,公式中ROE可以分解为如下三个组成因子:

①净利润率,即净利润与销售收入的比率。
②总资产周转率,即销售收入与总资产的比率。
③杠杆率,即总资产与所有者权益的比率或1+负债/所有者权益。

由此,可以得到如下表达式:

$$ROE = 净利润率 \times 总资产周转率 \times 财务杠杆率$$

$$= \frac{净利润}{销售收入} \times \frac{销售收入}{总资产} \times \frac{总资产}{所有者权益}$$

$$SGR = \frac{\frac{净利润}{销售收入} \times \frac{销售收入}{总资产} \times \frac{总资产}{所有者权益} \times RR}{1 - \left(\frac{净利润}{销售收入} \times \frac{销售收入}{总资产} \times \frac{总资产}{所有者权益} \times RR\right)}$$

### 直击考点

(多选)在借款需求分析中,一个公司的可持续增长率取决于下列( )。
A.资产使用效率　　　　　　B.留存利润
C.财务杠杆　　　　　　　　D.利润率
E.偿债能力

【答案】ABCD

【解析】一个公司的可持续增长率取决于以下四个变量:(1)利润率,利润率越高,销售增长越快;(2)留存利润,用于分红的利润越少,销售增长越快;(3)资产使用效率,效率越高,销售增长越快;(4)财务杠杆,财务杠杆越高,销售增长越快。

## 二、资产变化引起的需求

### 1.资产效率的下降

如果公司的现金需求超过了现金供给,那么资产效率下降和商业信用减少可能成为公司贷款的原因。应收账款、存货的增加,以及应付账款的减少将形成企业的借款需求。

### 2.固定资产的重置和扩张

(1)固定资产的重置

固定资产重置的原因主要是设备自然老化和技术更新。

借款公司在向银行申请贷款时,通常会提出明确的融资需求,同时银行也能通过评估以下四方面来达到预测需求的目的:

①公司的经营周期,资本投资周期,设备的使用年限和目前状况。
②影响固定资产重置的技术变化率。

如果一个公司在运营中需要大量的固定资产,并且固定资产已近乎完全折旧,这就可能需要重置一些固定资产,可以使用"固定资产使用率"这一指标来评估重置固定资产的潜在需求:

$$固定资产使用率 = \frac{累计折旧}{总折旧固定资产} \times 100\%$$

其中,在"总折旧固定资产"中要排除不需要折旧的固定资产。例如,在会计上,土地是不折旧的,所以土地也无须重置。

"固定资产使用率"粗略地反映了固定资产的折旧程度,但也存在以下不足之处:

①该比率中的固定资产价值代表了一个公司的整个固定资产基础。而固定资产基础可能相对较新,但个别资产可能仍需要重置。
②折旧并不意味着用光,因为折旧仅仅是一种会计学上的概念,它使随时间消耗的资产成本与预期生产的产品和服务相匹配。就公司而言,使用完全折旧但未报废的机械设备是很正常的。
③为了提高生产力,公司可能在设备完全折旧之前就重置资产。
④固定资产使用价值会因折旧会计政策的变化和经营租赁的使用而被错误理解。

如果一个公司的固定资产使用率大于60%或70%,这就意味着投资和借款需求很快将会上升,具体由行业技术变化比率决定。

结合固定资产使用率,银行可以对剩余的固定资产寿命做出一个粗略的估计,进一步推测未来固定资产的重置时机。"固定资产剩余寿命"可以用来衡量公司全部固定资产的平均剩余寿命:

$$固定资产剩余寿命 = \frac{净折旧固定资产}{折旧支出}$$

银行必须经常与公司管理层核实结果,管理层提供的信息要与固定资产使用率和固定资产使用年限相一致。

(2)固定资产扩张

销售收入的增长最终必须得到固定资产增长的支持。固定资产增长模式通常呈阶梯形发展,每隔几年才需要一次较大的资本支出。因此,影响固定资产使用率和剩余寿命的因素,同样会对固定资产扩张产生影响。

通过分析销售和净固定资产的发展趋势,银行可以初步了解公司的未来发展计划和设备扩张需求之间的关系,这时销售收入/净固定资产比率是一个相当有用的指标。

除了研究销售收入与净固定资产比率的趋势之外,银行还可以通过评价公司的可持续增长率获得有用信息,若公司管理层能够提供固定资产使用效率的有用信息,这将有助于银行了解公司的固定资产扩张需求和对外融资需求。

### 3. 股权投资

最常见的长期投资资金需求是收购子公司的股份或者对其他公司的相似投资。长期投资属于一种战略投资,其风险较大,所以最适当的融资方式是股权性融资。

在发达国家,银行会有选择性地为公司并购或股权收购等提供债务融资,其选择的主要标准是收购的股权能够提供控制权收益,从而形成借款公司部分主营业务。

## 三、负债和分红变化引起的需求

### 1. 商业信用的减少和改变

如果公司经常无法按时支付货款,商业信用就会大幅减少,供货商就会要求公司交货付款。事实上,如果应付账款还款期限缩短,那么公司以应付账款获得的资金占用量减少,这就可能造成公司的现金短缺,从而形成借款需求。

### 2. 债务重构

基于期限等考虑,公司经常会用一种债务替代另一种债务,典型的例子就是向银行举债以替代商业信用。

银行需要分析公司的财务匹配状况。如果销售收入增长足够快,且核心流动资产的增长主要是通过短期融资而不是长期融资实现的,就需要将短期债务重构为长期债务。

在某些情况下,公司可能仅仅想用一个债权人取代另一个债权人,原因可能是:

(1)对现在的银行不满意。

(2)想要降低目前的融资利率。

(3)想与更多的银行建立合作关系,增加公司的融资渠道。

(4)为了规避债务协议的种种限制,想要归还现有的借款。

在这种情况下,银行要通过与公司管理层的详细交谈了解债务重构的原因是否真实,并进一步判断是否适合发放贷款。

### 3. 红利发放

红利和利息均为公司的融资成本。大多数公司必须支付红利来保证其在证券市场的地位,因为红利的发放会影响投资者的态度。公司在制定红利发放政策时,必须确定并达到所有者的期望目标。否则,投资者可能出售其股份,使股价下跌。

银行可以通过以下方面来衡量公司发放红利是否为合理的借款需求:

(1)公司为了维持在资本市场的地位或者满足股东的最低期望,通常会定期发放股利。在公司申请借款时,银行要判断红利发放的必要性,如果公司的股息发放压力并不是很大,那么红利就不能成为合理的借款需求原因。

(2)通过经营现金流量分析来判断公司的经营净现金流是否为正,偿还债务、资本支出和预期红利发放是否存在资金缺口。判断借款资金需求的合理性。

(3)对于定期支付红利的公司来说,银行要判断其红利支付率和发展趋势。如果公司持续盈利及获取现金能力以及未来的发展已经无法满足现在的红利支付水平,那么红利发放就不能成为合理的借款需求原因。

## 第三章 借款需求分析

### 直击考点

（单选）下列借款需求不合理的是（　　）。
A.应付账款期限缩短,造成公司的现金短缺
B.公司希望换一家贷款银行来降低融资利率
C.公司为了规避债务协议限制,想要归还现有借款
D.公司上年度严重亏损,仍希望按往年惯例发放高额红利

【答案】D

【解析】D选项,对于定期支付红利的公司来说,银行要判断其红利支付率和发展趋势。如果公司未来的发展速度已经无法满足现在的红利支付水平,那么红利发放就不能成为合理的借款需求原因。

### 四、其他变化引起的需求

#### 1.利润率下降

低利润经营的公司很难获得现金净收入,也就不可能积累足够的资金用于季节性支出和非预期性支出,所以低利润就有可能引起借款需求。

银行可以通过分析公司的利润表和经营现金流量表来评估公司盈利能力下降所产生的影响。

在实际借款需求分析中,公司的盈利趋势非常重要,单独一年的经营利润不能全面衡量盈利变化对现金流状况和借款需求的长期影响。在分析公司的借款需求中,行业风险和业务风险分析等也是非常重要的。

#### 2.非预期性支出

公司可能会遇到意外的非预期性支出,例如,保险之外的损失、与公司重组和员工解雇相关的费用、法律诉讼费等,一旦这些费用超过了公司的现金储备,就会导致公司的借款需求。

在这种情况下,银行要结合其他借款需求的分析方法来判断公司的借款需求状况,要弄清楚公司为什么会没有足够的现金应付目前的问题,如果决定受理该笔借款,还要根据公司未来的现金收入来确定还款计划。

## 第三节　借款需求与负债结构

### 一、季节性销售模式

季节性融资一般是短期的。在季节性资金需求增长期间,这时往往需要通过外部融资来弥补公司资金的短缺。银行对公司的季节性融资通常在一年以内,而还款期安排在季

性销售低谷之前或之中，此时，公司的流动资金需求下降，能够收回大量现金。期限匹配的目的就是保证银行发放的短期贷款只用于公司的短期需求，从而确保银行能够按时收回所发放的贷款。

### 二、销售增长旺盛时期

没有流动资产和固定资产的支持，稳定、长期的销售增长是不可能实现的。公司大量的核心流动资产和固定资产投资需求超出净经营现金流，必然需要额外的融资。由于对核心资产的大量投资，经营现金流在短期内是不足以完全偿还外部融资的。因此，对于这部分融资需求，表面上看是一种短期融资需求，实际上则是一种长期资金占用。

### 三、资产使用效率下降

短期的应收账款和存货周转率的下降所引起的现金需求是短期的，长期的应收账款和存货周转率的下降所引起的现金需求是长期的。

可见，公司流动资产周转效率的下降，即应收账款和存货周转率的下降可能导致长期融资需求，也可能导致短期融资需求，银行在发放贷款时必须有效识别借款需求的本质，从而保证贷款期限与公司借款需求相互匹配。

### 四、固定资产重置或扩张

对于厂房和设备等固定资产重置的支出，其融资需求是长期的，银行在做出贷款决策时应当根据公司的借款需求和未来的现金偿付能力决定贷款的金额和期限。

### 五、长期投资

用于长期投资的融资应当是长期的。除了维持公司正常运转的生产设备外，其他投资需求及影响可能具有更大的不确定性，银行应当谨慎受理，以免加大信用风险暴露。

### 六、商业信用的减少和改变

商业信用的减少意味着公司需要额外的现金及时支付给供货商。如果现金需求超过了公司的现金储备，那么商业信用的减少就可能会引起借款需求。类似于应收账款周转率和存货周转率的变化，分析人员应当判断这种变化是长期的还是短期的。

对于无法按时支付应付账款的公司，供货商会削减供货或停止供货，公司的经营风险加大，银行应关注借款人按期偿付应付账款情况。

对于发展迅速的公司来说，为了满足资产增长的现金需求，公司可能会延迟支付对供货商的应付账款。如果供货商仍然要求按原来的付款周期付款的话，公司就需要通过借款来达到供货商的还款周期要求。

第三章 借款需求分析

### 七、债务重构

银行除了评价公司的信誉状况和重构的必要性，还应当判断所要重构的债务是长期的还是短期的。主要的相关因素包括：

（1）借款公司的融资结构状况。

（2）借款公司的偿债能力。

公司用长期融资来取代短期融资进行债务重构，一般是为了平衡融资结构，其原因可能是由于快速发展，公司需要将原来的部分短期融资转化为长期融资，以达到更合理的融资结构。

### 八、盈利能力不足

在较长时间里，如果公司的盈利能力很弱甚至为负，那么公司就无法维持额外的经营支出，所以盈利能力不足会导致直接借款需求。这种情况反映了公司管理层经营能力的不足，不能够充分利用现有资源创造价值。因此，在这种情况下，银行不应受理公司的贷款申请。

如果公司的盈利能力不足只是借款需求的间接原因，即公司的目前盈利能够满足日常的经营支出，但没有足够的现金用于营运资本和厂房设备的投资，银行受理此种贷款申请时也要非常谨慎。其原因是，在缺少内部融资渠道（比如股东出资）的情况下，盈利能力不足会引起其他借款需求；另外，盈利能力不足也可能会增加公司的财务杠杆，从而加大债权人的风险暴露。

### 九、额外的或非预期性支出

非预期性支出导致的借款需求可能是长期的，也可能是短期的。银行要分析公司为什么会没有足够的现金储备来满足这部分支出。银行在受理该类贷款时，应当根据公司未来的现金积累能力和偿债能力决定贷款的期限。

从以上分析中可以发现，一些借款需求从表面上看可能是短期融资，但实际上可能是长期融资。如果银行在发放贷款时不能够有效识别借款需求的本质，就可能出现贷款到期后借款公司无法归还贷款的情况，从而加大银行的风险。由此可见，银行在受理借款申请时，应进行有效的借款需求分析，判断借款原因和实质，从而在长期贷款和短期贷款之间做出合理安排。

（单选）不属于借款需求与负债结构内容的是（　　）。

A.额外的或非预期性支出　　　　　　B.资产使用效率下降

C.固定资产重置或扩张　　　　　　　D.股权结构变动

【答案】D

【解析】借款需求与负债结构的内容有以下九个方面：（1）季节性销售模式；（2）销售增长旺盛时期；（3）资产使用效率下降；（4）固定资产重置或扩张；（5）长期投资；（6）商

51

业信用的减少和改变；（7）债务重构；（8）盈利能力不足；（9）额外的或非预期性支出。

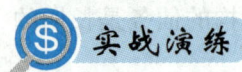

### 一、单项选择题

1.假设一家公司的总资产为12 000万元，销售收入1 800万元，总负债3 000万元，净利润900万元，则该公司的资本回报率ROE为(　　)。

A.30%　　　　　　B.7.5%　　　　　　C.10%　　　　　　D.5%

2.如果一个公司的固定资产使用率(　　)，一般就意味着投资和借款需求很快将会上升，具体由(　　)决定。

A.小于20%或30%；行业技术变化比率

B.小于20%或30%；资本的周转周期

C.大于60%或70%；资本的周转周期

D.大于60%或70%；行业技术变化比率

3.应收账款和存货周转率的变化(　　)。

A.只导致短期融资需求变化

B.只导致长期融资需求变化

C.既可能导致短期融资需求，又可能导致长期融资需求变化

D.既不可能导致短期融资需求，又不可能导致长期融资需求变化

4.决定公司可持续增长率的四个变量中，(　　)越高越好。

A.留存利润和财务杠杆　　　　　　B.留存利润和资产使用效率

C.利润率和资产使用效率　　　　　　D.利润率和留存利润

### 二、多项选择题

5.资本回报率可分解为(　　)三者之积。

A.实际销售增长率　　　　　　B.财务杠杆

C.资产效率　　　　　　D.可持续增长率

E.利润率

6.下列情况中，会导致企业产生借款需求的有(　　)。

A.应收账款增加　　　　　　B.应付账款增加

C.存货增加　　　　　　D.应收账款减少

E.应付账款减少

7.借款需求分析的意义在于(　　)。

A.帮助银行有效地评估风险　　　　　　B.帮助银行合理地确定贷款期限

C.帮助企业提供融资结构方面的建议　　　　　　D.确定贷款总供给量

第三章 借款需求分析

E.帮助银行增加盈利

8.下列融资需求当中,既有可能通过短期融资实现,又有可能通过长期融资实现的有( )。

A.销售增长旺盛时期　　　　　　B.资产使用效率下降
C.商业信用的减少和改变　　　　D.债务重构
E.额外的或非预期性支出

### 三、判断题

9.借款目的主要是指借款用途,一般来说,长期贷款用于固定资产等非流动资产,短期贷款用于流动资产。( )

A.正确　　　　　　　　　　　　B.错误

10.无论是现金流量表、资产负债表还是利润表,都可以用来作为公司借款需求分析的基础,通过这些财务报表的分析,银行可以了解公司借款的原因。( )

A.正确　　　　　　　　　　　　B.错误

11.公司流动资产周转效率的下降,即应收账款和存货周转率的下降只导致长期融资需求。( )

A.正确　　　　　　　　　　　　B.错误

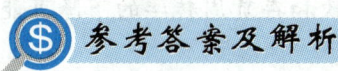
参考答案及解析

### 一、单项选择题

1.C 【解析】资本回报率(ROE)=净利润/所有者权益,其中,所有者权益=总资产-总负债=12 000-3 000=9 000(万元)。因此,ROE=900/9 000×100%=10%。

2.D 【解析】固定资产使用率对理解公司资本支出的管理计划是非常有意义的。如果一个公司的固定资产使用率大于60%或70%,这就意味着投资和借款需求很快将会上升,具体由行业技术变化比率决定。

3.C 【解析】公司资产使用效率的下降,即应收账款和存货周转率的下降,可能导致长期融资需求,也可能导致短期融资需求,银行在发放贷款时必须有效识别借款需求的本质,从而保证贷款期限与公司借款需求相互匹配。

4.C 【解析】一个公司的可持续增长率取决于以下四个变量:(1)利润率,利润率越高,销售增长越快;(2)留存利润,用于分红的利润越少,销售增长越快;(3)资产使用效率,效率越高,销售增长越快;(4)财务杠杆,财务杠杆越高,销售增长越快。

### 二、多项选择题

5.BCE 【解析】资本回报率,即净利润与所有者权益的比率。在财务分析中,资本回报率可以分解为利润率、资产效率和财务杠杆。

6.ACE 【解析】公司经营周期的变化(包括暂时的和永久的)必然会要求企业增加额外的现金。通常,应收账款、存货的增加,以及应付账款的减少将形成企业的借款需求。

7.ABC 【解析】借款需求与还款能力和风险评估紧密相连,是决定贷款期限、利率等要素的重要因素。通过了解借款企业在资本运作过程中导致资金短缺的关键因素和事件,银行能够更有效地评估风险,更合理地确定贷款期限,并帮助企业提供融资结构方面的建议。

8.BCDE 【解析】A选项,处于销售增长旺盛时期的企业,由于对核心资产的大量投资,经营现金流在短期内是不足以完全偿还外部融资的。因此,这表面上看是一种短期融资需求,实际上是一种长期资金占用。

### 三、判断题

9.A 【解析】借款需求指的是公司为什么会出现资金短缺并需要借款。借款目的主要是指借款用途,一般来说,长期贷款用于固定资产等非流动资产,短期贷款用于流动资产。

10.A 【解析】无论是现金流量表、资产负债表还是利润表,都可以用来作为公司借款需求分析的基础,通过这些财务报表的分析,银行可以了解公司借款的原因。

11.B 【解析】公司流动资产周转效率的下降,即应收账款和存货周转率的下降可能导致长期融资需求,也可能导致短期融资需求。

# 第四章　贷款环境风险分析

贷款环境风险分析 ┤
├ 区域风险分析 ┤ 区域风险的概念
│             │ 外部因素分析
│             └ 内部因素分析
└ 行业风险分析 ┤ 行业风险的概念
              └ 行业风险分析

1. 熟悉区域风险的分析方法。
2. 熟悉行业风险分析的基本方法。

## 第一节　区域风险分析

### 一、区域风险的概念

区域风险是指受特定区域的自然、社会、经济、文化和银行管理水平等因素影响，而使信贷资产遭受损失的可能性。这既包括银行外部因素引发的区域风险，也包括银行内部因素导致的区域风险。

区域风险分析是银行制定差异化授信政策、实施资源投放的重要基础。

### 二、外部因素分析

1. 区域经济发展水平

经济是金融风险的源泉，一个地区经济发展水平决定了该地区金融生态环境的基本面。地方经济出现问题，必定会影响当地金融业健康发展。通常评价区域经济发展水平指标见下表：

| 指标 | 内容 |
| --- | --- |
| 地区生产总值 | 反映区域总体经济水平和实力 |
| 地区生产总值 | 增长率反映区域经济发展的态势和前景 |
| 地方财政收入（或可支配财力） | 反映地方政府财政实力和财政支出的能力 |
| 固定资产投资总量 | 拉动国民经济增长的重要引擎，该指标能够反映区域经济活跃程度和未来增长的前景 |
| 实际利用外资总额 | 反映一个地区对外开放程度、投资环境和投资吸引力情况 |
| 进出口贸易总量 | 反映一个地区经济的外向型程度和在国际化分工中的竞争实力 |
| 人均社会商品零售总额 | 反映一个地区居民购买力和物质文化生活水平 |
| 第三产业经济增加值占比 | 反映一个地区经济结构转型和优化的程度，一般来说该指标越高，说明地区服务业对经济贡献程度越大，经济增长质量越好 |

### 2. 区域金融发展水平

区域金融发展水平直接决定商业银行经营环境，影响银行业务发展规模、质量和结构。评价区域金融发展水平的主要指标见下表：

| 指标 | 内容 |
| --- | --- |
| 地区存(贷)款总量及增长率 | 反映一个地区金融总量及变化趋势 |
| 地区社会融资规模 | 反映一定时期和一定区域内实体经济从金融体系获得的资金总额，是增量概念；反映一个地区非金融企业通过直接和间接渠道获得的融资总规模 |
| 地区存贷比水平 | 反映一个地区储蓄转换投资的效率情况 |
| 地区直接融资占比 | 反映一个地区金融市场发育程度以及投融资渠道、结构的多元化水平 |

### 3. 地方政府债务水平

地方政府债务水平影响地方金融稳定，也影响银行信贷资金安全。衡量地方政府债务水平指标主要见下表：

| 指标 | 内容 |
| --- | --- |
| 地方政府负债率 | 地方政府债务余额与地区生产总值之比，国际通行警戒标准为60% |
| 地方政府债务率 | 地方政府债务余额与综合财力之比，国际货币基金组织建议警戒标准为90%~150% |

### 4. 区域社会信用水平

区域社会信用水平在很大程度上影响商业银行信贷经营的资产质量和经济效益。主要评价指标见下表:

| 指标 | 内容 |
| --- | --- |
| 区域不良贷款率及其变化 | 反映一个地区整体信用水平及变化趋势 |
| 银行诉讼债权回收率 | 反映一个地区金融执法效率 |
| 其他指标 | 包括区域企业的欠税情况、政府性债务拖欠情况、商务合同违约情况、企业逃废债情况 |

## 三、内部因素分析

### 1. 信贷资产质量(安全性)

区域信贷资产质量是对区域信贷风险状况的直接反映,它是衡量内部风险最重要的指标。信贷资产质量好,则表明该区域信贷风险低。评价信贷资产质量主要有以下指标:

(1)不良贷款率。该指标从静态上反映了目标区域信贷资产整体质量。

(2)相对不良率。该指标反映目标区域信贷资产质量水平在银行系统中所处的相对位置。指标越高,区域风险越高。该指标大于1时,说明目标区域信贷风险高于银行一般水平。

(3)不良率变幅。该指标反映目标区域信贷资产质量和区域风险变化的趋势。指标为负,说明资产质量上升,区域风险下降;指标为正,说明资产质量下降,区域风险上升。

(4)信贷余额扩张系数。该指标反映目标区域信贷规模变动对区域风险的影响。指标小于0时,目标区域信贷增长相对较慢,负数较大意味着信贷处于萎缩状态;指标过大则说明区域信贷增长速度过快。扩张系数过大或过小都可能导致风险上升。该指标通常考察因区域信贷投放速度过快而产生扩张性风险。

(5)不良贷款生成率。该指标通过当年新生成不良贷款与年初贷款余额比值,反映目标区域信贷资产质量变化趋势。该指标越高,目标区域信贷资产质量恶化速度就越快,潜在风险越高。

(6)不良贷款剪刀差。该指标通过逾期90天以上贷款与不良贷款比值,反映目标区域贷款质量分类准确性和不良贷款真实水平情况,该指标越大,反映目标区域潜在风险越高。

(7)到期贷款现金回收率。该指标反映目标区域信贷资产不通过借新还旧、展期等方式正常回收情况。

(8)利息实收率。该指标反映目标区域信贷资产的收益实现情况。

### 2. 盈利性

信贷资产的利差边际和盈利能力是抵御风险的重要保证,目标区域信贷资产盈利性越好,抵御区域风险能力相对就越强。商业银行通常用以下指标来衡量目标区域的盈利性:

(1)净息差。该指标通过净利息收入与生息资产比值,反映目标区域信贷资产盈利能力。该指标越高,说明目标区域信贷资产收益能力越强。

（2）经济资本回报率（又称经风险调整后资本收益率RAROC）。RAROC是指信贷资产扣除资金成本、运营成本、风险成本（预期损失）、税收成本后的净收入相对经济资本（经济资本描述的是在一定的置信度水平上，银行经营某项资产，为了弥补该项资产为银行带来的非预计损失所需要的资本）的收益率水平。该指标越高，说明目标区域信贷资产实际盈利能力越好、机构风险定价能力越强。

（3）经济增加值（EVA）。该指标反映的是信贷资产扣除资金成本、运营成本、风险成本（预期损失）、税收成本及资本成本后的绝对收益。EVA>0，说明信贷资产为银行股东创造价值；EVA<0，说明信贷资产不仅没有为目标机构创造价值，相反还实际损害了银行股东利益。

### 3. 流动性

流动性风险是银行需要重点防范的风险。为引导分行在发放贷款同时做好吸储工作、保障全行流动性处于安全水平，银行通常会根据全行不同时期流动性风险严重程度以及各区域机构资源禀赋差异，设定有一定弹性的考核指标，在发挥机构各自比较优势同时，确保全行流动性整体保持较好的平衡。分支机构流动性考核指标通常包括：

（1）存量存贷比率（又称"存贷比"或"贷存比"），是指目标机构全部贷款余额与存款余额比例，该指标反映机构整体流动性水平。一家机构存贷比水平，应保持适中水平，指标值过高，会增加流动性风险；指标值过低，亦会影响机构收益水平。

（2）增量存贷比率，是指目标机构新增贷款与新增存款余额比，该指标反映一家机构存贷比动态趋势。增量存贷比率高于存量存贷比率，机构流动性将进一步降低或恶化。

### 直击考点

（单选）（　　）是对区域信贷风险状况的直接反映。
A.区域经济发展水平　　　　B.区域信贷资产质量
C.区域信贷资产盈利性　　　D.区域信贷资产流动性
【答案】B
【解析】区域信贷资产质量是对区域信贷风险状况的直接反映，它是衡量内部风险最重要的指标。信贷资产质量好，则表明该区域信贷风险低。

## 第二节　行业风险分析

### 一、行业风险的概念

行业风险是指由于一些不确定因素的存在，导致对某行业生产、经营、投资或授信后偏离预期结果而造成损失的可能性。

行业风险管理是银行在全面评估行业的周期性风险、成长性风险、产业关联度风险、市场集中度风险、行业壁垒风险、宏观政策风险等各个方面风险因素的基础上,确定授信资产的行业布局和调整战略,制定具体行业授信政策、实施风险管理的过程。

## 二、行业风险分析

### (一)外部因素分析

#### 1.行业成熟度

(1)行业发展各阶段的特点

| 阶段 | 特点 |
|---|---|
| 启动阶段 | 处于启动阶段的行业发展迅速,年增长率可以达到10%以上。销售、利润和现金流有以下特点:①在销售方面,由于价格比较高,销售量很小;②在利润方面,因为销售量低而成本相对很高,利润为负值;③在现金流方面,低销售、高投资和快速的资本成长需求造成现金流也为负值 |
| 成长阶段 | 处在成长阶段的行业通常年增长率会超过20%。销售、利润和现金流有以下特点:①在销售方面,产品价格下降的同时产品质量却得到了明显提高,销售大幅增长;②在利润方面,由于销售大幅提高、规模经济的效应和生产效率的提升,利润转变成正值;③在现金流方面,销售快速增长,现金需求增加,所以这一阶段的现金流仍然为负值 |
| 成熟阶段 | 处在成熟阶段的行业增长较为稳定,一般年增长率在5%~10%之间。成熟期的产品和服务已经非常标准化,行业中的价格竞争非常激烈,新产品的出现速度非常缓慢。销售、利润和现金流有以下特点:①在销售方面,产品价格继续下跌,销售额增长速度开始放缓。产品更多地倾向于特定的细分市场,产品推广成为影响销售的最主要因素;②在利润方面,由于销售的持续上升加上成本控制,这一阶段利润达到最大化;③在现金流方面,资产增长放缓,营业利润创造连续而稳定的现金增值,现金流变为正值 |
| 衰退阶段 | 处在衰退阶段的行业的共同点是销售额在很长时间内都是处于下降阶段。销售、利润和现金流有以下特点:①在销售方面,通常以较为平稳的速度下降,但在一些特殊行业中有可能出现快速下降;②在利润方面,慢慢地由正值变为负值;③在现金流方面,先是正值,然后慢慢减小,现金流维持在正值的时间跨度一般长于利润的时间跨度 |

(2)行业发展各阶段的风险分析

处在启动阶段的行业代表着最高的风险。原因主要有:①由于是新兴行业,几乎没有关于此行业的信息,也就很难分析其所面临的风险;②行业面临很快而且难以预见的各种变化,使企业还款具有很大的不确定性;③本行业的快速增长和投资需求将导致大量的现金需求,从而使一些企业可能在数年中都会拥有较弱的偿付能力。

成长阶段的企业代表中等程度的风险。这一阶段拥有所有阶段中最大的机会,因为现金和资本需求非常大。由于行业发展和变化仍然非常迅速,将会导致持续不断的不确定风险,很多企业在这一阶段将会失败,或者无法承受竞争压力而选择退出。

成熟期的行业代表着最低的风险。这一阶段销售的波动性及不确定性都是最小,而现金流为最大,利润相对来说非常稳定,并且已经有足够多的有效信息来分析行业风险。

处在衰退期的行业代表相对较高的风险。衰退行业仍然在创造利润和现金流,短期贷款对银行来说更容易把握也更安全。

## 直击考点

(单选)目前我国家电行业产品成熟,产品差异化很小,产品质量与技术提升的空间都非常有限,由于产品的同质化使得消费者可选择的空间扩大,从而导致各家电厂家竞争激烈,大打"价格战",根据行业成熟度四阶段模型判断,该行业处于(　　)。

A.启动阶段　　　　　　　　　　B.成长阶段
C.成熟阶段　　　　　　　　　　D.衰退阶段

【答案】C

【解析】处于成熟阶段的行业增长较为稳定,成熟期的产品和服务已经非常标准化,行业中的价格竞争非常激烈,新产品的出现速度也非常缓慢。题中描述的特征符合四阶段模型中成熟阶段的特征。

### 2.行业内竞争程度

处于竞争相对较弱的行业的企业短期内受到的威胁就较小,反之则相反。竞争越激烈,企业面临的不确定性越大,企业的经营风险就越大,借款银行所要承担的信用风险就越大。竞争程度的大小受很多因素影响,其中最主要和最普遍的因素包括:

(1)行业分散和行业集中。行业分散是指一个行业中拥有大量数目的竞争企业,这种行业的竞争较激烈。而行业集中是指某一行业仅仅被数量很少的企业所控制,这种行业的竞争程度较低。

(2)高经营杠杆增加竞争。因为企业必须达到较高的销售额度才能抵消较高的固定成本,另外还有就是在销售下降的时候,企业的盈利能力会迅速下滑。

(3)产品差异越小,竞争程度越大。

(4)市场成长越缓慢,竞争程度越大。

(5)退出市场的成本越高,竞争程度越大。在固定资产较多,并且很难用于生产其他产品的资本密集型行业,企业通常不会轻易选择退出市场。

(6)竞争程度一般在动荡期会增加,在行业发展阶段的后期,大量的企业开始进入此行业以图分享利润,市场达到饱和并开始出现生产能力过剩,价格战争开始爆发,竞争趋向白热化。

(7)在经济周期达到谷底时,企业之间的竞争程度达到最大。在营运杠杆较高的行业,这一情况更为严重。

### 3.替代品潜在威胁

替代品指的是来自其他行业或者海外市场的产品。这些产品或者服务对需求和价格的影响越强,风险就越高。替代品的潜在威胁对行业的销售和利润的影响在波特五力模型分析法里有所反映。

#### 4.成本结构

成本结构指的是某一行业内企业的固定成本和可变成本之间的比例。成本结构主要由以下四项组成：

（1）固定成本

固定成本通常不随销售量的变化而变化，一般包括固定资产的折旧、企业日常开支（水、电等）、利息、租赁费用、管理人员工资等花费。

（2）变动成本

变动成本随着生产和销售水平的变化而变化，一般包括原材料、生产过程中的费用、广告及推广的费用、销售费用、（生产过程产生的）人工成本等。

（3）经营杠杆

如果一个行业固定成本占总成本的比例较大，我们就说这个行业的经营杠杆较高。在高经营杠杆行业中的企业在产销量越高的情况下获得的利润越高，在经济增长、销售上升时，低经营杠杆行业的增长速度要比高经营杠杆行业的增长速度缓慢得多。经营杠杆是营业利润相对于销售量变化敏感度的指示剂。经营杠杆越大，销售量对营业利润的影响就越大。通常情况下，高经营杠杆代表着高风险。这些行业需要获得更高的销售量来维持利润，而且利润相对于销售非常敏感。因此，保证较高的销售量和维持市场占有率变成了经营杠杆较高的行业成功的关键。

（4）盈亏平衡点

盈亏平衡点是某一企业销售收入与成本费用相等的那一点。当销售收入在盈亏平衡点以下时，企业将要承受损失；在盈亏平衡点以上时，企业创造利润。盈亏平衡点与经营杠杆有着直接的联系，即高经营杠杆行业中的企业需要达到较高水平的销售收入来抵消较高的固定成本，这些企业的盈亏平衡点普遍也较高。

（单选）经营杠杆是（　　）相对于销售量变化敏感度的指示剂。

A.营运资本　　　　　　　　　　B.存货
C.营业利润　　　　　　　　　　D.销售费用

【答案】C

【解析】经营杠杆是营业利润相对于销售量变化敏感度的指示剂。经营杠杆越大，销售量对营业利润的影响就越大。

#### 5.经济周期

经济周期也称商业周期是指市场经济体制下经济增长速度或者其他经济活动自然的上升和下降。经济周期会影响盈利能力和整个经济或行业的现金流，所以是信贷分析的关键要素。经济周期普遍包括的五个阶段见下表：

| 阶段 | 特点 |
|---|---|
| 顶峰 | 经济活动和产出的最高点,然而顶峰也是经济由盛转衰的转折点,此后经济就将进入下降阶段 |
| 衰退 | 经济活动和产出放缓甚至变为负值 |
| 谷底 | 经济活动的最低点 |
| 复苏 | 经济活动重新开始增长 |
| 扩张 | 经济活动和产量超过之前的顶峰 |

时间跨度和幅度是经济周期最重要的参数。每个经济周期的时间跨度和幅度是无法预测的,这种不确定因素对销售和供应链受经济周期影响比较大的行业带来了很大的风险。

商业银行在分析经济周期对行业风险的影响时,首先应当做到的是判断此行业是周期性、反周期性还是非周期性,然后需要判断周期对销售、利润和现金流的影响程度。经济周期对行业销售、利润和现金流的影响越大,信用风险就越大。风险度最高的行业是对经济周期敏感度最高,经济萧条或者长期的衰退会造成大量企业破产的行业;风险度低的行业通常受到经济周期的影响很小。

信贷业务人员必须了解行业周期性才可以合理地规划出短期贷款和长期贷款。这里面主要注意两点:

(1)识别现行经济处于经济周期中的阶段,并预测今后几年的经济趋势。

(2)对行业销售额、利润和现金流量进行量化分析。

最后需要注意的是,随着经济全球化的加速,拥有跨境业务的贷款企业不仅仅会受到本国经济周期的影响,而且会受到全球经济周期的影响。在这种情况下,信贷分析人员在分析行业周期风险时,应当将国际经济周期也考虑在内。

### 6.行业进入壁垒

进入壁垒是指行业内既存企业对于潜在企业和刚刚进入这个行业的新企业所具有的某种优势。换言之,进入壁垒是指想进入或者刚刚进入这个行业的企业与既存企业竞争时可能遇到的种种不利因素。进入壁垒具有保护行业内现有企业的作用,也是潜在竞争者进入市场时必须先克服的困难。

进入壁垒的高低,既反映了市场内已有企业优势的大小,也反映了新企业所遇障碍的大小。进入壁垒的高低是影响该行业市场垄断和竞争关系的一个重要因素,在进入壁垒较高的行业,企业面临的竞争风险较小,它们维持现有高利润的机会就越大。虽然进入壁垒高低是评估行业风险的主要因素,但是进入壁垒的性质和可持续性也不应当被忽略。

### 7.行业政策法规

政策法规主要包括环境保护、产品标准、财政补贴、保护性关税或者是价格控制等。不论是国家性的还是地区性的政策法规都随时可能发生变化,这就在商业环境中制造了很大的不确定性和行业风险。贷款企业受政策法规的影响程度决定了风险水平,企业受政策法规的影响越大,风险越大。

第四章　贷款环境风险分析

### 直击考点

（单选）其他条件相同时，下列各行业中进入壁垒较高的是（　　）。
A.各公司的绝对成本水平相当的行业
B.顾客无转换成本的行业
C.存在规模经济的行业
D.产品高度同质化的行业
【答案】C
【解析】进入壁垒是指行业内既存企业对于潜在企业和刚刚进入这个行业的新企业所具有的某种优势。换言之，进入壁垒是指想进入或者刚刚进入这个行业的企业与既存企业竞争时可能遇到的种种不利因素。进入壁垒的高低，既反映了市场内已有企业优势的大小，也反映了新企业所遇障碍的大小。C选项，存在规模经济的行业内已有企业优势较大，进入壁垒较高。

### （二）内部因素分析

银行内部相关行业资产质量情况，是行业风险最直接的表现。统计指标包括但不限于行业不良率（及逾期率）、行业不良贷款变化率、行业不良贷款生成率、行业风险资产比例（关注类与不良合计/资产总额）、行业到期贷款现金回收率、行业不良贷款剪刀差等内容。

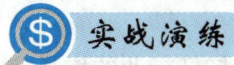

### 一、单项选择题

1.信贷资产相对不良率用于评价目标区域信贷资产质量水平在银行系统所处的相对位置，该指标大于（　　）时，说明目标区域信贷风险高于银行一般水平。
A.0　　　　　B.2　　　　　C.3　　　　　D.1

2.公司的成本结构是指（　　）。
A.固定成本与营业收入之比　　　B.固定成本与可变成本之差
C.固定成本与可变成本之比　　　D.固定成本与可变成本之和

3.固定资产投资项目的（　　）指标，反映项目可以承受的最高成本。
A.净现值　　　　　　　　　　　B.盈亏平衡点
C.内部收益率　　　　　　　　　D.投资收益率

4.小张通过对A、B两省进行信贷调研发现：A省2013年地区生产总值3亿元；B省2013年地区生产总值1.5亿元。如果仅以此指标来看（　　）。
A. A省区域经济发展水平高于B省　　B. A省区域市场化程度较高
C. A省政府信用较高　　　　　　　　D. A省产业结构较合理

## 二、多项选择题

5.在区域风险分析时,评价信贷资产质量的指标主要有( )。
A.不良贷款率　　　　　　　　B.信贷余额扩张系数
C.相对不良率　　　　　　　　D.不良率变幅
E.利息实收率

6.行业发展的启动阶段,行业销售、利润和现金流的特征有( )。
A.销售:由于价格比较高,销售量很小
B.利润:由于销售量很低而成本相对很高,利润为负
C.销售:由于价格比较高,销售量很大
D.利润:由于销售量很高而成本相对很低,利润为正
E.现金流为负

7.工业企业的固定成本一般包括( )。
A.工人工资　　　　　　　　　B.管理人员工资
C.固定资产折旧　　　　　　　D.租赁费用
E.利息

8.下列关于企业"经营杠杆"的表述,正确的有( )。
A.保证较高的销售量和维持市场占有率是经营杠杆较高的行业成功的关键
B.固定成本占总成本的比例越大,经营杠杆越高
C.通常情况下,高经营杠杆代表着高风险
D.经营杠杆越高,销售量对营业利润的影响就越大
E.在经济增长、销售上升时,低经营杠杆行业的增长速度要比高经营杠杆行业的增长速度缓慢

## 三、判断题

9.通常,处于成长阶段的行业中的企业现金流入应该大于流出。( )
A.正确　　　　　　　　　　　B.错误

10.当经济周期为扩张阶段时,经济活动和产量低于之前的顶峰。( )
A.正确　　　　　　　　　　　B.错误

11.区域风险分析是银行制定差异化授信政策、实施资源投放的重要基础。( )
A.正确　　　　　　　　　　　B.错误

## 参考答案及解析

### 一、单项选择题

1.D 【解析】信贷资产相对不良率用于评价目标区域信贷资产质量水平在银行系统中所处的相对位置。指标越高,区域风险越高。该指标大于1时,说明目标区域信贷风险高于

第四章　贷款环境风险分析

银行一般水平。

**2.C**　【解析】在行业风险分析框架中,成本结构是指某一行业内企业的固定成本与可变成本之间的比例。成本结构主要由固定成本、变动成本、经营杠杆和盈亏平衡点组成。

**3.B**　【解析】盈亏平衡点是某一企业销售收入与成本费用相等的那一点。当销售收入在盈亏平衡点以下时,企业将要承受损失;在盈亏平衡点以上时,企业创造利润。盈亏平衡点与经营杠杆有着直接的联系,即高经营杠杆行业中的企业需要达到较高水平的销售收入来抵消较高的固定成本,这些企业的盈亏平衡点普遍也较高。

**4.A**　【解析】地区生产总值、地区生产总值增长率、固定资产投资总量、地方财政收入(或可支配财力)、实际利用外资总额、进出口贸易总量、人均社会零售商品总额、第三产业经济增加值占比等指标都可以反映一个区域的经济发展水平。

## 二、多项选择题

**5.ABCDE**　【解析】区域信贷资产质量是对区域信贷风险状况的直接反映,它是衡量内部风险最重要的指标。信贷资产质量好,则表明该区域信贷风险低。评价信贷资产质量主要有以下八个指标:(1)不良贷款率;(2)相对不良率;(3)不良率变幅;(4)信贷余额扩张系数;(5)利息实收率;(6)不良贷款生成率;(7)不良贷款剪刀差;(8)到期贷款现金回收率。

**6.ABE**　【解析】启动阶段行业的销售、利润和现金流有以下特点:(1)在销售方面,由于价格比较高,销售量很小;(2)在利润方面,因为销售量低而成本相对很高,利润为负值;(3)在现金流方面,低销售、高投资和快速的资本成长需求造成现金流为负值。

**7.BCDE**　【解析】固定成本通常不随销售量的变化而变化,一般包括固定资产的折旧、企业日常开支(水、电等)、利息、租赁费用、管理人员工资等花费。

**8.ABCDE**　【解析】经营杠杆是营业利润相对于销售量变化敏感度的指示剂。经营杠杆越大,销售量对营业利润的影响就越大。如果一个行业固定成本占总成本的比例较大,那么这个行业的经营杠杆较高。在高经营杠杆行业中的企业在生产量越高的情况下获得的利润越高,在经济增长、销售上升时,低经营杠杆行业的增长速度要比高经营杠杆行业的增长速度缓慢得多。通常情况下,高经营杠杆代表着高风险。这些行业需要获得更高的销售量来维持利润,而且利润相对于销售非常敏感。因此,保证较高的销售量和维持市场占有率便成了经营杠杆较高的行业成功的关键。

## 三、判断题

**9.B**　【解析】处于成长阶段行业中的企业,销售快速增长,现金需求增加,所以这一阶段的现金流仍然为负值。

**10.B**　【解析】当经济周期为扩张阶段时,经济活动和产量超过之前的顶峰。

**11.A**　【解析】区域风险分析是银行制定差异化授信政策、实施资源投放的重要基础。

# 第五章 客户分析与信用评级

客户分析与信用评级
├─ 客户品质分析
│   ├─ 客户品质的基础分析
│   └─ 客户经营管理状况分析
├─ 客户财务分析
│   ├─ 概述
│   ├─ 资产负债表分析
│   ├─ 利润表分析
│   ├─ 现金流量表分析
│   └─ 财务报表综合分析
└─ 客户信用评级
    ├─ 客户评级的基本概念
    ├─ 《巴塞尔新资本协议》下的客户信用评级
    ├─ 客户评级对象的分类
    ├─ 客户评级因素及方法
    ├─ 客户评级主标尺
    └─ 客户评级流程

### 直击考纲

1. 熟悉客户品质分析的内容和基本方法。
2. 熟悉客户财务分析的内容和基本方法。
3. 理解客户信用评级的对象、因素、方法和流程。

# 第一节　客户品质分析

## 一、客户品质的基础分析

### （一）客户历史分析

了解客户发展历史可以避免信贷业务人员被眼前景象所迷惑，从而能够从整体上对客户目前状况及未来发展进行分析和判断。在对客户进行历史分析时，主要关注以下内容：

**1. 成立动机**

从客户的成立动机出发，信贷业务人员可以初步判断其发展道路和下一步计划，进而分析其融资动机和发展方向。客户的组建往往基于以下六个方面的动机：

（1）基于人力资源。创始人具有某个行业的从业经验，原受雇于某个客户，又另立门户而成立新公司。

（2）基于技术资源。创始人或合伙人拥有某项专有技术，拥有技术的一方投资合伙或以技术投资入股而成立新公司。

（3）基于客户资源。创始人拥有某个行业的下游客户资源，独自或邀人入伙而成立新公司。

（4）基于行业利润率或发展前景。创始人并没有可利用的某项独特资源，而是看到某个行业利润诱人或具有广阔发展前景，便成立新公司。

（5）基于产品分工。原客户同时生产几种产品，其中某种产品做大做强后，便成立新公司专门从事此种产品的生产。

（6）基于产销分工。原客户产品的经销已形成较完善的网络后便成立新公司专门从事产品的销售和售后服务。

**2. 经营范围**

信贷人员对于客户经营范围及变化需要重点关注以下内容：

（1）注意目前客户所经营的业务是否超出了注册登记的范围，经营特种业务是否取得经营许可证，对于超范围经营的客户应当给予足够的警觉。

（2）注意客户经营范围特别是主营业务的演变，对于频繁改变经营业务的客户应当警觉。客户主营业务的演变有以下五种情形：①行业转换型，由原来侧重贸易转向实业，或由原来侧重实业转向贸易等；②产品转换型，由原来侧重生产某种产品转向生产另一种产品；③技术转换型，由原来技术含量较低的行业或产品转向技术含量较高的行业或产品；④股权变更型，由于股权变更，新股东注入新的资产和业务，原客户的主营业务随之改变；⑤业务停顿型，原客户经营业务不善，因拥有物业便放弃具体经营而改为出租物业等。

（3）注意客户经营的诸多业务之间是否存在关联性，即所经营的行业之间、项目之间或产品之间是否存在产业链、产销关系或技术上的关联。同时，也应关注客户的主营业务是否突出。对于所经营的行业分散、主营业务不突出的客户应警觉。

### 3. 名称变更

客户的名称往往使用时间越久知名度越高，一般不会轻易变更。客户名称也可以从一个侧面看出客户的发展过程。信贷人员对于客户在其发展过程中改变名称，一定要究其原因，尤其是对于频繁改变名称的客户，更要引起警觉。

### 4. 以往重组情况

客户重组包括重整、改组和合并三种基本方式，客户在发展过程中进行重组是一种常见的现象，有正常原因也有非正常原因，需要认真对待并切实调查清楚。

当发生重组情形时，客户或多或少会发生股东更替、股东债权人权利变更和调整、公司章程变更、经理人员更换、经营方向改变、管理方法改变、财产处置及债务清偿安排、资产估价标准确定等情况。

## （二）法人治理结构分析

信贷人员对客户法人治理结构的评价要着重关注控股股东行为的规范，董事会组成结构、运作方式和决策规则，以及对内部控制人的激励约束等因素。

| 评价内容 | 关键要素 |
| --- | --- |
| 控股股东行为 | 控股股东和客户之间是否存在关联交易，控股股东及其关联方是否占有客户资金，客户是否为控股股东及其关联方提供连环担保 |
| | 股东之间是相互独立还是利益关系人，或者最终的所有者是否为同一人 |
| 激励约束机制 | 董事长和总经理是如何产生的，董事长、总经理和监事之间是否兼任，是否兼任子公司或关联公司的关键职位 |
| | 董事长和总经理的薪酬结构和形式 |
| | 决策的程序和方式，董事长、总经理和监事之间是如何相互制衡的 |
| 董事会结构和运作过程 | 董事会的结构，独立董事是如何产生的，是否具有独立性和必备的专业知识 |
| | 董事会是否随时有权质询决策执行情况及采取的形式 |
| | 董事会的业绩评价制度和方式 |

下面是三类客户的法人治理关注点：

### 1. 上市客户

（1）股权结构不合理

主要包括流通股的比重低、非流通股过于集中。由于股权结构的不合理，大股东利用其在董事会上的表决优势，肆意操控上市公司的经营和管理活动，通过大量的异常关联交易侵害中小股东和债权人的利益。但是，若公司股权过于分散，第一大股东持股比例过低，容易面临恶意收购，给公司经营带来波动。

（2）内部控制

客户决策和客户运作以内部人和关键人为中心，内部人能够轻易地控制和操纵客户股东大会、董事会和监事会，极易出现偏离客户最佳利益和侵害债权人利益的行为。

（3）信息披露的实际质量难以保证

对于上市公司，应关注信息披露是否清楚、完整和达到高标准，信息披露的时间安排、程序和获得渠道是否符合规定。有些上市公司信息披露的形式大于内容，甚至有时在形式上亦未能达到要求。其主要原因在于：①缺乏对信息披露主体的有效法律约束机制；②行政干预和资本市场缺乏足够的竞争；③客户内部缺乏有效的信息披露实施机制。

#### 2. 国有独资客户

（1）所有者缺位

很多依据《中华人民共和国公司法》成立的企业由原来的国有企业脱胎而来，仍保留计划经济的烙印，存在着事实上的所有者"缺位"问题。

（2）行政干预

国家既是出资人，又通过若干政府部门分别实施行使行政管理职能，政府两种角色容易造成混乱。行政手段超越出资者职能直接干预客户经营决策，导致客户经营目标多元化。

#### 3. 民营客户

民营客户的管理决策机制更多地表现为一人决策或者家族决策，其形式上的机构没有决定性的影响，决策者个人或者家族的行为与意识代表了客户管理层的素质。管理者同时是所有者，一旦客户负责人发生变故，容易出现群龙无首、后继无人或亲属间争夺继承权和遗产的状况，就会致使客户崩溃解体。

### （三）股东背景

股东背景特别是控股股东的背景在很大程度上决定着客户的经济性质、经营方向、管理方式及社会形象等。客户的股东背景有以下情况需要引起关注：

#### 1. 家庭背景

客户股东或控股股东为同一家族成员，这类客户通常风险意识较强，经营上精打细算，但也存在企业经营"一言堂"现象严重，发展好坏过于依赖核心管理人等问题。

#### 2. 外资背景

这类客户通常管理较多资金，技术力量较强，但可能通过关联交易转移利润。

#### 3. 政府背景

客户由政府投资设立或与政府某个职能部门有着业务上的关联，这类客户通常具有政策资源上的优势，行业竞争性强，但可能存在管理效率不高等问题。

#### 4. 上市背景

客户为上市公司、上市公司全资子公司、控股子公司或参股子公司，这类客户通常管理较规范，并有集团经营优势，但关联方关系复杂，关联交易较多。

### （四）高管人员的素质

高级管理层尤其是主要负责人的素质和行业管理经验是信贷人员考察高管人员的重

点。对公司高管人员素质的评价主要包括以下方面的内容：

**1. 教育背景**

学历教育是一个人受国民教育程度的社会指标，一般来说，高学历表明受过良好的教育，具有系统的专业素养。

**2. 商业经验**

商业经验对于高管人员的眼界、判断具有非常重要的作用，一般来说，经商时间越长，阅历越丰富，越能形成科学、正确的判断，越能做好企业管理工作。

**3. 修养品德**

在内部管理和客户交往中，高管人员的修养品德不仅代表个人素质，更代表企业形象，并会通过其实际工作对企业产生重大影响。

**4. 经营作风**

高管人员的经营作风（如稳健型或激进型）直接影响企业发展战略和经营风格，在经营上会产生截然不同的结果。

**5. 进取精神**

高管人员的进取精神如何，是勇于创新、锐意进取还是墨守成规、患得患失，对企业的发展前景至关重要。

### （五）信誉状况

借款人的不良记录可通过"中国人民银行企业征信系统"查阅，查看客户过去有无拖欠银行贷款等事项。客户的对外资信还可以根据借款人在经营中有无偷税漏税，有无采用虚假报表、隐瞒事实等不正当手段骗取银行贷款，以及有无在购销过程中使用欺骗手段骗取顾客的信任等方面反映出来。

除客户的高管层外，信贷人员还应分析客户的股东（尤其是大股东），了解客户主要股东是谁，股东基本素质如何，以及其财产情况、持股情况等。这对于掌握客户经营方针、预测客户发展前景、评估客户承受亏损及偿债的意愿和能力都具有重要的作用。

### 直击考点

（单选）股东背景特别是控股股东的背景在很大程度上决定着客户的经济性质、经营方向、管理方式及社会形象等，所以信贷人员需要对客户的股东背景给予关注。以下对各类股东背景的特征，表述错误的是（　　）。

A. 上市背景的客户通常管理较规范，并有集团经营优势，不会发生关联交易

B. 家庭背景的客户通常风险意识较强，经营上精打细算

C. 外资背景的客户通常管理较多资金、技术力量较强，但可能通过关联交易转移利润

D. 政府背景的客户通常具有政策资源上的优势，行业竞争性强，但管理效率不高

【答案】A

【解析】股东背景特别是控股股东的背景在很大程度上决定着客户的经济性质、经营

方向、管理方式及社会形象等。其中上市背景的客户为上市公司、上市公司全资子公司、控股子公司或参股子公司，这类客户通常管理较规范，并有集团经营优势，但关联方关系复杂，关联交易较多。

## 二、客户经营管理状况分析

### （一）供应阶段分析

供应阶段的核心是进货，信贷人员应重点分析以下方面：

#### 1. 货品质量

原材料等物品质量是客户产品质量的重要基础，而产品质量是客户的生命线。客户采购物品的质量主要取决于上游厂商的资质，知名供应商对货品质量有一定保障。

#### 2. 货品价格

原材料等物品的价格是客户的主要生产成本，进货价格的高低直接关系到客户产品价格的高低，把好进货价格关是控制客户产品成本的第一道关口。进货价格除了市场供求关系外，主要取决于进货渠道、进货批量、规格标准、运输费用、客户关系等因素。

#### 3. 供货稳定性

客户上游供货稳定性直接影响其生产经营。若客户过于依赖单一供应商，当与供应商出现纠纷或供应商因不可抗力停产等事件发生时，客户将面临因临时另选供应商而导致的货品质量下降、货品价格提高等问题，甚至可能因找不到替代供应商而导致企业停产。

#### 4. 进货渠道

进货渠道对货品的质量和价格都起着决定性影响。信贷人员分析客户的渠道可以从以下四个方面来考虑：

| 项目 | 内容 |
| --- | --- |
| 有无中间环节 | 直接从厂商进货还是从贸易商进货，是二手进货还是三手进货 |
| 供货地区的远近 | 是国内供货还是国外供货，是本埠供货还是外埠供货 |
| 运输方式的选择 | 是陆路运输还是水路运输，是公路运输还是铁路运输 |
| 进货资质的取得 | 是取得一级代理权还是二级代理权 |

#### 5. 付款条件

付款条件主要取决于市场供求和商业信用两个因素。如果货品供不应求或者买方资信不高，供货商大多要求预付货款或现货交易；反之，供货商则可接受银行承兑汇票甚至商业承兑汇票。因此，付款条件不仅影响到客户的财务费用和资金周转，而且关系到买卖双方的交易地位。

### （二）生产阶段分析

生产阶段的核心是技术，这包括生产什么、怎样生产、以什么条件生产，信贷人员应重

点调查以下方面内容:

### 1. 技术水平

客户技术水平是其核心竞争力的主要内容。产品的升级需要技术来支持,产品的质量需要技术来提升,产品的差异性也需要技术来保障。信贷人员可以从研发能力、内外研发机构协作能力、科研成果三个方面分析客户的技术水平。

### 2. 设备状况

客户的生产设备是生产技术的载体,设备的性能不仅在很大程度上决定生产的技术水平、产品的质量水平,而且决定劳动生产率状况。设备状况分析主要包括设备的用途、性能、使用和管理等方面内容。

### 3. 环保情况

信贷人员应从以下方面分析客户的环保情况:

(1)要了解客户的生产工艺及原材料消耗的情况,特别要关注那些生产工艺落后、能耗高,以及废水、废渣和废气排放严重的企业。

(2)要了解国家有关环保的法律法规(包括环境影响评价报告制度、排污收费制度、限期治理制度和经济刺激制度等)。

详细分析客户生产对环境的影响以及是否违反国家相关法律、法规,防范客户的环保合规风险。

## (三)销售阶段分析

销售阶段的核心是市场,这包括销售给谁、怎样销售、以什么条件销售等内容。信贷人员应重点调查以下方面:

### 1. 目标客户

没有客户就没有市场,没有市场就没有企业的生存和发展。目标客户的选择实际上是一个市场定位问题,而市场定位又是一个市场细分的问题。因此,选择目标客户就要细分市场,瞄准目标客户群。

### 2. 销售渠道

销售渠道是连接厂商与终端客户的桥梁和纽带。销售渠道见下表:

| 分类 | 内容 |
| --- | --- |
| 直接销售 | 厂商将产品直接销售给终端客户,好处是贴近市场,应收账款少,缺点是需要铺设销售网络,资金投入较大 |
| 间接销售 | 厂商将产品通过中间渠道销售给终端客户,好处是无须自找客源,资金投入少,缺点是应收账款较多 |

### 3. 收款条件

收款条件主要取决于市场供求和厂商品牌两个因素。

收款条件主要包括预收货款、现货交易和赊账销售。显然,赊账销售对厂商不利的方面主要是占压了资金,存在收账风险,但有利的方面是可以扩大销量。

### (四)竞争战略分析

信贷人员需要对借款人竞争战略有清晰认识,并通过对借款人的持续追踪分析战略执行情况及执行效果,判断借款人发展前景。

#### 1.波特五力模型

迈克尔·波特教授认为可以用五个方面来描述行业竞争态势,即行业竞争状况、供应商议价能力、客户议价能力、替代产品或服务的威胁、潜在竞争者进入的威胁。上述五种力量决定了行业竞争程度和吸引力,企业应该综合评价以上各个方面,分析行业潜力,并由此制定竞争战略。

#### 2.竞争战略

根据迈克尔·波特的理论,竞争战略可分为成本领先战略、差异化战略和集中化战略。成本领先战略是指企业通过降低成本提供较低价格的产品或服务,扩大市场占有率,赢得市场竞争优势。差异化战略是指企业通过技术、设计、创新等手段提供领先竞争对手或独具特色的产品或服务,以此吸引消费者,抢占市场份额,提高业务利润率。集中化战略是指企业主攻某一细分市场,建立并巩固优势。

### (五)产品竞争力和经营业绩分析

#### 1.产品竞争力分析

一个企业的竞争力主要表现为其产品的竞争力。竞争力强的产品会获得市场和购买者较多的认同,容易在市场竞争中战胜对手,顺利实现销售,并取得较好盈利,企业就能获得良好的融资环境,实现快速发展。企业产品的竞争力取决于产品品牌等多种因素,但主要还是取决于产品自身的性价比。那些性能先进、质量稳定、销价合理的产品往往在市场上具有较强的竞争力,为企业赢得市场和利润。当企业的产品定价不再具有竞争力或质量出现不稳定状况时,其经营也会随之出现问题。

一个企业要保持其产品的竞争力,必须不断进行产品创新。新产品、专利产品在销售中所占比例、开发下一代新产品所需时间、能否在竞争对手之前推出新产品等是企业产品创新能力的重要指标。

#### 2.经营业绩分析

(1)经营业绩指标通常指与行业比较的销售增长率,高于行业平均的增长率说明客户经营业绩较好,反之则说明客户经营业绩较差。

(2)市场占有率指标通常指客户产品的市场份额,所占市场份额较大说明客户在行业中的地位较高,其价格策略的调整对行业整体销售状况能产生影响;反之,则说明客户在行业中的地位较低,其价格策略的调整对行业整体销售状况不能产生影响。

(3)主营业务指标通常指主营业务收入占销售收入总额的比重,比重较大说明客户主营业务突出,经营方向明确;反之,则说明客户主营业务不够突出,经营方向不够明确。

### 直击考点

（单选）具有竞争力的产品能为企业赢得市场和利润，（　　）不是企业产品竞争力主要影响因素。

A.市场占有率　　　　　　　B.质量稳定
C.销价合理　　　　　　　　D.性能先进

【答案】A

【解析】企业产品的竞争力取决于产品品牌等多种因素，但主要还是取决于产品自身的性价比。那些性能先进、质量稳定、销价合理的产品往往在市场上具有较强的竞争力，为企业赢得市场和利润。当企业的产品定价不再具有竞争力或质量出现不稳定状况时，其经营也会随之出现问题。

## 第二节　客户财务分析

### 一、概述

#### （一）客户财务分析的含义

财务分析是以客户财务报表为主要依据，运用一定的分析方法，对客户的财务过程和结果进行研究和评价，以分析客户的财务状况、盈利能力、资金使用效率和偿债能力，并由此预测客户的发展变化趋势，从而为贷款决策提供依据。

#### （二）客户财务分析的内容

对贷款决策进行的财务分析应侧重的内容有借款人的偿债能力、盈利能力、营运能力、资本结构和净现金流量等因素。

盈利能力的分析就是通过一定的方法，判断借款人获取利润的能力。借款人盈利能力越强，还本付息的资金来源越有保障，债权的风险越小。营运能力是指通过借款人经营中各项资产周转速度所反映出来的借款人资产运用效率，它不仅能反映借款人的资产管理水平和资产配置组合能力，而且也影响着借款人的偿债能力和盈利能力。借款人资产周转速度越快，就表明其经营能力越强；资产运用效率越高，资产周转速度就越快，借款人所取得的收入和盈利就越多，盈利能力就越强，那么借款人就会有足够的资金还本付息，因而其偿债能力就越强。资金结构是指借款人全部资金来源中负债和所有者权益所占的比重和相互间的比例关系。借款人资金来源结构合理，借款人的经济基础就牢固，就有较强的偿债能力，尤其是长期偿债能力。

在贷款决策中，为形成对借款人以上方面的整体评价，综合反映借款人的财务状况，除了直接利用财务报表中的科目外，更多的是利用报表科目计算相应的财务指标。这些指标分为三类：

### 1. 盈利能力指标

这类指标通过计算利润与销售收入、总资产等科目的比例来衡量管理部门的效率，进而评价管理部门控制成本获取收益的能力。盈利能力指标主要包括销售利润率、营业利润率、净利润率、成本费用利润率、资产收益率、净资产收益率等。

### 2. 营运能力指标

这类指标通过计算资产的周转速度来反映管理部门控制和运用资产的能力，进而估算经营过程中所需的资金量。营运能力指标包括周转率和周转天数两类，两者之间存在一定关系，可相互转换。具体指标主要包括总资产周转率、固定资产周转率、应收账款周转率、存货周转率，以及相对应的总资产周转天数、固定资产周转天数、应收账款周转天数、存货周转天数等。

### 3. 偿债能力指标

偿债能力可分为长期偿债能力和短期偿债能力。偿债能力指标是判断企业负债的安全性和负债偿还能力的比率，偿债能力的大小在很大程度上反映了企业经营的风险程度。偿债能力指标主要包括资产负债率、负债与所有者权益比率、负债与有形净资产比率、利息保障倍数、流动比率和速动比率等。

## （三）财务报表分析的资料

### 1. 会计报表

借款人在会计期间编制的各类会计报表，如资产负债表、利润表、现金流量表及其有关附表。

### 2. 会计报表附注和财务状况说明书

会计报表附注主要说明借款人所采用的会计处理方法，会计处理方法的变更情况、变更原因以及对财务状况和经营成果的影响。财务状况说明书主要说明借款人的生产经营情况、利润实现和分配状况、资金增减和周转情况及其他对财务状况发生重大影响的事项。

### 3. 注册会计师查账验证报告

注册会计师验证后的报表可信度较未审计的报表高，因为注册会计师的意见是依据国家有关法规和一般公认会计准则，并采取必要的验证程序后提出的，具有较强的独立性和权威性。但即使注册会计师对财务报告出具了无保留意见，这也只是在执行相应审计程序基础上对财务报表不存在重大错报提供的合理保证，并不能保证财务报告没有错误或遗漏。

### 4. 其他资料

除上述资料外，其他有关部门的资料，如证券交易所、行业协会、投资咨询机构提供的相关资料均可成为财务报表分析的补充资料，另外，深入借款人公司进行实地考察也可获得许多有价值的信息。

## （四）财务分析的方法

大体而言，财务分析方法可分为比较分析法和因素分析法。

1. 比较分析法

比较分析法是指将企业当期财务指标与可比企业、行业平均或本企业往期指标进行比较，找出差异及其产生原因，对企业财务状况和业绩水平做出科学合理的评价。

比较分析包括横向比较分析和纵向比较分析。若比较对象是可比企业或所在行业同期财务指标，即是横向比较分析，这种分析方法可以揭示企业相比同业的财务指标差异，通过进一步分析差异原因，可以对企业财务状况及业绩水平做出合理判断；若比较对象是本企业往期财务指标，即是纵向比较分析或趋势分析，这种分析方法可以揭示客户财务状况的变化趋势，找出其变化原因，判断这种变化趋势对客户发展的影响，以预测客户未来的发展前景。

根据用于比较的财务指标的不同，将比较分析法分为以下三类：

（1）总量比较

总量比较是直接比较财务报表中的某一科目，用于比较分析不同客户或同一客户不同时期的财务状况。这种方法比较简单、直接，但比较的意义相对而言较为有限。

（2）结构比较

结构比较是以财务报表中的某一总体指标为基础，计算其中各构成项目占总体指标的百分比，然后比较不同客户的比率差异或同一客户不同时期各项目所占百分比的增减变动趋势。结构分析法除用于单个客户有关指标的分析外，还可将不同客户间不能直接比较的各项目的绝对数转化为可以比较的相对数，从而用于不同客户之间或同行业平均水平之间的财务状况的比较分析，以对客户的财务经营状况及在同行业的地位做出评价。

（3）比率比较

比率比较通过计算同一张财务报表的不同项目之间、不同类别科目的比率，或计算两张不同财务报表如资产负债表和利润表中有关科目的比率，然后比较不同客户的比率差异或同一客户不同时期比率增减变动趋势，以评价客户财务状况和经营状况的好坏。

2. 因素分析法

因素分析法是将所要分析的某项财务指标分解为若干项驱动因素，通过各因素实际值对计划值或上期值的依次替代，定量确定各驱动因素对该指标影响程度的方法。

因素分析法包括以下步骤：（1）确定所要分析的财务指标，计算该指标实际值与计划值（或上期值）的差额；（2）将该指标分解为若干驱动因素，并建立财务指标与驱动因素之间的数学关系；（3）确定驱动因素的顺序，按顺序依次将驱动因素的计划值（或上期值）替换成实际值，并根据上述数学关系计算财务指标数值；（4）某一驱动因素替换前后计算所得的财务指标之差即为该因素的影响程度。

（五）财务分析的信贷应用

财务报告的使用者包括投资者、管理层、债权人等，使用者角度不同，目的不同，财务分析的侧重点也不同。投资者侧重分析企业盈利性和成长性，进而评估企业的投资价值；管理层更为关注企业的收入、成本、利润及现金流情况，从而发现经营管理中存在的问题；债权人主要评估企业的偿债能力，进而做出相应决策。在信贷实务中，银行从业人员应以债权人的视角,综合利用财务报告等资料,结合借款人的经营和管理状况,揭示财务报表数字背后的原因。运用一定的分析方法,评估企业到期还本付息的能力。

能否在贷前、贷中及贷后科学判断、持续评估企业偿债能力,是决定银行信贷类业务成败的重要因素,也是客户经理、风控人员及管理者的核心能力之一。在这方面,财务分析提供了有力武器。

首先,财务报告提供了相对客观、量化的资料。虽然财务报告存在一系列问题,比如存在报表造假的可能,会计估计容易受到企业操纵,不同会计政策会导致截然不同的结果等,但财务报告尤其是经审计的财务报告仍是相对客观的资料,能够在主观判断和感性认识之外进行更为客观、量化的分析,得出更具说服力、更为理性的结论。

其次,企业信贷风险与财务报告情况密切相关。企业财务报表包括资产负债表、利润表、现金流量表,三张报表分别从不同方面对企业情况进行描绘,共同组成了企业的整体画像。以上三张报表都与企业的还款能力息息相关:资产负债表可用于分析企业的债务负担情况,企业债务负担轻重及债务结构直接影响其还款能力;利润表可用于分析企业的收入和盈利情况,长期来看这是企业借款的还款来源;现金流量表更是与企业还款能力密切相关,很多时候企业无法还贷并非由于企业亏损而是因为资金链断裂。

### (六)财务分析需要注意的问题

财务分析有自身的局限性。财务分析是以财务报表为主要依据对客户进行的分析,而财务报表只是对企业的会计描述,信息并不全面,所以财务分析的结论需要经营分析等进行补充。另外,不同客户或同一客户不同时期的会计政策可能不同,从而给财务分析带来困难。

基于以上原因,进行财务分析时需注意不能将分析变成"数字游戏"。为了进行量化、客观的评价,要会利用财务指标进行比较分析或因素分析,但上述分析不能脱离企业的经营实际。因此,财务分析不能仅以指标高低论优劣,而是应以财务情况为起点,进一步追踪到经营层面探究原因,从而对企业情况得出科学评价。

(单选)以下关于客户财务分析说法错误的是(　　)。

A.客户盈利能力越强,还本付息的资金来源越有保障,债权风险越大

B.客户财务分析一般包含客户偿债能力、盈利能力、营运能力、资本结构和净现金流量等方面的分析

C.客户营运能力不仅反映其资产管理水平和资产配置组合能力,也影响其偿债能力和盈利能力

D.客户资金来源结构合理,其经济基础就牢固,就有较强的偿债能力。

【答案】A

【解析】借款人盈利能力越强,还本付息的资金来源越有保障,债权的风险越小。

## 二、资产负债表分析

### (一)资产负债表的构成

资产负债表是反映借款人在某一特定日期财务状况的财务报表。资产、负债和所有者权益是资产负债表的基本内容。

#### 1. 资产的组成

资产是借款人拥有或可控制的能以货币计量的经济资源。在资产负债表中,资产按其流动性分为流动资产和非流动资产。

| 分类 | 内容 |
| --- | --- |
| 流动资产 | 一年内或在一个营业周期内变现或者耗用的资产,包括货币资金、交易性金融资产、应收票据、应收账款、预付账款、存货、其他应收款等项目 |
| 非流动资产 | 借款人在一年内不能变现的那部分资产,包括长期股权投资、固定资产、无形资产、商誉、长期待摊费用、递延所得税资产和其他非流动性资产等 |

#### 2. 负债的组成

负债是指借款人承担的能以货币计量,需以资产或劳务偿付的债务,可分为流动负债和长期负债。

| 分类 | 内容 |
| --- | --- |
| 流动负债 | 借款人在生产经营过程中应付给他人的资金,是借款人承担的应在一年或在一个营业周期内偿还的债务,包括短期借款、应付票据、应付账款、预收账款、应付工资、应交税费、应付利润、其他应付款等 |
| 长期负债 | 借款人为增添设备、购置房地产等扩大经营规模的活动通过举债或发行债券而筹集的资金,包括长期借款、应付债券、长期应付款等 |

#### 3. 所有者权益的组成

所有者权益代表投资者对净资产的所有权。净资产是借款人全部资产减去全部负债的净额。它由两部分组成:一部分是投资者投入的资本金;另一部分是在生产经营过程中形成的资本公积金、盈余公积金和未分配利润。

| 分类 | 内容 |
| --- | --- |
| 资本金 | 投资者实际投入生产经营活动供长期使用的资金 |
| 资本公积金 | 包括股本溢价、法定财产重估和接受捐赠的资产价值等 |
| 盈余公积金 | 按照有关规定从利润中提取的各种公积金,具体包括法定盈余公积金和任意盈余公积金 |
| 未分配利润 | 借款人留于以后年度分配的利润或待分配利润 |

### (二)资产结构分析

#### 1. 概念

资产结构是指各项资产占总资产的比重。资产结构分析是指通过计算各项资产占总资产的比重,来分析判断借款人资产分配的合理性。

2. 特点

由于借款人行业和资产转换周期的长短不同,所以其资产结构也不同。

3. 注意事项

在分析资产负债表时,一定要注意借款人的资产结构是否合理,是否与同行业的比例大致相同。如借款人的资产结构与同行业的平均水平存在较大的差异,就应该进一步分析差异产生的原因。资产结构的行业比率参考指标,具体见下表:

| 行业项目 | 生产、销售行业 | | | 服务行业 | |
|---|---|---|---|---|---|
| | 制造业(%) | 批发业(%) | 零售业(%) | 资本密集型(%) | 劳动密集型(%) |
| 现金 | 5~8 | 5~8 | 5~8 | 5~8 | 5~20 |
| 应收账款 | 20~25 | 25~35 | 0~10 | 0~20 | 20~60 |
| 存货 | 25~35 | 35~50 | 50~60 | 0~10 | 1~10 |
| 固定资产 | 30~40 | 10~20 | 10~20 | 50~70 | 10~30 |
| 其他 | 5~10 | 5~10 | 5~10 | 5~10 | 5~10 |
| 总资产 | 100 | 100 | 100 | 100 | 100 |

(三)资金结构分析

1. 资金来源

(1)借入资金,包括流动负债和长期负债。

(2)自有资金,即所有者权益。

2. 概念

资金结构是指借款人的全部资金中负债和所有者权益所占的比重及相互关系。

3. 注意事项

资金结构合理,借款人的经济基础就牢固,借款人就能承担较大的风险,就有较强的偿债能力,尤其是长期偿债能力。反之,如果资金结构不合理,借款人的经济基础就较薄弱,抵御风险的能力就较差,其偿债能力也就会较弱。

4. 特点

(1)借款人的资金结构应与资产转换周期相适应。借款人合理的资金结构指资金不仅要从总额上可以满足经营活动的需要,适应资产转换周期,并且资金的搭配即短期负债、长期负债及所有者权益三者的比例也要适当,这样才能以最小的资金成本取得最大的收益。

(2)客户的长期资金在客户的资金构成中占有十分重要的地位。客户的长期资金是由所有者权益和长期负债构成的。当企业总资产利润率高于长期债务成本时,加大长期债务可使企业获得财务杠杆收益,从而提高企业权益资本收益率。当总资产利润率低于长期债务成本时,降低长期债务的比重可使企业减少财务杠杆损失,从而维护所有者利益。企业对拟定的筹资总额可以提出多种筹资方案,分别计算出各方案的综合成本并从中选择出综合成本最低的方案,以此作为最佳资金结构方案。

5. 重点关注事项

分析资金结构是否合理要重点关注以下内容:

(1)整体杠杆水平

如前所述,借款人的资金来源包括借入资金和自有资金。一般来说,借入资金比例越大,自有资金比例越小,借款人的偿债能力就越差。经营风险,广义上是指企业控制和管理的全部资产的不确定性。借款人的资金来源中,所有者权益的数额至少应能弥补其资产变现时可能发生的损失。

(2)期限错配程度

从资产负债表的合理结构来看,长期资产应由长期资金和所有者权益支持,短期资产则由短期资金支持。对于短期资产不全由短期资金支持,长期资产也不全由长期资金支持的情况,如果处理不善,就会出现问题。

(3)异常资金结构

若借款人资金结构与同行业平均水平相差很大,或借款人资金结构出现了较大变化,则需分析具体原因,判断异常资金结构是否存在实质风险。不同行业的资金结构比例参考指标,具体见下表:

| 行业<br>项目 | 生产、销售行业 | | | 服务行业 | |
| --- | --- | --- | --- | --- | --- |
| | 制造业(%) | 批发业(%) | 零售业(%) | 资本密集型<br>(%) | 劳动密集型<br>(%) |
| 流动负债 | 30~40 | 40~55 | 50~60 | 20~30 | 40~50 |
| 长期负债 | 15~25 | 15~20 | 10~20 | 20~30 | 0~10 |
| 所有者权益 | 30~50 | 30~40 | 25~35 | 35~50 | 35~50 |
| 总资产 | 100 | 100 | 100 | 100 | 100 |

### 直击考点

(单选)下列关于企业资产结构分析的表述,错误的是(    )。

A.企业资产结构与其资产转换周期相关
B.企业资产结构与其所在行业有关
C.资本密集型行业存货占比通常较高
D.劳动密集型行业应收账款占比通常较高

【答案】C

【解析】资产结构是指各项资产占总资产的比重。资产结构分析是指通过计算各项资产占总资产的比重,来分析判断借款人资产分配的合理性。由于借款人行业和资产转换周期的长短不同,所以其资产结构也不同。劳动密集型行业的应收账款占比通常较高,资本密集型行业的固定资产占比通常较高。

### 三、利润表分析

#### 1.概念

利润表又称损益表，它是指通过列示借款人在一定时期内取得的收入，所发生的费用支出和所获得的利润来反映借款人一定时期内经营成果的报表。

#### 2.采用方法

利润表分析通常采用结构分析法。利润表结构分析，是以产品销售收入净额为100%，计算产品销售成本、产品销售费用、产品销售利润等指标各占产品销售收入的百分比，计算出各指标所占百分比的增减变动，分析其对借款人利润总额的影响。

结构分析法除了用于单个客户利润表相关项目的分析外，还经常用于同行业平均水平比较分析。利用结构分析法将不能比较的绝对数转化为可以比较的相对数，就可对不同企业之间的盈利能力做出评价。

除结构分析外，还可以利用利润表结合资产负债表、现金流量表进行交叉分析。

（单选）借款人一定时期内的收入、费用支出、利润应列入（　　）。

A.利润表　　　　　B.财务状况说明书　　　C.现金流量表　　　　D.资产负债表

【答案】A

【解析】利润表又称损益表，它是指通过列示借款人在一定时期内取得的收入，所发生的费用支出和所获得的利润来反映借款人一定时期内经营成果的报表。

### 四、现金流量表分析

#### （一）现金及现金流量的概念

##### 1.现金及现金等价物的概念

日常生活中所说的现金指手头持有的能立即支付的货币；会计核算中的现金指会计主体的库存现金；现金流量中的现金则被广义化，既包括现金，又包括现金等价物，这是由分析现金流量的意义决定的，是会计核算中实质重于形式的体现。

为此，现金流量中的现金包括两部分：（1）现金，即企业库存现金以及可以随时用于支付的存款；（2）现金等价物，即企业持有的期限短、流动性强、易于转换为已知金额现金、价值变动风险很小的投资。另外，现金流量表中的现金必须不受限制，可以自由使用。

##### 2.现金流量的概念

存量是某一时点的数据，如会计中的余额；流量是一定期间内所发生的数据，如会计中的发生额。现金流量包括现金流入量、现金流出量和现金净流量；现金净流量为现金流入量和现金流出量之差。

### (二)现金流量表分析

**1.现金流量表的构成**

现金流量表是反映企业在一定会计期间现金和现金等价物流入和流出的报表。根据企业活动性质的不同,可以将其分为三类,即<u>经营活动、投资活动和筹资活动</u>。经营活动包括采购原材料、销售产成品等;投资活动包括固定资产投资、股权投资等;筹资活动包括发行股票、债券等。三种活动均能带来现金流入或流出,企业现金净流量是三者整体运动的结果。由此得出如下计算公式:

现金净流量=经营活动的现金净流量+投资活动的现金净流量+筹资活动的现金净流量

(1)经营活动的现金流量

<u>经营活动是指企业投资活动和筹资活动以外的所有交易和事项</u>。经营活动产生的现金流量至少应当单独列示反映下列信息的项目:①销售商品、提供劳务收到的现金;②收到的税费返还;③收到其他与经营活动有关的现金;④购买商品、接受劳务支付的现金;⑤支付给职工以及为职工支付的现金;⑥支付的各项税费;⑦支付其他与经营活动有关的现金。

一般来说,销货现金收入、利息与股息的现金收入、增值税销项税款和出口退税、其他业务现金收入能够带来现金流入;购货现金支出、营业费用现金支出、支付利息、缴纳所得税和其他业务现金支出会带来现金流出。

(2)投资活动的现金流量

<u>投资活动是指企业长期资产的购建和不包括在现金等价物范围的投资及其处置活动</u>。投资活动产生的现金流量至少应当单独列示反映下列信息的项目:①收回投资收到的现金;②取得投资收益收到的现金;③处置固定资产、无形资产和其他长期资产收回的现金净额;④处置子公司及其他营业单位收到的现金净额;⑤收到其他与投资活动有关的现金;⑥购建固定资产、无形资产和其他长期资产支付的现金;⑦投资支付的现金;⑧取得子公司及其他营业单位支付的现金净额;⑨支付其他与投资活动有关的现金。

一般来说,出售证券(不包括现金等价物)、出售固定资产、收回对外投资本金能够带来现金流入;而购买有价证券、购置固定资产会带来现金流出。

(3)筹资活动的现金流量

<u>筹资活动是指导致企业资本及债务规模和构成发生变化的活动</u>。筹资活动产生的现金流量至少应当单独列示反映下列信息的项目:①吸收投资收到的现金;②取得借款收到的现金;③收到其他与筹资活动有关的现金;④偿还债务支付的现金;⑤分配股利、利润或偿付利息支付的现金;⑥支付其他与筹资活动有关的现金。

一般来说,取得短期与长期贷款、发行股票或债券能够带来现金流入;而偿还借款本金、分配现金股利会带来现金流出。

## 2. 现金流量的计算方法

（1）经营活动的现金流量

经营活动现金流量的计算方法有直接法和间接法。

其一，直接法。直接法又称为"自上而下法"，是指通过现金收入和现金支出的主要类别列示经营活动的现金流量。直接法根据下列项目对利润表中的营业收入、营业成本以及其他项目进行调整：①当期存货及经营性应收和应付项目的变动；②固定资产折旧、无形资产摊销、计提资产减值准备等其他非现金项目；③属于投资活动或筹资活动现金流量的其他非现金项目。

**直接法从营业收入出发，将利润表中的项目与资产负债表有关项目逐一对应，逐项调整为以现金为基础的项目。**

销售所得现金。当期应收账款增加，销售所得现金就会小于销售收入。如果当期应收账款减少，即收回上一期的应收账款大于本期产生的应收账款，销售所得现金就会大于销售收入。因此，要减去应收账款增长额，或者加上应收账款下降额，即：

$$销售所得现金 = 销售收入 - \Delta 应收账款$$

购货所付现金。销售成本中有赊购即未支付现金的部分，同时本期购进的存货中有未销售部分但是已支付了现金。因此，要减去前一部分，加上后一部分，即：

$$购货所付现金 = 销售成本 - \Delta 应付账款 + \Delta 存货$$

管理费用现金支出。管理费用中，提取折旧、摊销并没有引起现金支出，应付费用减少、预付费用增加却支出了现金。因此，在计算管理费用现金支出时，要进行调整，即：

$$管理费用现金支出 = 管理费用 - 折旧 - 摊销 - \Delta 应付费用 + \Delta 预付费用$$

**缴纳所得税。企业利润表中的所得税与实际缴纳的所得税并不一致，递延所得税资产、递延所得税负债的变动以及退税等因素均会影响实际缴纳的所得税。**

运用直接法计算经营活动的现金流量，具体见下表：

| 利润表项目调整至现金流量表项目 ||
|---|---|
| 销售收入净 | 销售所得现金 |
| -销售成本 | -购货付出的现金 |
| +其他业务利润 | +其他业务现金收入 |
| -管理费用 | -管理费用现金支出 |
| =营业利润 | =营业现金收入 |
| +营业外收支净额 | +营业外现金收支净额 |
| -所得税 | -缴纳所得税 |
| =净利润 | =经营活动的现金净流量 |

其二，间接法。间接法又称为"自下而上法"，即以利润表中最末一项净利润为出发点，调整影响净利润但未影响经营活动现金流量的事项：加上没有现金流出的费用，减去没有

现金流入的收入,扣除不属于经营活动的损益,调整经营性应收应付科目的变动值——减去(加上)应收(应付)科目增加值。通过以上调整,将权责发生制下的净利润还原为收付实现制下的经营活动现金流。

运用间接法计算经营活动的现金流量,具体见下表:

| 净利润 |
| --- |
| +折旧 |
| 摊销 |
| 计提资产减值准备 |
| 公允价值变动损失 |
| 财务费用 |
| 投资损失 |
| Δ应付账款 |
| Δ应付费用 |
| Δ应付税金 |
| Δ递延所得税负债 |
| -Δ应收账款 |
| Δ存货 |
| Δ预付费用 |
| Δ递延所得税资产 |

（2）投资活动的现金流量

投资活动的现金流量=收回投资的现金+投资收益取得的现金+处置固定资产、无形资产和其他长期资产收回的现金+处子公司及其他营业单位收到的现金-投资支付的现金-购置固定资产、无形资产和其他长期资产支付的现金-取得子公司及其他营业单位支付的现金。

（3）筹资活动的现金流量

筹资活动的现金流量=吸收投资收到的现金+取得借款收到的现金+收到其他与筹资活动有关的现金-偿还债务支付的现金-分配股利、利润或偿还利息支付的现金-支付其他与筹资活动有关的现金。

3.现金流量分析的作用

现金流量表按照收付实现制编制,有利于分析者结合权责发生制下的会计信息对企业做出综合判断,有利于判断企业盈利质量。通过对现金流量表经营活动、投资活动及筹资活动现金流的分析,银行可以对企业三类经济活动有比较细致的了解,掌握企业现金来源及用途,并进一步验证企业经营成果。

另外,按照会计准则规定,企业还应在附注中以总额披露当期取得或处置子公司及其他营业单位的有关信息,披露虽不涉及当期现金收支、但影响企业财务状况或在未来可能影响企业现金流量的重大投资和筹资活动,披露与现金和现金等价物构成等重要信息,这些信息对银行掌握企业情况、判断发展前景方面具有重要作用。

（单选）现金流量中的现金不包括( )。
A.活期存款　　　　　　　　B.长期证券投资
C.库存现金　　　　　　　　D.三个月以内的证券投资
【答案】B
【解析】现金流量中的现金被广义化，既包括现金，又包括现金等价物。现金流量中的现金包括两部分：（1）现金，即企业库存现金以及可以随时用于支付的存款；（2）现金等价物，即企业持有的期限短、流动性强、易于转换为已知金额现金、价值变动风险很小的投资。

## 五、财务报表综合分析

### （一）盈利能力分析

盈利能力是指获取利润的能力。对于银行来说，借款人的盈利能力在某种程度上比偿债能力更重要，因为借款人正常经营并产生利润是偿还债务的前提条件。盈利能力越强，客户还本付息的可能性越大，贷款的风险越小。

反映借款人盈利能力的比率主要有销售利润率、营业利润率、税前利润率和净利润率、成本费用利润率、资产收益率、净资产收益率，这些统称为盈利比率。

#### 1.销售毛利率

销售毛利率是指借款人的销售毛利与产品销售收入净额的比率。其计算公式为：

$$销售毛利率=销售毛利/销售收入净额\times 100\%$$
$$销售毛利=销售收入净额-销售成本$$

销售毛利率反映每元销售收入净额所取得的销售毛利。该比率越高，说明借款人盈利水平越高。

#### 2.销售利润率

销售利润率是指企业利润总额和产品销售收入净额的比率。其计算公式为：

$$销售利润率=利润总额/销售收入净额\times 100\%$$
$$利润总额=销售收入净额-销售成本-期间费用$$

销售利润率反映每元销售收入净额中所实现的销售利润额，用来评价借款人产品销售收入净额的盈利能力。该指标越高，表明单位净销售收入中销售成本所占的比重越低，销售利润越高。

#### 3.净利润率

净利润率是指客户净利润与销售收入净额之间的比率。其计算公式为：

$$净利润率=净利润/销售收入净额\times 100\%$$
$$净利润=利润总额-所得税$$

净利润率反映每元销售收入净额所取得的净利润。这个比率越大,说明每元销售收入净额所取得的净利润越多。

#### 4. 成本费用利润率

成本费用利润率是借款人利润总额与当期成本费用总额的比率。其计算公式为:

成本费用利润率=利润总额/成本费用总额×100%

成本费用总额=销售成本+销售费用+管理费用+财务费用

成本费用利润率反映每元成本费用支出所能带来的利润总额。该比率越大,说明同样的成本费用能取得更多利润,或取得同样利润只需花费较少的成本费用。

#### 5. 资产收益率

资产收益率是客户净利润与资产平均总额的比率。其计算公式为:

资产收益率=净利润/资产平均总额×100%

资产平均总额=(期初资产总额+期末资产总额)/2

资产收益率是反映客户资产综合利用效果的指标,也是反映客户利用债权人和所有者权益总额所取得盈利的重要指标。资产收益率越高,说明客户资产的利用效率越高,营运能力越强,盈利能力越强。

#### 6. 净资产收益率

净资产收益率是客户净利润与净资产平均额的比率。其计算公式为:

净资产收益率=净利润/净资产平均额×100%

净资产平均额=(期初净资产+期末净资产)/2

净资产收益率越高,表明所有者投资的收益水平越高,营运能力越好,盈利能力越强。

### 💲 直击考点

(单选)银行在进行利润表分析时,从利润总额出发,减去( ),得出当期净利润。

A.营业费用　　　　　　　　　B.所得税
C.投资净收益　　　　　　　　D.主营业务成本

【答案】B

【解析】净利润是利润总额减所得税的差额。净利润率是指客户净利润与销售收入净额之间的比率。

### (二)偿债能力分析

偿债能力是指客户偿还到期债务的能力,包括长期偿债能力分析和短期偿债能力分析。

#### 1. 长期偿债能力分析

长期偿债能力是指客户偿还长期债务的能力,它表明客户对债务的承受能力和偿还债务的保障能力,长期偿债能力是反映客户财务状况稳定与安全程度的重要标志。

分析借款人偿还债务的承受能力主要是通过分析客户的盈利能力来确定客户按期偿还

本金和支付利息的财务实力。一般从考察借款人偿还债务的保障能力，即财务杠杆比率角度，分析借款人偿还长期债务的能力。所谓杠杆比率就是主要通过比较资产、负债和所有者权益的关系来评价客户负债经营的能力。它包括资产负债率、负债与所有者权益比率、负债与有形净资产比率、利息保障倍数等。

（1）资产负债率

资产负债率又称负债比率，是客户负债总额与资产总额的比率。它说明客户总资产中债权人提供资金所占的比重，以及客户资产对债权人权益的保障程度。对银行来讲，借款人负债比率越低越好。其计算公式为：

$$资产负债率 = 负债总额/资产总额 \times 100\%$$

（2）负债与所有者权益比率

负债与所有者权益比率是指负债总额与所有者权益总额的比例关系，用于表示所有者权益对债权人权益的保障程度。其计算公式为：

$$负债与所有者权益比率 = 负债总额/所有者权益 \times 100\%$$

负债与所有者权益比率越低，表明客户的长期偿债能力越强，债权人权益保障程度越高。但该比率也不必过低，以免影响客户充分发挥负债的财务杠杆作用。

（3）长期资本负债率

长期资本负债率是指非流动负债与长期资本的比例关系，用于表示长期资本对债权人权益的保障程度。其计算公式为：

$$长期资本负债率 = 非流动负债/长期资本 \times 100\%$$

$$长期资本 = 非流动负债 + 所有者权益$$

长期资本负债率排除了经常变动的流动负债，比率越低，借款人的长期偿债能力越强。

（4）负债与有形净资产比率

负债与有形净资产比率是指负债与有形净资产的比例关系，用于表示有形净资产对债权人权益的保障程度。其计算公式为：

$$负债与有形净资产比率 = 负债总额/有形净资产 \times 100\%$$

$$有形净资产 = 所有者权益 - 无形资产 - 递延资产$$

从长期偿债能力来讲，负债与有形净资产比率越低，表明借款人的长期偿债能力越强。

（5）利息保障倍数

利息保障倍数是指借款人息税前利润与利息费用的比率，用于衡量客户偿付负债利息能力。其计算公式为：

$$利息保障倍数 = (利润总额 + 利息费用)/利息费用$$

利息保障倍数越高，说明借款人支付利息费用的能力越强。根据稳健性原则，应以倍数较低的年度为评价依据，但无论如何，利息保障倍数不能低于1，因为一旦低于1，意味着借款人连利息偿还都保障不了，还本可能性更低，也就更谈不上长期偿债能力的强弱。

（6）现金流量利息保障倍数

现金流量利息保障倍数是指借款人经营活动现金流量净额与利息费用的比率，从现金流角度衡量客户偿付负债利息能力。其计算公式为：

现金流量利息保障倍数=经营活动现金流量净额/利息费用

现金流量利息保障倍数越高，说明借款人经营活动现金流量净额越充裕，支付利息费用的能力也越强。

（7）现金债务总额比

现金债务总额比的计算公式为：

现金债务总额比=经营活动现金净流量/债务总额

公式中的债务总额是期末余额而非平均额，包含流动负债和非流动负债。经营活动现金净流量与债务总额的比率，可以反映企业用每户的经营活动现金流量偿付所有债务的能力。这个比率越高，说明企业承担债务的能力越强。

除上述指标外，还有一些因素对客户的长期偿债能力产生影响，如客户的现金流量、较长时期的经营性租赁业务、合资经营、或有负债和子公司的状况等。

（单选）利息保障倍数用于衡量客户偿付负债利息能力。任何情况下，该指标不得低于（　　）。

A.0.5　　　　　　B.10　　　　　　C.5　　　　　　D.1

【答案】D

【解析】根据稳健性原则，应以倍数较低的年度为评价依据，但无论如何，利息保障倍数不能低于1，因为一旦低于1，意味着借款人连利息偿还都保障不了，还本可能性更低，也就更谈不上长期偿债能力的强弱。

2.短期偿债能力分析

短期偿债能力是指客户以流动资产偿还短期债务即流动负债的能力，它反映客户偿付日常到期债务的能力。反映客户短期偿债能力的比率主要有流动比率、速动比率和现金比率等。

（1）流动比率

流动比率是流动资产与流动负债的比率。其计算公式为：

流动比率=流动资产/流动负债

流动比率越高，说明借款人短期偿债能力越强，债权人的权益越有保证。但是流动比率也不宜过高，过高不仅表明借款人流动资产占用过多，影响资产的使用效率和盈利能力，也可能表明客户的应收账款过多或是存货过多。

从理论上讲，只要流动比率高于1，客户便具有偿还短期债务的能力。但由于有些流动资产是不能及时足额变现的，按照稳健性原则，对此比率的要求会高一些，与客户的经营周期长短有关。

与流动比率相关的一个概念是营运资本,营运资本是流动资产与流动负债之差,即:

$$营运资本=流动资产-流动负债$$

由于流动资产产生现金的节奏与流动负债到期不一定完全匹配,且流动资产不可能全部用于偿债,所以为了保持一定的偿债能力,企业必须保证营运资本为正值,即流动资产必须大于流动负债。正值时说明该借款人是用长期资金(所有者权益、非流动负债)支持部分流动资产,负值时说明该借款人是用流动负债支持部分非流动资产。

营运资本与流动比率存在如下关系:

$$流动比率=1/(1-营运资本/流动资产)$$

两者可互相换算,但由于流动比率是相对数,更适于用于比较分析,在实际中运用更多。

(2)速动比率

速动比率是借款人速动资产与流动负债的比率。其计算公式为:

$$速动比率=速动资产/流动负债$$

速动资产是指易于立即变现、具有即时支付能力的流动资产。速动资产计算公式为:

$$速动资产=流动资产-存货-预付账款-待摊费用$$

一般认为速动比率为1较为合适。如果速动比率低,说明借款人的短期偿债能力存在问题;速动比率过高,则又说明借款人拥有过多的速动资产,可能失去一些有利的投资或获利机会。

(3)现金比率

现金比率是客户现金类资产与流动负债的比率,是衡量借款人短期偿债能力的一项参考指标。其计算公式为:

$$现金比率=现金类资产/流动负债$$

现金比率越高,表明客户直接支付能力越强。但一般情况下,客户不可能也没必要保留过多的现金类资产,因为这样会丧失许多获利机会和投资机会。

(4)现金流量比率

现金流量比率,即经营活动的现金净流量与流动负债的比率,可以反映企业用每年的经营活动现金流量偿付流动负债的能力。其计算公式为:

$$现金流量比率=经营活动现金净流量/流动负债$$

现金流量比率越高,说明企业承担短期债务的能力越强。

除上述指标外,还有报表之外的其他一些因素,如借款人的或有负债一旦成为真正的负债,将加重客户的债务负担,影响其短期偿债能力;借款人闲置不用的资产、已经开发出来将要转让的无形资产等,会增强其短期偿债能力;借款人融资能力对企业短期偿债能力具有很大影响,若借款人企业信誉好,银行授信额度充足,具有发行债券或资产证券化的经验,则会增强其短期偿债能力。

### 直击考点

(单选)通常情况下,合理的速动比率一般为(  )。
A.大于2      B.小于1      C.1      D.2

【答案】C

【解析】一般认为速动比率为1较为合适。若速动比率低,说明借款人的短期偿债能力存在问题;速动比率过高,则又说明借款人拥有过多的速动资产,可能失去些有利的投资或获利机会。

### (三)营运能力分析

营运能力是指通过借款人资产周转速度的有关指标反映出来的资产利用的效率,它表明客户管理人员经营、管理和运用资产的能力。

资产利用效率高,则各项资产周转速度就快,资产变现的速度就快,这样借款人就会有现金用来偿付流动负债,因而其短期偿债能力就强。资产利用效率高,则各项资产周转速度就快,就能取得更多的收入和利润,盈利能力就强,就会有足够的资金还本付息,那么其长期偿债能力就强。

营运能力分析比率通常为利润表的流量指标(如销售收入、销货成本等)与资产负债表中的存量指标(如总资产、存货等)之比,常用的比率主要有总资产周转率、流动资产周转率、固定资产周转率、应收账款周转率、存货周转率等。

#### 1.总资产周转率

总资产周转率是指客户销售收入净额与资产平均总额的比率。其计算公式为:

总资产周转率=销售收入净额/资产平均总额

资产平均总额=(期初余额+期末余额)/2

总资产周转率可以用来分析客户全部资产的使用效率。该比率越高,说明客户利用其全部资产进行经营的效率越高,客户的盈利能力越强。

除总资产周转率外,还可以用总资产周转天数来衡量客户的总资产运营效率。其计算公式为:

总资产周转天数=计算期天数/总资产周转率

周转天数越低,说明客户总资产周转速度越快,经营效率越高,盈利能力越强。

#### 2.流动资产周转率

流动资产周转率是指客户一定时期的主营业务收入与流动资产平均余额的比率,即企业流动资产在一定时期内(通常为一年)周转的次数。其计算公式为:

流动资产周转率=主营业务收入净额/流动资产平均净值

流动资产平均净值=(期初流动资产+期末流动资产)/2

除流动资产周转率外,还可以用流动资产周转天数来衡量客户的流动资产运营效率。

其计算公式为：

$$流动资产周转天数=计算期天数/流动资产周转率$$

流动资产周转率不仅反映流动资产运用效率，同时也影响着企业的盈利水平。企业流动资产周转率越快，周转次数越多，周转天数越短，表明企业以相同的流动资产占用实现的主营业务收入越多，说明企业流动资产的运用效率越高，进而使企业的偿债能力和盈利能力均得以增强。反之，则表明企业利用流动资产进行经营活动的能力差，效率较低。

**3. 固定资产周转率**

固定资产周转率是指客户销售收入净额与固定资产平均净值的比率，它是反映客户固定资产使用效率的指标。其计算公式为：

$$固定资产周转率=销售收入净额/固定资产平均净值$$
$$固定资产平均净值=(年初固定资产净值+年末固定资产净值)/2$$

固定资产周转率高，表明客户固定资产利用较充分，同时也表明客户固定资产投资得当，固定资产结构合理，能够发挥效率。

除固定资产周转率外，还可以用固定资产周转天数来衡量客户的固定资产运营效率。其计算公式为：

$$固定资产周转天数=计算期天数/固定资产周转率$$

周转天数越低，说明客户固定资产周转速度越快，经营效率越高，盈利能力越强。

在实际分析中，需考虑以下三个问题，以便真实反映固定资产的运用效率：

（1）固定资产的净值随折旧时间推移而减少，随着固定资产的更新改造而增加，这些都会影响固定资产周转率。

（2）在不同企业间进行比较时，还要考虑由于采用不同折旧方法对固定资产净值的影响。

（3）不同行业间作比较时，应考虑由于行业性质的不同造成的固定资产状况的不同。

**4. 营运资本周转率**

营运资本周转率是指客户一定时期的销售收入净额与营运资本平均余额的比率，即企业营运资本在一定时期内（通常为一年）周转的次数。营运资本周转率是反映企业营运资本运用效率的指标。其计算公式为：

$$营运资本周转率=销售收入净额/营运资本平均余额$$
$$营运资本平均余额=(期初营运资本+期末营运资本)/2$$

除营运资本周转率外，还可以用营运资本周转天数来衡量客户的营运资本运营效率。其计算公式为：

$$营运资本周转天数 = 计算期天数 / 流动资产周转率$$

企业营运资本周转率越快，周转天数越短，表明企业以相同的营运资本实现的销售净业务收入越多，说明企业营运资本的运用效率越高，进而使企业的偿债能力和盈利能力均得以增强。反之，则表明企业利用营运资本进行经营的效率较低。

### 5. 应收账款周转率

应收账款周转率是反映应收账款周转速度的指标，它是一定时期内赊销收入净额与应收账款平均余额的比率，表明一定时期内应收账款周转的次数。其计算公式为：

$$应收账款周转率 = 赊销收入净额 / 应收账款平均余额$$

$$赊销收入净额 = 销售收入 - 现销收入 - 销售退回 - 销售折让 - 销售折扣$$

$$应收账款平均余额 = (期初应收账款余额 + 期末应收账款余额)/2$$

应收账款周转率一般以年为计算基础，如果季节性生产和销售的企业，每月、每季销售收入和应收账款变化很大，也可按月、按季计算。一般而言，一定时期内应收账款周转次数越多，说明企业收回赊销账款的能力越强，应收账款的变现能力和流动性越强，管理工作的效率越高。

除上述用应收账款的周转次数来反映应收账款的周转情况外，还可以通过计算应收账款周转天数，即应收账款账龄来反映应收账款的周转情况。应收账款周转天数表示企业应收账款周转一次平均所需的天数。其计算公式为：

$$应收账款周转天数 = 计算期天数 / 应收账款周转次数$$
$$= 应收账款平均余额 \times 计算期天数 / 赊销收入净额$$

应收账款周转天数越短，说明客户应收账款的变现速度越快，流动性越好。

上述应收账款周转速度指标，不仅反映出客户营运能力的强弱，而且也反映出客户短期偿债能力的好坏。

计算应收账款周转率时应注意以下三个问题：

（1）在与其他企业比较时，由于公开财务信息资料中很少表明赊账净额，所以在计算应收账款周转率时可采用销售收入净额。

（2）应收账款数额应包括资产负债表中的"应收账款"与"应收票据"等全部数额；但如果应收票据已向银行办理了贴现手续，这些应收票据就不应包括在应收账款平均余额之内。

（3）应收账款余额应是扣除坏账准备后的净额。

### 6. 存货周转率

存货周转率是一定时期内借款人销货成本与平均存货余额的比率，它是反映客户销售能力和存货周转速度的指标，也是衡量客户生产经营环节中存货营运效率的综合性指标。其计算公式为：

$$存货周转率 = 销货成本 / 平均存货余额$$

$$平均存货余额 = (期初存货余额 + 期末存货余额)/2$$

存货是流动资产中最重要的组成部分，常常达到流动资产总额的一半以上。存货周转速度不仅反映了流动资产变现能力的好坏，经营效率的高低，同时也表明客户的营运能力和盈利能力的强弱。

存货也可用存货周转天数表示，其计算公式为：

$$存货周转天数 = 计算期天数 / 存货周转次数$$
$$= 存货平均余额 \times 计算期天数 / 销货成本$$

一般而言，存货周转天数增多，或是说明客户存货采购过量，或是呆滞积压存货比重较大，或是存货采购价格上涨；而存货周转天数减少，说明客户可能耗用量或销量增加。但是过快的、不正常的存货周转率，也可说明客户没有足够的存货可供耗用或销售，或是采购次数过于频繁，批量太小等。

存货周转率通常按年计算，如果客户属季节性生产企业，每季度存货余额波动较大，平均存货余额应用每月或每季的存货余额平均计算。将不同时期存货周转率进行对比时，要注意存货计价方法的变更所带来的影响，并作相应调整。

### 7.现金循环周期

现金循环周期是企业从付出现金购买原材料到最终销售收回应收账款的时间。其计算公式为：

现金循环周期 = 存货周转天数 + 应收账款周转天数 – 应付账款周转天数

应付账款周转天数 = 计算期天数/（主营业务成本净额/平均应付账款）

现金循环周期是对若干周转指标的综合，反映了企业从付出现金到收回现金的时间，综合体现了企业运营能力。现金循环周期越短，表明企业经营效率越高，现金转换速度越快，对企业盈利能力及偿债能力均有促进作用。

### （四）杜邦分析

杜邦分析通过将净资产收益率换算为净利率、杠杆率和资产周转率的乘积，便于定量分析净资产收益率产生差异的原因。

> 净资产收益率是杜邦分析的起点和中心。其计算公式为：
>
> 净资产收益率=净利润/所有者权益平均值
> 　　　　　=（净利润/销售收入净额）×（销售收入净额/所有者权益平均值）
> 　　　　　=（净利润/销售收入净额）×（销售收入净额/资产平均总额）×（资产平均总额/所有者权益平均值）
> 　　　　　=净利率×资产周转率×杠杆率

## 第三节　客户信用评级

### 一、客户评级的基本概念

信用评级一般分为外部评级和内部评级。

外部评级通常是指公开市场专业评级机构（如穆迪、标普、惠誉、中诚信、中债资信等）对发行证券的客户主体或融资工具进行的资信评价。评级所依据的信息，主要是公开市场所披露的财务信息和经营数据。

内部评级是指商业银行依据内部收集的信息和自身的评价标准，对本行客户及其所开展业务风险进行的评价。内部评级包括银行针对已授信或拟授信对象的客户评级，也包括银行针对所开展具体业务特定交易结构的债项评级。

客户评级是商业银行对客户偿债能力和偿债意愿的综合计量和科学评价，反映的是客户违约风险的大小。一般来说，级别越高，表示这一等级的客户信用风险越低；而级别越低，表示这一等级的客户信用风险越高。不同信用等级违约风险大小，并不是线性的关系，一般是呈现指数性质的关系。

不同银行内部评级符号以及每一等级符号所代表的信用风险特征通常不具有直接对比性。各家银行内部评级等级数目、符号和各等级含义的构建，要符合银行自身客户群体的实际、符合银行内部风险管理的战略和实际运行的需要。

### 二、《巴塞尔新资本协议》下的客户信用评级

《巴塞尔新资本协议》在信用风险方面提出了一整套的更加规范化的银行内部信用评级体系的标准和规则，这些基本的标准和规则经过反复的总结和提炼，逐步成为衡量世界各国商业银行内部信用评级体系质量高低的重要标准。

《巴塞尔新资本协议》要求银行必须建立一套完整的客户信用评级体系。这套科学的信用评级体系至少具有三大效能：

（1）能够有效区分违约客户，即不同信用等级的客户违约风险随信用等级的下降而呈加速上升的趋势，且评级结果之间不能出现零乱的反序，尤其是在客户比较集中的区域。

（2）能够准确量化客户违约风险，即能够估计各信用等级的违约概率，并将估计的违约概率与实际违约频率之间的误差控制在允许的范围内。

（3）整个信用评级体系的结果要具有稳定性。

以上三个特征必须能够通过客观独立的审计和验证。

在《巴塞尔新资本协议》下，银行内部评级下每个债务人评级结果都需要对应一个违约概率。违约概率是指在未来一段时间内债务人发生违约的可能性。

《巴塞尔新资本协议》中规定，若出现以下一种情况或同时出现以下两种情况，债务人将被视为违约：

（1）银行认定，除非采取追索措施，如变现抵押品（如果存在的话），借款人可能无法全额偿还对银行集团的债务。

（2）债务人对于银行的实质性信贷债务逾期90天以上。

### 直击考点

（单选）银行客户信用评级中要参考的一个重要文件是（　　）。
A.《国际货币金融法》　　　　　　　B.《巴塞尔新资本协议》
C.《国际银行法》　　　　　　　　　D.《国际货币基金协定》
【答案】B
【解析】《巴塞尔新资本协议》在信用风险方面提出了一整套的更加规范化的银行内

部信用评级体系的标准和规则，这些基本的标准和规则经过反复的总结和提炼，逐步成为衡量世界各国商业银行内部信用评级体系质量高低的重要标准。

### 三、客户评级对象的分类

按照《巴塞尔新资本协议》信用风险内部评级法的要求，银行应将其银行账户下的资产划分为六种不同的风险暴露，分别为主权风险暴露、金融机构风险暴露、公司风险暴露、零售风险暴露、股权风险暴露和其他风险暴露。其中，公司风险暴露是指商业银行对公司、合伙制企业和独资企业及其他非自然人的债权。根据债务人类型及其风险特征，公司风险暴露又分为中小企业风险暴露、专业贷款和一般公司风险暴露。

在设计客户评级模型及其应用对象时，商业银行通常会根据客户不同的风险特征，将风险暴露细分不同敞口类型，设计不同的评级模型、甚至走不同的评级流程。具体敞口划分，不同银行有不同的方法，既可以根据银行客户群体特征来划分，也可根据特定的战略需要来进行设计。

### 四、客户评级因素及方法

#### （一）评级因素

**1. 概念**

评级因素，一般也称为评级指标，指的是用于对企业信用能力以及信用意愿做出风险预测的指标。

**2. 分类**

一般来说，评级指标分定性和定量两大类。

（1）定性指标

定性指标指的是一些比较难以量化的指标，但这并不意味着定性指标是纯粹依据个人主观判断。定性指标同样也要基于事实依据来评价，必须具备应有的客观性。

（2）定量指标

定量指标一般又分为财务类的定量分析指标和非财务类的定量分析指标。财务类的定量分析指标一般是围绕经过审计的或者能经得起检验的财务报表数据进行，包括资产负债表、利润表和现金流量表。

除了财务类的定量分析指标之外，一些非财务类的定量分析指标发挥着越来越重要的作用，尤其是对广大小微企业的风险识别。例如，一些银行把三表（水表、电表、税表），以及银行流水、代发工资、缴税、货物运物流、海关等数据纳入指标构建范围。这些信息对于小规模制造类企业实际经营状况的反映，有时甚至比财务类指标更有效。

#### （二）客户信用评级方法

总体来看，商业银行客户信用评级主要包括专家分析法和统计分析法两类方法。专家分析法在我国商业银行客户信用评级中运用较为广泛。

### 1. 专家分析法

专家分析法是商业银行在长期经营信贷业务、承担信用风险过程中逐步发展并完善起来的传统信用分析法。专家系统是依赖高级信贷人员和信贷专家自身的专业知识、技能和丰富经验，运用各种专业性分析工具，在分析评价各种关键要素的基础上依据主观判断来综合评定信用风险的分析系统。

目前所使用的定性分析法中，对企业信用分析的5Cs系统使用最为广泛。5Cs系统指：

（1）品德（Character）

品德是对借款人声誉的衡量。主要指企业负责人的品德、经营管理水平、资金运用状况、经营稳健性以及偿还愿望等，信用记录对其品德的判断具有重要意义。

（2）资本（Capital）

资本是指借款人的财务杠杆状况及资本金情况。财务杠杆高就意味着资本金较少，债务负担和违约概率也较高。

（3）还款能力（Capacity）

一方面是借款人未来现金流量的变动趋势及波动性；另一方面是借款人的管理水平，银行不仅要对借款人的公司治理机制、日常经营策略、管理的整合度和深度进行分析评价，还要对其各部门主要管理人员进行分析评价。

（4）抵押（Collateral）

借款人应提供一定的、合适的抵押品以减少或避免商业银行贷款损失，特别是在中长期贷款中，如果没有担保品作为抵押，商业银行通常不予放款。商业银行对抵押品的要求权级别越高，抵押品的市场价值越大，变现能力越强，贷款的风险越低。

（5）经营环境（Condition）

主要包括商业周期所处阶段、借款人所在行业状况、利率水平等因素。商业周期是决定信用风险水平的重要因素，尤其是在周期敏感性的产业；借款人处于行业周期的不同阶段以及行业的竞争激烈程度，对借款人的偿债能力也具有重大影响；利率水平也是影响信用风险水平的重要环境因素。

除5Cs系统外，使用较为广泛的专家系统还有针对企业信用分析的5Ps系统和针对商业银行等金融机构的骆驼（CAMEL）分析系统。

5Ps分析系统包括个人因素（Personal Factor）、资金用途因素（Purpose Factor）、还款来源因素（Payment Factor）、保障因素（Protection Factor）和企业前景因素（Perspective Factor）。

骆驼（CAMEL）分析系统包括资本充足率（Capital Adequacy）、资产质量（Assets Quality）、管理能力（Management）、盈利性（Earning）和流动性（Liquidity）等因素。

专家分析法的突出特点在于将信贷专家的经验和判断作为信用分析和决策的主要基础，而这种主观性很强的方法带来的一个突出问题是对信用风险的评估缺乏一致性。另外，尽管专家分析方法在银行业的长期发展和实践中已经形成了较为成熟的分析框架，但其缺乏系统的理论支持，尤其是对于关键要素的选择、权重的确定以及综合评定等方面更显薄弱。因此,此类方法更适合于对借款人进行是和否的二维决策,难以实现对信用风险的准确计量。

### 2.统计分析法

统计分析法在信用评级中越来越受到重视,目前业内通常采用逻辑回归方法,逻辑回归是一种用于解决二分类问题的数理统计方法,用于估计借款人在未来一段时间内(一般为1年)违约的可能性。

20世纪90年代以来,信用风险量化模型在银行业得到了高度重视和快速发展,涌现了一批能够直接计算违约概率的模型,其中具有代表性的模型有穆迪的Risk Calc和Credit Monitor、KPMG的风险中性定价模型和死亡概率模型,这在银行业引起了很大反响。

信用风险量化模型在金融领域的发展也引起了监管当局的高度重视。1999年4月,巴塞尔委员会发布了题为《信用风险模型化:当前的实践和应用》的研究报告,探讨了信用风险量化模型的应用对国际金融领域风险管理的影响,以及这些模型在金融监管尤其是在经济资本监管方面应用的可能性。

与传统的专家分析方法相比,违约概率模型能够直接估计客户的违约概率,所以对历史数据的要求更高,需要商业银行建立一致的、明确的违约定义,并且在此基础上积累至少五年的数据。针对我国银行业的发展现状,商业银行将违约概率模型和传统的专家系统相结合,取长补短,有助于提高信用风险评估/计量水平。

 **直击考点**

(单选)下列不属于客户信用分析的5Ps分析系统的是( )。
A.定量模型因素　　　　　　　　B.保障因素
C.资金用途因素　　　　　　　　D.还款来源因素

【答案】A

【解析】针对企业信用分析的5Ps分析系统包括个人因素、资金用途因素、还款来源因素、保障因素、企业前景因素。

## 五、客户评级主标尺

主标尺是指将所有客户的信用评级对应到违约率区间,即设定一个能够区分客户风险程度、便于客户差别化管理且符合监管要求的全行统一的违约概率和信用等级对应的标准尺度。

### 1.主标尺的基本特征

(1)主标尺应该以债务人真实的违约概率为标准划分。

(2)主标尺应该将违约概率连续且没有重叠地映射到风险等级,应该涵盖银行整体资产的信用风险。

(3)风险等级的划分足够精细可以分辨不同类型的风险等级,相邻等级的违约率不能变化过大,各个违约率区间跨度(差值)应该是单调且最好是按几何级数方式增加。

（4）客户不能过于集中在单个风险等级，每个风险等级的客户数不能超过总体客户数的一定比例。

（5）违约率映射要综合考虑银行现有的评级和客户分布。

#### 2. 主标尺的设立要求

（1）满足监管当局监管指引的要求，《商业银行资本管理办法（试行）》相关规定如下：①商业银行应设定足够的债务人级别和债项级别，确保对信用风险的有效区分。信用风险暴露应在不同债务人级别和债项级别之间合理分布，不能过于集中。②商业银行债务人评级应最少具备7个非违约级别、1个违约级别，并保证较高级别的风险小于较低级别的风险。根据资产组合的特点和风险管理需要，商业银行可以设定多于本办法规定的债务人级别，但应保持风险级别间排序的一致性和稳定性。③若单个债务人级别风险暴露超过所有级别风险暴露总量的30%，商业银行应有经验数据向银保监会证明该级别违约概率区间合理并且较窄。

（2）满足银行内部的管理要求，如某个等级以上的客户不能少于一定比例，某个等级以下的客户不能多于一定比例。

（3）能够与国际公认的评级机构的级别相对应，以便于同行进行比较和资产管理。

### 六、客户评级流程

#### 1. 评级发起

评级发起是指评级人员对客户进行一次新的评级过程。在此之前，商业银行应制定书面的评级发起政策，包括评级发起工作的岗位设置、评级发起的债务人范围、时间频率及各环节的操作流程等。

评级发起的要求如下：

（1）商业银行的评级发起流程应足够详细并明确规定本行不同机构对同一债务人评级发起的相关授权流程。对同一债务人或保证人在商业银行内部只能有一个评级。

（2）评级发起人员应遵循尽职原则，充分、准确地收集评级所需的各项数据，审查资料的真实性，完整无误地将数据输入信用评级系统。

（3）评级发起应遵循客观、独立和审慎的原则，在充分进行信用分析的基础上，遵循既定的标准和程序，保证信用评级的质量。

#### 2. 评级认定

评级认定是指评级认定人员对评级发起人员评级建议进行最终审核认定的过程。

评级认定的要求如下：

（1）评级认定的岗位设置应满足独立性要求，评级认定人员不能从贷款发放中直接获益，不应受相关利益部门的影响，不能由评级发起人员兼任。

（2）非零售信贷管理信息系统应强制保留非零售客户评级的各项原始文档和凭证，并保留评级发起、认定等流程的完整日志记录，确保内部评级流程全程可追溯。相关信息系统

# 第五章 客户分析与信用评级

中应有刚性控制,未经评级流程,不得开展授信等有关业务。

### 3.评级推翻

评级推翻主要指评级人员对模型评级结果的推翻和评级认定人员对评级发起人员评级建议的否决。在对模型表现进行监测时,监测人员对模型评级推翻率的统计会更加关注前者。

评级推翻的要求如下:
(1)商业银行应监控评级专家推翻内部评级体系所输出的评级结果的流程,并制定相应的指导原则。
(2)商业银行应建立完善的评级推翻文档,在评级系统中详细记录评级推翻的理由、结果以及评级推翻的跟踪表现。

### 4.评级更新

评级更新是指商业银行定期对现有客户进行重新评价的过程,也即对现有客户的再次评级发起。

评级更新的要求如下:
(1)在评级更新过程中,商业银行应建立书面的评级更新政策,包括评级更新的条件、频率、程序和评级有效期。
(2)商业银行对公司类风险暴露的债务人和保证人评级应至少每年更新一次,对风险较高的债务人,商业银行应适当提高评级更新频率。
(3)评级有效期内需要更新评级时,评级频率应不受每年一次的限制,评级有效期自评级更新之日重新计算。

## 直击考点

(单选)在对模型表现进行监测时,监测人员对模型评级推翻率的统计会更加关注( )。
A.评级发起人员对模型评级结果的推翻
B.评级人员对模型评级结果的推翻
C.评级认定人员对评级发起人员评级建议的否决
D.评级发起人员对评级认定人员评级建议的否决

【答案】B

【解析】评级推翻主要指评级人员对模型评级结果的推翻和评级认定人员对评级发起人员评级建议的否决。在对模型表现进行监测时,监测人员对模型评级推翻率的统计会更加关注前者。

## 实战演练

### 一、单项选择题

1. 销售利润率的计算公式为( )。
   A.销售毛利/销售收入净额×100%
   B.净利润/销售收入净额×100%
   C.营业利润/销售收入净额×100%
   D.利润总额/销售收入净额×100%

2. 通过列示借款人在一定时期内取得的收入,所发生的费用支出和所获得的利润来反映借款人一定时期内经营成果的报表是( )。
   A.利润表                B.现金流量表
   C.利润分配表            D.资产负债表

3. 相对而言,如果借款人的流动负债小于流动资产,则( )。
   A.客户具有短期偿债能力   B.客户具有长期偿债能力
   C.客户不具有短期偿债能力 D.客户不具有长期偿债能力

4. 以下( )不属于资产负债表资产方科目。
   A.应收账款              B.存货
   C.预付账款              D.预收账款

5. ( )越高,表明客户直接支付能力越强。
   A.资产负债率            B.速动比率
   C.现金比率              D.流动比率

### 二、多项选择题

6. 在客户的历史分析中,主要关注的内容包括( )。
   A.名称变更              B.成立动机
   C.经营范围              D.以往重组情况
   E.股权结构变化

7. 财务报表综合分析主要包括( )。
   A.偿债能力分析          B.盈利能力分析
   C.营运能力分析          D.杜邦分析
   E.风险分析

8. 计算企业的成本费用利润率中的成本费用总额包括( )。
   A.销售成本              B.财务费用
   C.制造成本              D.销售费用
   E.管理费用

## 第五章 客户分析与信用评级

9.下列资产中,属于流动资产的项目有(　　)。
A.交易性金融资产
B.应收票据
C.存货
D.待处理流动资产损失
E.无形及递延资产

10.在客户信用评级中,针对商业银行信用评价的CAMEL体系的内容包括(　　)。
A.资本充足率　　　　　　　　　B.盈利性
C.流动性　　　　　　　　　　　D.资产质量
E.管理能力

### 三、判断题

11.客户信用评级一般分为外部评级和内部评级。(　　)
A.正确　　　　　　　　　　　　B.错误

12.企业产品的竞争力,主要取决于产品自身的性价比。当企业的产品定价不再具有竞争力或质量出现不稳定状况时,可能会产生经营上的问题。(　　)
A.正确　　　　　　　　　　　　B.错误

13.企业流动比率较高,但速动比率较低,说明应收账款占用较高。(　　)
A.正确　　　　　　　　　　　　B.错误

14.与传统的专家分析方法相比,违约概率模型能够直接估计客户的违约概率,所以对历史数据的要求更高,需要商业银行建立一致的、明确的违约定义,并且在此基础上积累至少三年的数据。(　　)
A.正确　　　　　　　　　　　　B.错误

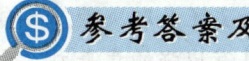
参考答案及解析

### 一、单项选择题

1.D 【解析】销售利润率是指企业利润总额和产品销售收入净额的比率。其计算公式为:销售利润率＝利润总额/销售收入净额×100%。

2.A 【解析】利润表又称损益表,它是指通过列示借款人在一定时期内取得的收入,所发生的费用支出和所获得的利润来反映借款人一定时期内经营成果的报表。

3.A 【解析】短期偿债能力是指客户以流动资产偿还短期债务即流动负债的能力,它反映客户偿付日常到期债务的能力。反映客户短期偿债能力的比率主要有流动比率、速动比率和现金比率,其中流动比率是流动资产与流动负债的比率。从理论上讲,只要流动比率高于1(即流动负债小于流动资产),客户便具有偿还短期债务的能力。

4.D 【解析】在资产负债表中,资产按其流动性分为流动资产和非流动资产:(1)流动

101

资产，包括货币资金、交易性金融资产、应收票据、应收账款、预付账款、存货、其他应收款等项目；（2）非流动资产，包括长期股权投资、固定资产、无形资产、商誉、长期待摊费用、递延所得税资产和其他非流动性资产等。D选项预收账款属于流动负债。

5.C 【解析】现金比率是客户现金类资产与流动负债的比率，是衡量借款人短期偿债能力的一项重要指标。现金比率越高，表明客户直接支付能力越强。

## 二、多项选择题

6.ABCD 【解析】了解客户发展历史可以避免信贷业务人员被眼前景象所迷惑，从而能够从整体上对客户目前状况及未来发展进行分析和判断。在对客户进行历史分析时，主要关注以下内容：（1）成立动机；（2）经营范围；（3）名称变更；（4）以往重组情况。

7.ABCD 【解析】财务报表综合分析主要包括：（1）盈利能力分析；（2）偿债能力分析；（3）营运能力分析；（4）杜邦分析。

8.ABDE 【解析】成本费用利润率＝利润总额/成本费用总额×100%。其中，成本费用总额＝销售成本＋销售费用＋管理费用＋财务费用。

9.ABC 【解析】流动资产是指一年内或在一个营业周期内变现或者耗用的资产，它包括货币资金、交易性金融资产、应收票据、应收账款、预付账款、存货、其他应收款等项目。

10.ABCDE 【解析】骆驼（CAMEL）分析系统包括资本充足率（Capital Adequacy）、资产质量（Assets Quality）、管理能力（Management）、盈利性（Earning）和流动性（Liquidity）等因素。

## 三、判断题

11.A 【解析】客户信用评级一般分为外部评级和内部评级。

12.A 【解析】企业产品的竞争力取决于产品品牌等多种因素，但主要还是取决于产品自身的性价比，那些性能先进、质量稳定、售价合理的产品往往在市场上具有较强的竞争力，为企业赢得市场和利润。当企业的产品定价不再具有竞争力或质量出现不稳定状况时，可能会产生经营上的问题。

13.B 【解析】流动比率是流动资产与流动负债的比率，速动比率是借款人速动资产与流动负债的比率，其中流动资产与速动资产之间的区别可以用以下公式来表示：速动资产＝流动资产－存货－预付账款－待摊费用。当企业流动比率较高，但速动比率较低时说明流动资产中易于变现、具有即时支付能力的资产较少，存货、预付账款、待摊费用较多，此时企业的短期偿债能力仍然较差。

14.B 【解析】与传统的专家分析方法相比，违约概率模型能够直接估计客户的违约概率，所以对历史数据的要求更高，需要商业银行建立一致的、明确的违约定义，并且在此基础上积累至少五年的数据。

# 第六章 担保管理

 思维导图

- 担保管理
  - 贷款担保概述
    - 担保的概念
    - 贷款担保的分类
    - 担保范围
    - 担保原则
    - 贷款担保的作用
  - 保证担保
    - 保证担保的定义
    - 保证人资格与评价
    - 保证担保的一般规定
    - 保证担保的主要风险与管理要点
    - 银担业务合作的风险防范
  - 抵押担保
    - 抵押担保的概念
    - 抵押担保的设定条件
    - 抵押担保的一般规定
    - 抵押担保的主要风险与管理要点
  - 质押担保
    - 质押担保的概念
    - 质押担保的设定条件
    - 质押担保的一般规定
    - 质押担保的主要风险与管理要点
    - 质押与抵押的区别
  - 押品管理
    - 商业银行开展押品管理的基本原则
    - 完善押品管理体系
    - 押品风险控制的基本要求
    - 押品的实物管理
    - 押品的存续期管理

### 直击考纲

1. 掌握贷款担保的分类、范围、原则和作用。
2. 掌握贷款保证人的资格与评价、保证担保的一般规定、主要风险与管理要点,及银担业务合作的风险防范。
3. 掌握抵押担保的设定条件、一般规定、主要风险及管理要点。
4. 掌握质押担保的设定条件、一般规定、主要风险及管理要点,及质押与抵押的区别。
5. 掌握商业银行押品管理的基本原则、押品风险控制的基本要求,押品的实物管理与存续期管理。

# 第一节 贷款担保概述

## 一、担保的概念

贷款担保是指为提高贷款偿还的可能性,降低银行资金损失的风险,银行在发放贷款时要求借款人或第三方提供担保,以保障贷款债权实现的法律行为。银行与借款人及担保人签订担保协议后,当借款人无法偿还本息时,银行可以通过执行担保来收回贷款本息。担保为银行提供了一个可以影响或控制的潜在还款来源,从而增加了贷款最终偿还的可能性。

## 二、贷款担保的分类

贷款担保的形式有多种,一笔贷款可以有几种担保,担保的具体形式主要有如下五种:

| 形式 | 内容 |
| --- | --- |
| 抵押 | 借款人或第三人在不转移财产占有权的情况下,将财产作为债权的担保,银行持有抵押财产的担保权益,当借款人不履行借款合同时,银行有权以该财产折价或者以拍卖、变卖该财产的价款优先受偿 |
| 质押 | 债权人与债务人或债务人提供的第三人以协商订立书面合同的方式,移转债务人或者债务人提供的第三人的动产或权利的占有,在债务人不履行债务时,债权人有权以该财产价款优先受偿 |
| 保证 | 保证人和债权人约定,当债务人不履行债务时,保证人按照约定履行债务或者承担责任的行为 |
| 留置 | 债权人按照合同约定占有债务人的动产,债务人不按照合同约定的期限履行债务的,债权人有权按照规定留置该财产,以该财产折价或者以拍卖、变卖该财产的价款优先受偿 |
| 定金 | 较少用于银行信贷业务中 |

第六章　担保管理

### 直击考点

（单选）（　　）是指债权人与债务人或债务人提供的第三人以协商订立书面合同的方式，移转债务人或者债务人提供的第三人的动产或权利的占有，在债务人不履行债务时，债权人有权以该财产价款优先受偿。

A.留置　　　　　　B.保证　　　　　　C.质押　　　　　　D.抵押

【答案】C

【解析】A选项，留置是指债权人按照合同约定占有债务人的动产，债务人不按照合同约定的期限履行债务的，债权人有权按照规定留置该财产，以该财产折价或者以拍卖、变卖该财产的价款优先受偿；B选项，保证是指保证人和债权人约定，当债务人不履行债务时，保证人按照约定履行债务或者承担责任的行为；D选项，抵押是指借款人或第三人在不转移财产占有权的情况下，将财产作为债权的担保，银行持有抵押财产的担保权益，当借款人不履行借款合同时，银行有权以该财产折价或者以拍卖、变卖该财产的价款优先受偿。

## 三、担保范围

担保范围分为法定范围和约定范围。《中华人民共和国民法典》规定的法定范围为：

（1）主债权，即由借款合同、银行承兑协议、出具保函协议书等各种信贷主合同所确定的独立存在的债权。

（2）利息，即由主债权所派生的利息。

（3）违约金，即由法律规定或合同约定的债务人不履行或不完全履行债务时，应付给银行的金额。

（4）损害赔偿金，即债务人因不履行或不完全履行债务给银行造成损失时，应向银行支付的补偿费。

（5）实现担保物权的费用，即债务人在债务履行期届满而不履行或不完全履行债务，银行为实现担保物权而支出的合理费用。一般包括诉讼费、鉴定评估费、公证费、拍卖费、变卖费、执行费等费用。

（6）质物保管费用，是指在质押期间，因保管质物所发生的费用。如需另行约定担保责任范围，可在担保合同中予以约定。

## 四、担保原则

担保活动应当遵循平等、自愿、公平、诚实信用的原则。

### 1.平等原则

平等原则是指参加民事活动的当事人无论是自然人还是法人，无论其经济实力强还是弱，其在法律上的地位一律平等，任何一方不得把自己的意志强加给对方，同时法律也对双方提供平等的保护。

在《中华人民共和国民法典》中,平等原则主要体现在如下两个方面:

(1)所有的民事主体,在从事担保活动中,适用同一法律,具有平等的地位。

(2)民事主体在从事担保活动时必须平等协商。

#### 2. 自愿原则

自愿原则是指公民、法人或者其他组织有权根据自己的意愿决定参不参加民事活动,参加何种民事活动,根据自己的意愿依法处分自己的财产和权利。

在担保活动中,自愿原则主要体现在如下四个方面:

(1)当事人有权依法从事担保活动或不从事担保活动。也就是说,当事人有权根据自己的意志和利益,决定是否为他人提供担保,也有权决定是否接受他人提供的担保。

(2)当事人有权选择保证、抵押、质押或者定金的担保方式,有权约定排除留置的适用,也有权选择为谁提供担保。

(3)担保主体有权选择订立担保合同的方式。

(4)当事人有选择担保相对人的自由。

#### 3. 公平原则

公平原则是指当事人之间在设定民事权利和义务、承担民事责任等方面应当公平、合情合理。在平等自愿的前提下,双方当事人的权利义务一致,任何一方当事人不应享有特殊的权利,或者只享有权利而不承担义务。公平原则是当事人从事担保活动时应遵循的基本原则,其在担保活动中主要体现在,担保活动中产生的法律责任的分担必须合理。

> 合理分担责任体现在:
> (1)担保合同的内容不能显失公平,否则可以依据《中华人民共和国民法典》的规定请求人民法院或仲裁机构予以变更或撤销。
> (2)人民法院处理担保纠纷时,应严格依照当事人的过错判定当事人应负担的责任。
> (3)在担保法律关系的当事人都没有过错的情况下,所发生的损失应由各方合理分担。

#### 4. 诚实信用原则

诚实信用原则主要是指当事人在担保活动中要言行一致、表里如一,恪尽担保合同约定的义务。诚实信用原则要求一切市场活动的参与者遵循一个诚实人所具有的道德,市场主体在不损害他人利益和社会公共利益的情况下,可以追求自己的利益。

在担保活动中,诚实信用原则主要体现在如下三个方面:

(1)担保合同的订立必须符合诚实信用原则,如果一方是采用了不诚实的手段诱骗他人为自己的债务提供担保,则受害人有权请求法院予以撤销或者不承担法律责任。

(2)担保合同的履行必须符合诚实信用原则,当事人在行使担保合同的权利和履行担保合同的义务时,应遵从诚实信用原则,不能滥用权利和以违背诚实信用的方式行使权利与承担义务。

(3)如果担保中的当事人一方明知他人受到欺诈、胁迫或因其他原因,在违背真实意思的情况下为自己提供担保的,这种不诚实的受益是不被允许的。

第六章 担保管理

### 直击考点

（单选）李先生胁迫王先生为其提供担保的行为违反（　　）。
A.平等原则　　　　　　　　B.自愿原则
C.公平原则　　　　　　　　D.诚实信用原则

【答案】D

【解析】诚实信用原则的体现之一是如果担保中的当事人一方明知他人受到欺诈、胁迫或因其他原因，在违背真实意思的情况下为自己提供担保的，这种不诚实的受益是不被允许的。

## 五、贷款担保的作用

### 1.协调和稳定商品流转秩序，促进国民经济健康运行

在市场经济条件下，一项特定债务得不到清偿，不仅会影响某一企业或某一银行生产和经营活动的正常运行，还会影响其他债权债务关系的维持。为避免这种情况发生，客观上要求建立一种债权债务关系的履行机制和保障制度。贷款担保就是这样一种机制，它是对借款企业和贷款银行之间特定债权债务关系的担保。它避免或减少了因借款企业不能归还贷款本息而对银行和其他经济活动产生的不良影响，从而促进商品流转秩序的协调稳定和国民经济的健康运行。

### 2.降低银行贷款风险，提高信贷资金使用效率

银行为避免借款企业无力还本付息可能造成的危害，除了在发放贷款时，通过认真征信、预测和分析以规避风险外，另一种有效途径就是建立风险经营管理机制，通过转移风险、共同承担和约束风险来减少和消除损失。贷款担保是信贷资产风险管理的一种方法，它可以减少银行对借款企业违约的担心，使贷款的偿还有了双重保证，把借款企业不还贷的风险转移给了第三者。

### 3.促进借款企业加强管理，改善经营管理状况

在担保贷款中，担保企业作为第三者要以其信誉或财产对借款企业的还贷责任予以担保。因此，当借款企业不能按期偿还贷款本息时，担保企业就必须代为清偿。担保企业为了保证自身财产的安全，必然关心借款企业的经营状况和履约能力的变化。为防止借款企业因经营不善而失去还贷能力，担保企业不仅会督促借款企业按期还本付息，而且积极帮助借款企业提高管理、改善经营、克服经营中出现的困难。

### 4.巩固和发展信用关系

（1）信用关系的健康存在和发展要求有良好的信用制度和偿债还贷秩序。银行开展担保贷款业务，就能通过担保形式的约束建立银行与借款企业之间，借款企业与担保企业之间以及担保企业和银行之间规范正常的信用关系。为维护金融秩序的稳定，当某一方违约时，可通过法律手段进行调整。

（2）利用担保贷款有利于银行信用的实现。由第三者对借款企业的还贷能力进行担保，方便了银行信用的实现，弥补了借款企业信用能力的不足。

## 第二节 保证担保

### 一、保证担保的定义

保证是指保证人和债权人约定，当债务人不履行债务时，保证人必须按照约定履行债务或者承担责任的行为。保证就是债权债务关系当事人以外的第三人担保债务人履行债务的一种担保制度。

在成立保证担保的情况下，如果债务人不履行债务，由保证人代为履行或承担连带责任，以满足债权人的清偿要求。

### 二、保证人资格与评价

#### 1. 保证人资格

《中华人民共和国民法典》对保证人的资格作了明确的规定，只有那些具有代主债务人履行债务能力及意愿的法人、其他组织或者公民才能作为保证人。这句话可以理解为：

（1）保证人必须是具有民事行为能力的人，只有具有行为能力的人所从事的法律行为才有效。

（2）保证人必须具有代为履行主债务的资力。

作为保证人不仅要满足上述两个要件，《中华人民共和国民法典》对保证人的资格还有以下限制性规定：

（1）机关法人不得为保证人，但是经国务院批准为使用外国政府或者国际经济组织贷款进行转贷的除外。

（2）以公益为目的的非营利法人、非法人组织不得为保证人。

（3）分支机构以自己的名义从事民事活动，产生的民事责任由法人承担；也可以先以该分支机构管理的财产承担，不足以承担的，由法人承担。

#### 2. 保证人评价

信贷人员应对保证人进行严格调查、评价。对保证人的评价包括确认保证人的主体资格、评价保证人的代偿能力和保证限额分析等五个方面：

（1）审查保证人的主体资格。审查保证人是否符合《中华人民共和国民法典》对保证人资格的规定，经商业银行认可的具有较强代为清偿能力的、无重大债权债务纠纷的单位和个人可以接受为保证人。

（2）评价保证人的代偿能力。对符合主体资格要求的保证人应进行代偿能力评价，包括代偿能力现实状况评价和代偿能力变动趋势分析,并按照规定程序审定保证人的信用等级,测算信用风险限额。

(3)保证人保证限额分析。保证人保证限额是指根据客户信用评级办法测算出的保证人信用风险限额减去保证人对商业银行的负债(包括或有负债)得出的数值。

(4)保证率的计算。在计算出保证限额后,还应计算保证率,通过计算保证率,进一步衡量保证担保的充足性。保证率计算公式为:

$$保证率=申请保证贷款本息/可接受保证限额 \times 100\%$$

(5)经评价符合保证人条件的信贷人员撰写"商业银行担保评价报告"随信贷审批材料一并报送评价审查人员。如不符合条件,应及时将保证人材料退还,并要求债务人另行提供保证人或提供其他担保方式。

### 三、保证担保的一般规定

#### 1. 保证担保的类型

根据当事人在保证合同中约定的权利义务安排,保证担保分为一般保证和连带责任保证:

(1)当事人在保证合同中约定,债务人不能履行债务时,由保证人承担保证责任的,为一般保证。

一般保证的保证人在主合同纠纷未经审判或者仲裁,并就债务人财产依法强制执行仍不能履行债务前,对债权人可以拒绝承担保证责任。但有下列情形之一的,保证人不得行使前述权利:①债务人下落不明,且无财产可供执行;②人民法院已经受理债务人破产案件;③债权人有证据证明债务人的财产不足以履行全部债务或者丧失履行债务能力;④保证人书面表示放弃上述规定的权利。

(2)当事人在保证合同中约定保证人与债务人对债务承担连带责任的,为连带责任保证。

连带责任保证的债务人在主合同规定的债务履行期届满没有履行债务的,债权人可以要求债务人履行债务,也可以要求保证人在其保证范围内承担保证责任。

#### 2. 保证期间

保证期间,是确定保证人承担保证责任的期间,不发生中止、中断和延长。保证期间可以分为约定的保证期间和法定的保证期间。约定的保证期间是指债权人与保证人可以约定保证期间,但是约定的保证期间早于主债务履行期限或者与主债务履行期限同时届满的,视为没有约定;债权人与保证人没有约定或者约定不明确的,法定的保证期间为主债务履行期限届满之日起6个月。债权人与债务人对主债务履行期限没有约定或者约定不明确的,保证期间自债权人请求债务人履行债务的宽限期届满之日起计算。

#### 3. 债权债务关系变化对保证责任的影响

债权人和债务人未经保证人书面同意,协商变更主债权债务合同内容,减轻债务的,保证人仍对变更后的债务承担保证责任;加重债务的,保证人对加重的部分不承担保证责任。债权人和债务人变更债权债务合同的履行期限,未经保证人书面同意的,保证期间不受影响。债权人转让全部或者部分债权,未通知保证人的,该转让对保证人不发生效力。保证人与债权人约定禁止债权转让,债权人未经保证人书面同意转让债权的,保证人对受让人不再承担保证责任。

### 4.共同保证

共同保证,是指两个以上第三人为同一债务向债权人提供保证。根据保证人承担责任的内容,可以分为按份共同保证和连带共同保证。同一债务有两个以上保证人的,保证人应当按照保证合同约定的保证份额,承担保证责任;没有约定保证份额的,债权人可以请求任何一个保证人在其保证范围内承担保证责任。保证人承担保证责任后,除当事人另有约定外,有权在其承担保证责任的范围内向债务人追偿,享有债权人对债务人的权利,但是不得损害债权人的利益。

### 5.最高额保证

最高额保证,是指保证人对未来一段期间内连续发生的不特定债权,在最高限额内承担保证责任的保证方式。银行在与借款人签订借款合同前,往往会先与保证人签订最高额保证合同,以便为此后发生的连续数笔债权进行综合授信审批。

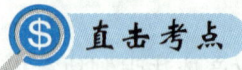

(判断)保证是指保证人和债权人约定,当债务人不履行债务时,保证人无须按照约定履行债务或者承担责任的行为。(　　)

A.正确　　　　　　　　　　　　B.错误

【答案】B

【解析】保证是指保证人和债权人约定,当债务人不履行债务时,保证人必须按照约定履行债务或者承担责任的行为。

## 四、保证担保的主要风险与管理要点

### (一)保证担保的主要风险

#### 1.保证人不具备担保资格

机关法人不得为保证人,但是经国务院批准为使用外国政府或者国际经济组织贷款进行转贷的除外。

以公益为目的的非营利法人、非法人组织不得为保证人。

#### 2.保证人不具备担保能力

保证人没有能够代为清偿借款人的财产,或者有财务但不具有处分权,或者有处分权但无法变现清偿。

### 3. 虚假担保人

借款人以不同名称的公司向同一家银行的多个基层单位借款,而且相互提供担保,借款和担保人公司的法定代表人往往也是同一人兼任的。这样的贷款具有较大的风险性。

### 4. 公司互保

互保企业,只要其中一方出问题被其他银行追诉,另一方可能由于承担保证责任而出现问题。甲公司在申请借款时因银行要求,不得不寻找业务关系较为密切的乙公司作为其保证人。但乙公司或者自身借款需要或者担心自己被卷入担保纠纷而遭受经济损失,故而反过来也要求甲公司为其向银行借款时作担保。这样就形成了甲乙公司之间的互保(互相保证)。这种行为在法律上并没有被禁止,但银行也必须小心对待。

### 5. 保证手续不完备,保证合同产生法律风险

在操作中,可能出现有公章但未有法定代表人签字,或者是有法定代表人签字但未加盖公章,或者是未对上述签字盖章的真实性进行验证等重大遗漏。另外,还存在保证合同条款就重要权利义务安排未约定或约定不明确,不符合法律法规的要求等一系列问题。这些都将使保证合同产生重大隐患,甚至导致合同无效。

### 6. 超过诉讼时效,贷款丧失胜诉权

有关诉讼时效问题,《中华人民共和国民法典》第一百八十八条明确规定,向人民法院请求保护民事权利的诉讼时效期间为三年。法律另有规定的,依照其规定。诉讼时效期间自权利人知道或者应当知道权利受到损害以及义务人之日起计算。法律另有规定的,依照其规定。但是自权利受到损害之日起超过二十年的,人民法院不予保护;有特殊情况的,人民法院可以根据权利人的申请决定延长。因此,就一笔保证贷款而言,如果逾期时间超过三年,三年期间借款人未曾归还贷款本息,而贷款银行又未采取其他措施使诉讼时效中断,那么该笔贷款诉讼时效期间已超过,将丧失胜诉权。同样,就保证责任而言,如果保证合同对保证期间有约定,应依约定;如果保证合同未约定或约定不明,则保证责任自主债务履行期届满之日起六个月,在上述规定的时期内债权人未要求保证人承担保证责任,保证人免除保证责任。

## (二)保证担保的管理要点

### 1. 核保

核实保证简称为"核保",是指去核实保证人提供的保证是在自愿原则的基础上达成的,是保证人真实意思的表示。**强制提供的保证,保证合同无效。**

商业银行接受企业法人为保证人的,要注意验证核实以下六点:

(1)法人和法人代表签字印鉴的真伪,在保证合同上签字的人须是有权签字人或经授权的签字人,要严防假冒或伪造的签字。

(2)企业法人出具的保证是否符合该法人章程规定的宗旨或授权范围,对已规定对外不能担保的,商业银行不能接受为保证人。

(3)股份有限公司或有限责任公司的企业法人提供的保证,需要取得董事会决议同意或股东大会同意。

（4）中外合资、合作企业的企业法人提供的保证。需要提交董事会出具的同意担保的决议及授权书，董事会成员签字的样本，同时提供由中国注册会计师事务所出具的验资报告或出资证明。

（5）核保必须是现场实地核保，并且是双人同去，一人去核保有可能被保证人蒙骗，或与企业勾结出具假保证，双人同去能起到制约作用。

（6）核保人必须亲眼所见保证人在保证文件上签字盖章，并做好核保证实书，留银行备查。

### 2.签订好保证合同

商业银行经过对保证人的调查核保，认为保证人具备保证的主体资格，同意贷款后，在签订借款合同的同时，还要签订保证合同，作为主合同的从合同。

（1）保证合同的形式

保证合同要以书面形式订立，以明确双方当事人的权利和义务。书面保证合同可以单独订立，包括当事人之间的具有担保性质的信件、传真等，也可以是主债权债务合同中的担保条款。

（2）保证合同订立方式

保证人与商业银行可以就单个主合同分别订立保证合同，也可以协商在最高贷款限额内就一定期间连续发生的贷款订立一个保证合同，后者大大简化了保证手续。最高贷款限额包括贷款余额和最高贷款累计额，在签订保证合同时需加以明确，以免因理解不同发生纠纷。

（3）保证合同的内容

应包括被保证的主债权（贷款）种类、数额，贷款期限、保证的方式、保证担保的范围、保证的期限及双方认为需要约定的其他事项。

### 3.贷后管理

银行办完保证贷款手续并发放贷款后，需注意：

（1）保证人的经营状况是否变差，或其债务是否增加，包括向银行借款或又向他人提供担保。

（2）银行与借款人协商变更借款合同应经保证人同意，否则可能保证无效。办理贷款展期手续时，未经保证人同意，展期后的贷款，保证人不承担保证责任。除事前有书面约定外，银行对借款人有关合同方面的修改，都应取得保证人的书面意见，否则保证可能由此落空。

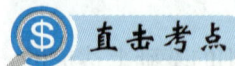

（多选）订立保证合同时，最高贷款限额包括（　　）。

A.最高贷款累计额　　　　　　B.最高贷款额
C.贷款余额　　　　　　　　　D.法定的数额
E.单笔贷款限额

【答案】AC

【解析】订立保证合同时，最高贷款限额包括贷款余额和最高贷款累计额，在签订保证合同时需加以明确，以免因理解不同发生纠纷。

# 第六章 担保管理

## 五、银担业务合作的风险防范

### 1.融资性担保机构的管理

《融资担保公司监督管理条例》规定,融资性担保公司是指依法设立、经营融资性担保业务的有限责任公司或者股份有限公司。融资性担保公司由省、自治区、直辖市人民政府实施属地管理。监管部门根据当地实际情况规定融资性担保公司注册资本的最低限额,但不得低于人民币2 000万元。注册资本为实缴货币资本。

《融资担保公司监督管理条例》规定,融资担保公司的担保责任余额不得超过其净资产的10倍。对主要为小微企业和农业、农村、农民服务的融资担保公司,前款规定的倍数上限可以提高至15倍。融资担保公司对同一被担保人的担保责任余额与融资担保公司净资产的比例不得超过10%,对同一被担保人及其关联方的担保责任余额与融资担保公司净资产的比例不得超过15%。

融资担保公司不得为其控股股东、实际控制人提供融资担保,为其他关联方提供融资担保的条件不得优于为非关联方提供同类担保的条件。融资担保公司不得吸收存款或者变相吸收存款,不得自营贷款或者受托贷款,不得受托投资。

### 2.银担业务合作及其风险防范

加强银担合作是银行业金融机构促进经济社会发展,缓解小企业和"三农"贷款难、担保难,提升普惠金融服务能力的一项重要举措,银行业金融机构接受融资担保机构提供的担保、办理信贷业务,应从以下五个方面控制银担合作风险:

(1)与担保机构开展融资性担保业务合作时,应审慎选择融资用途真实合理、第一还款来源可靠的客户,不应单纯依赖担保机构提供的担保,而简化、放松对借款人的信贷风险判断。

(2)在银担合作中,优选资本实力优良、股东背景良好、代偿率及代偿回收表现良好的担保机构开展合作。

(3)控制单一担保机构担保的业务规模、担保机构对单个客户的担保责任的集中度,同时对融资担保机构担保业务的客户组合、期限组合等进行审慎管理。

(4)对有担保责任余额的融资担保机构,进行必要的存续期跟踪管理。

(5)及时判断银担协作风险水平,主动及时调整银担合作策略。

### 直击考点

(单选)融资担保公司对同一被担保人及其关联方的担保责任余额与融资担保公司净资产的比例不得超过(　　)。

A.10%　　　　　　　　　　　　B.15%
C.20%　　　　　　　　　　　　D.30%

【答案】B

【解析】融资担保公司对同一被担保人的担保责任余额与融资担保公司净资产的比例

不得超过10%，对同一被担保人及其关联方的担保责任余额与融资担保公司净资产的比例不得超过15%。

# 第三节 抵押担保

## 一、抵押担保的概念

抵押是债务人或第三人对债权人以一定财产作为清偿债务担保的法律行为。债权人为抵押权人；提供抵押财产的债务人或第三人称为抵押人；所提供抵押财产称为抵押物。

抵押设定之后，在债务人到期不履行债务时，抵押权人有权依照法律的规定以抵押物折价或以抵押物的变卖价款较其他债权人优先受偿。抵押根据权利特征不同，分为一般抵押和最高额抵押。

**1. 一般抵押**

为担保债务的履行，债务人或者第三人不转移财产的占有，将该财产抵押给债权人的，债务人不履行到期债务或者发生当事人约定的实现抵押权的情形，债权人有权就该财产优先受偿。

**2. 最高额抵押**

为担保债务的履行，债务人或者第三人不转移财产的占有，对一定期间内将要连续发生的债权提供担保财产的，债务人不履行到期债务或者发生当事人约定的实现抵押权的情形，抵押权人有权在最高债权额限度内就该担保财产优先受偿。

## 二、抵押担保的设定条件

**1. 抵押物的范围**

根据《中华人民共和国民法典》的规定，债务人或者第三人有权处分的下列财产可以抵押：

（1）建筑物和其他土地附着物。
（2）建设用地使用权。
（3）海域使用权。
（4）生产设备、原材料、半成品、产品。
（5）正在建造的建筑物、船舶、航空器。
（6）交通运输工具。
（7）法律、行政法规未禁止抵押的其他财产。

不得抵押的财产有：

（1）土地所有权。

（2）宅基地、自留地、自留山等集体所有土地的使用权，但是法律规定可以抵押的除外。

（3）学校、幼儿园、医疗机构等以公益为目的成立的非营利法人的教育设施、医疗卫生设施和其他公益设施。

（4）所有权、使用权不明或者有争议的财产。

（5）依法被查封、扣押、监管的财产。

（6）法律、行政法规不得抵押的其他财产。

#### 2.贷款抵押额度的确定

（1）抵押物的认定

作为贷款担保的抵押物，必须是归抵押人所有的财产，或者是抵押人有权支配的财产。因此，银行对选定的抵押物要逐项验证产权。

实行租赁经营责任制的企业，要有产权单位同意的证明；集体所有制企业和股份制企业用其财产作抵押时，除应该核对抵押物所有权外，还应验证董事会或职工代表大会同意的证明；用共有财产作抵押时，应取得共有人同意抵押的证明，并以抵押人所有的份额为限。

（2）抵押物的估价

抵押物的估价是评估抵押物的现值。银行对抵押物的价值都要进行评估。

①估价方法

一般的做法由抵押人与银行双方协商确定抵押物的价值，委托具有评估资格的中介机构给予评估或银行自行评估，对于评估机构初评的押品，商业银行需要进行内部审核对押品价值进行最终认定。一般的估价方法见下表：

| 抵押物 | 估价方法 |
| --- | --- |
| 房屋建筑 | 考虑房屋和建筑物的用途及经济效益、新旧程度和可能继续使用的年限、原来的造价和现在的造价等因素 |
| 机器设备 | 考虑的因素是无形损耗和折旧，估价时应扣除折旧 |
| 可转让的土地使用权 | 取决于该土地的用途、土地的供求关系 |

另外，估价的时间性和地区性也会对评估结果产生一定的影响。

②抵押率的确定

抵押率的高低直接影响了抵押物对债权的保障程度，确定抵押率的依据主要见下表：

| 确定抵押率的依据 | 具体内容 |
| --- | --- |
| 抵押物的适用性、变现能力 | 选择的抵押物适用性要强,由适用性判断其变现能力。对变现能力较差的,抵押率应适当降低 |
| 抵押物价值的变动趋势 | 由于使用磨损和自然耗损造成的贬值(实体性贬值);由于技术相对落后造成的贬值(功能性贬值);由于外部环境变化引起的贬值或增值(经济性贬值) |

抵押率的计算公式为:

抵押率 = 担保债权本息总额 / 抵押物评估价值额 ×100%

(3)抵押贷款额度的确认

由于抵押物在抵押期间会出现损耗、贬值,在处理抵押物期间会发生费用,以及贷款有利息、逾期有罚息等原因,银行一般向借款人提供的贷款额会低于抵押物的评估值,贷款额度要在抵押物的评估价值与抵押贷款率的范围内加以确定。其计算公式为:

抵押贷款额=抵押物评估值×抵押贷款率

抵押人所担保的债权不得超出其抵押物的价值。财产抵押后,该财产的价值大于所担保债权的余额部分,可以再次抵押,但不得超出其余额部分。

(单选)银行对某企业提供的抵押物评估价值额为1 000万元,担保债权本息总额为800万元,则该企业的抵押率为(　　)。

A.80%          B.95%
C.110%         D.125%

【答案】A

【解析】该企业的抵押率=担保债权本息总额/抵押物评估价值额×100%=800/1000×100%=80%。

### 三、抵押担保的一般规定

#### 1.抵押权的设立

(1)以建筑物和其他土地附着物、建设用地使用权、海域使用权、正在建造的建筑物抵押的,应当办理抵押登记。抵押权自登记时设立。

一般来说,办理抵押物登记的部门见下表:

| 抵押物 | 登记部门 |
| --- | --- |
| 无地上定着物的土地使用权 | 核发土地使用权证书的土地管理 |

续表

| 抵押物 | 登记部门 |
|---|---|
| 城市房地产或者乡（镇）、村企业的厂房等建筑物 | 县级以上地方人民政府规定的部门 |
| 林木 | 县级以上林木主管部门 |
| 航空器、船舶、车辆 | 运输工具的登记部门 |
| 企业的设备和其他动产 | 财产所在地的市场监督管理部门 |

**2. 抵押合同的签订**

贷款发放前，抵押人与银行要以书面形式签订抵押合同。抵押合同应当包括以下内容：

（1）被担保的主债权种类、数额。

（2）债务人履行债务的期限。

（3）抵押财产的名称、数量、质量、状况、所在地、所有权权属或者使用权权属。

（4）担保的范围。

**3. 抵押的效力**

（1）抵押担保的范围

包括主债权及利息、违约金、损害赔偿金和实现抵押权的费用。如果抵押合同另有规定的，按照规定执行。

（2）抵押物的转让

抵押期间，抵押人可以转让抵押财产。当事人另有约定的，按照其约定。抵押财产转让的，抵押权不受影响。

抵押人转让抵押财产的，应当及时通知抵押权人。抵押权人能够证明抵押财产转让可能损害抵押权的，可以请求抵押人将转让所得的价款向抵押权人提前清偿债务或者提存。转让的价款超过债权数额的部分归抵押人所有，不足部分由债务人清偿。

（3）抵押物的保全

①在抵押期间，银行若发现抵押人对抵押物使用不当或保管不善，足以使抵押物价值减少时，有权要求抵押人停止其行为。

②抵押物价值减少时，银行有权要求抵押人恢复抵押物的价值，或者提供与减少的价值相等的担保。

**4. 抵押权的实现**

抵押担保虽然具有现实性和凭物性，但抵押权是与其担保的债权同时存在的。抵押贷款到期，若借款人能足额按时归还本息，则抵押自动消失。若借款人不能按时归还贷款本息，或银行同意展期后仍不能履行，抵押权才真正得以实现。抵押权实现过程中的重要法律规定如下：

（1）同一财产向两个以上债权人抵押的，拍卖、变卖抵押财产所得的价款依照下列规定清偿。

①抵押权已登记的，按照登记的先后顺序清偿；顺序相同的，按照债权比例清偿。

②抵押权已登记的先于未登记的受偿。

③抵押权未登记的，按照债权比例清偿。

（2）建设用地使用权抵押后，该土地上新增的建筑物不属于抵押财产。该建设用地使用权实现抵押权时，应当将该土地上新增的建筑物与建设用地使用权一并处分，但新增建筑物所得的价款，抵押权人无权优先受偿。

（3）担保期间，担保财产毁损、灭失或者被征收等，担保物权人可以就获得的保险金、赔偿金或者补偿金等优先受偿。被担保债权的履行期限未届满的，也可以提存该保险金、赔偿金或者补偿金等。

（4）以集体所有土地的使用权依法抵押的，实现抵押权后，未经法定程序，不得改变土地所有权的性质和土地用途。

（5）抵押权人应当在主债权诉讼时效期间行使抵押权；未行使的，人民法院不予保护。

### 直击考点

（单选）关于抵押物的保全，下列表述错误的是（　　）。

A.在抵押期间，若抵押物价值减少时，银行无权要求抵押人恢复抵押物的价值，或者追加等值的担保

B.在抵押期间，银行若发现抵押人对抵押物使用不当或保管不善，足以使抵押物价值减少时，有权要求抵押人停止其行为

C.在抵押期间，若抵押人对抵押物价值减少无过错的，银行只能在抵押人因损害而得到的赔偿范围内要求提供担保

D.在抵押期间，若抵押物价值减少时，银行有权要求抵押人恢复抵押物的价值，或者提供与减少的价值相等的担保

【答案】A

【解析】在抵押期间，银行若发现抵押人对抵押物使用不当或保管不善，足以使抵押物价值减少时，有权要求抵押人停止其行为；若抵押物价值减少时，银行有权要求抵押人恢复抵押物的价值，或者提供与减少的价值相等的担保；若抵押人对抵押物价值减少无过错的，银行只能在抵押人因损害而得到的赔偿范围内要求提供担保，其抵押物未减少的部分，仍作为债权的担保。

## 四、抵押担保的主要风险与管理要点

### 1. 贷款抵押风险分析

（1）抵押物虚假或严重不实

抵押权建立的前提是抵押物必须实际存在，且抵押人对此拥有完全的所有权。

（2）未办理有关登记手续

《中华人民共和国民法典》规定在法律规定一定范围内的财产抵押时，双方当事人不但要签订抵押合同，而且要办理抵押物登记，否则抵押合同无效。实践中，有可能发生未办理抵押登记的情况，甚至做了假登记。

（3）将共有财产抵押而未经共有人同意

对以共有财产抵押的，按照共有财产共同处分的原则，应该经得各共有人的同意才能设立，否则抵押无效。

（4）以第三方的财产作抵押而未经财产所有人同意

未经所有权人同意就擅自抵押的，不但抵押关系无效，而且构成侵权。

（5）资产评估不真实，导致抵押物不足值

抵押物价值是随着市场行情变化，相对不确定，但借款人往往为了争取更高额度的贷款，利用各种手段将抵押物价值抬高。另外，一些中介评估机构不规范竞争，造成目前资产评估不真实的情况大量存在，使抵押物不足值成为抵押贷款的重要风险点。

（6）未抵押有效证件或抵押的证件不齐

抵押中的财产一般都由抵押人控制，如果抵押权人未控制抵押物的有效证件，抵押的财产就有可能失控，就可能造成同一抵押物的多头抵押和重复抵押。

（7）因主合同无效，导致抵押关系无效

抵押权的发生与存在须以一定债权关系的发生与存在为前提和基础，故抵押权是一种从权利。主合同无效，从合同也无效。

（8）抵押物价值贬损或难以变现

如果抵押人以易损耗的机器或交通运输工具作抵押，抵押物易受损失，且价值贬值快，可能削弱抵押担保能力。对于专用机器设备等抵押物，由于变现能力差，不易流转，也难以实现抵押价值。

### 2. 抵押担保的管理要点

（1）对抵押物进行严格审查

首先，要确保抵押物的真实性，这要求信贷人员认真审查有关权利凭证，对于房地产抵押的，要对房地产进行实地核查。其次，确保抵押物的合法性，这要求信贷人员严格依照相关法律审查抵押物，防止法律禁止抵押的财产用于抵押。最后，认真查验抵押物的权属，确保

抵押物的有效性。另外，用合伙企业财产抵押时，必须经全体合伙人同意并共同出具抵押声明。

（2）对抵押物的价值进行准确评估

这是保证抵押物足值的关键。在实际操作中，银行一般要求抵押企业提供商业评估机构出具的评估报告，并根据评估价值打折扣后确定贷款额。为防止评估价值中掺有水分，银行应认真审查评估报告的真实性和准确性。贷款一旦发放后，银行应按照一定的时间频率对抵押物价值进行评估。

（3）做好抵押物登记，确保抵押效力

抵押登记在银行抵押贷款业务中具有十分重要的作用。以不动产抵押的，抵押权自登记之日起设立；以动产抵押的，未经登记，不得对抗善意第三人；在抵押权实现时，已登记的优先于未登记的清偿。因此，银行在办理抵押贷款时，必须切实做好登记工作，以确保抵押关系的合法有效以及抵押财产清偿时处于第一顺位。

（4）抵押合同期限应覆盖贷款合同期限

抵押期限应等于或大于贷款期限，凡变更贷款主合同的，一定要注意新贷款合同与原贷款抵押合同期限的差异，不能覆盖贷款合同期限的要重新签订抵押合同。

（5）续期管理

跟踪抵押物状态，分析抵押担保的安全性和抵押物的可担保额度变动情况，发现抵押物价值贬损、损毁、灭失的，依据主合同和担保合同约定，必要时要求借款人补充提供其他担保或偿还融资；抵押物被他人申请采取查封、扣押等财产保全或者执行措施，或抵押人的行为明显导致抵押物价值减少的，及时采取前述措施，或向执法机关主张抵押权。

（单选）根据《中华人民共和国民法典》的规定，办理财产抵押时，双方当事人不但要签订抵押合同，而且要（　　）才能取得贷款。

A.办理公证　　　　　　　　B.封存财产
C.办理抵押物登记　　　　　D.留置财产

【答案】C

【解析】《中华人民共和国民法典》规定一定范围内的财产抵押时，双方当事人不但要签订抵押合同，而且要办理抵押物登记，否则抵押合同无效。实践中，有可能发生未办理抵押登记的情况，甚至作了假登记。

## 第四节　质押担保

### 一、质押担保的概念

质押是债权人所享有的通过占有由债务人或第三人移交的质物而使其债权优先受偿的权利，是贷款担保方式之一。设立质权的人，称为出质人；享有质权的人，称为质权人；债务人或者第三人移交给债权人的动产或权利为质物。

质押根据质物特征的不同，分为动产质押和权利质押。动产质押是指债务人或者第三人将其动产移交债权人占有，将该动产作为债权的担保。权利质押是指债务人或者第三人将权利依法办理质押登记手续或将权利凭证移交债权人占有，作为债权的担保。

以质物作担保所发放的贷款为质押贷款。质押担保的范围包括主债权及利息、违约金、损害赔偿金、质物保管费用和实现质权的费用。

### 二、质押担保的设定条件

#### 1.质押物的范围

（1）商业银行可接受的财产质押

①出质人所有的、依法有权处分并可移交质权人占有的动产。

②汇票、支票、本票、债券、存款单、仓单、提单。

③依法可以转让的基金份额、股权。

④依法可以转让的注册商标专用权、专利权、著作权中的财产权等知识产权。

⑤现有的以及将有的应收账款。

（2）商业银行不可接受的财产质押

①所有权、使用权不明或有争议的财产。

②法律法规禁止流通的财产或者不可转让的财产。

③国家机关的财产。

④依法被查封、扣押、监管的财产。

⑤租用的财产。

⑥其他依法不得质押的其他财产。

#### 2.质押材料

出质人向商业银行申请质押担保，应在提送信贷申请报告的同时，提送出质人提交的"担保意向书"及以下材料。

（1）质押财产的产权证明文件。

（2）出质人资格证明见下表：

| 出质人 | 资格证明 |
|---|---|
| 法人 | 市场监督管理部门年检合格的企业法人营业执照、事业法人营业执照 |
| 法人分支机构 | 市场监督管理部门年检合格的营业执照、授权委托书 |

（3）出质人须提供有权决议的机关作出的关于同意提供质押的文件、决议或其他具有同等法律效力的文件或证明（包括但不限于授权委托书、股东会决议、董事会决议）。

（4）财产共有人出具的同意出质的文件。

### 3. 质物的合法性

（1）出质人对质物、质押权利占有的合法性

①用动产出质的，应通过审查动产购置发票、财务账簿，确认其是否为出质人所有。

②用权利出质的，应核对权利凭证上的所有人与出质人是否为同一人。如果不是，则要求出示取得权利凭证的合法证明，如判决书或他人同意授权质押的书面证明。

③审查质押的设定是否已由出质人有权决议的机关作出决议。

④如质押财产为共有财产，出质是否经全体共有人同意。

（2）质物、质押权利的合法性

①所有权、使用权不明或有争议的动产，法律规定禁止流通的动产不得作为质物。

②凡出质人以权利凭证出质，必须对出质人提交的权利凭证的真实性、合法性和有效性进行确认。确认时向权利凭证签发或制作单位查询，并取得该单位出具的确认书。

③凡发现质押权利凭证有伪造、变造迹象的，应重新确认，经确认确实为伪造、变造的，应及时向有关部门报案。

④海关监管期内的动产作质押的，须由负责监管的海关出具同意质押的证明文件。

⑤对于用票据设定质押的，还必须对背书进行连续性审查：每一次背书记载事项、各类签章完整齐全并不得附有条件，各背书都是相互衔接的，即前一次转让的被背书人必须是后一次转让的背书人；票据质押应办理质押权背书手续，办理了质押权背书手续的票据应记明"质押""设质"等字样。

⑥对以股票设定质押的，必须是依法可以流通的股票。

### 4. 质押价值、质押率的确定

（1）质押价值的确定

①对于有明确市场价格的质押品，如国债、上市公司流通股股票、存款单、银行承兑汇票等，其公允价值即为该质押品的市场价格。

②对于没有明确市场价格的质押品，如非上市公司法人股权等，则应当在以下价格中选择较低者为质押品的公允价值：公司最近一期经审计的财务报告或税务机关认可的财务报告中所写明的质押品的净资产价格；以公司最近的财务报告为基础，测算公司未来现金

流入量的现值,所估算的质押品的价值;如果公司正处于重组、并购等股权变动过程中,可以交易双方最新的谈判价格作为确定质押品公允价值的参考。

(2)质押率的确定

①信贷人员应根据质押财产的价值和质押财产价值的变动因素,科学地确定质押率。

②确定质押率的依据见下表:

| 依据 | 内容 |
| --- | --- |
| 质物的适用性、变现能力 | 对变现能力较差的质押财产应适当降低质押率 |
| 质物、质押权利价值的变动趋势 | 一般可从质物的实体性贬值、功能性贬值及质押权利的经济性贬值或增值三方面进行分析 |

(单选)对于用票据设定质押的,必须对(　　)进行连续性审查。

A.票据　　　　　　　　　　B.出票人
C.所有人　　　　　　　　　D.背书

【答案】D

【解析】对于用票据设定质押的,必须对背书进行连续性审查。

### 三、质押担保的一般规定

**1.质押权的设立**

(1)动产质押中,质权自出质人交付质押财产时设立。

(2)权利质押中,以汇票、支票、本票、债券、存款单、仓单、提单出质的,质权自权利凭证交付质权人时设立;没有权利凭证的,质权自有关部门办理出质登记时设立;以基金份额、证券登记结算机构登记的股权出质的,质权自证券登记结算机构办理出质登记时设立,以其他股权出质的,质权自工商行政管理部门办理出质登记时设立;以注册商标专用权、专利权、著作权等知识产权中的财产权出质的,质权自有关主管部门办理出质登记时设立;以应收账款出质的,质权自信贷征信机构办理出质登记时设立。

(3)出质人与质权人可以协议设立最高额质权。最高额质权除适用质押担保规定外,还应参照最高额抵押权的规定。

**2.质押财产的保管义务**

(1)质权人在质权存续期间,未经出质人同意,擅自使用、处分质押财产,给出质人造成损害的,应当承担赔偿责任。

(2)质权人负有妥善保管质押财产的义务;因保管不善致使质押财产毁损、灭失的,应当承担赔偿责任。

（3）质权人的行为可能使质押财产毁损、灭失的，出质人可以要求质权人将质押财产提存，或者要求提前清偿债务并返还质押财产。

（4）质权人在质权存续期间，未经出质人同意转质，造成质押财产毁损、灭失的，应当向出质人承担赔偿责任。

**3. 质押担保合同的订立**

设立质权，当事人应当采取书面形式订立质权合同。质权合同一般包括下列条款：

（1）担保债权的种类和数额。

（2）债务人履行债务的期限。

（3）质押财产的名称、数量等情况。

（4）担保的范围。

（5）质押财产交付的时间、方式。

质权人在债务履行期届满前，与出质人约定债务人不履行到期债务时质押财产归债权人所有的，只能依法就质押财产优先受偿。

**4. 质押权的实现**

（1）债务人履行债务或者出质人提前清偿所担保的债权的，质权人应当返还质押财产。

（2）债务人不履行到期债务或者发生当事人约定的实现质权的情形，质权人可以与出质人协议以质押财产折价，也可以就拍卖、变卖质押财产所得的价款优先受偿。

（3）出质人可以请求质权人在债务履行期届满后及时行使质权；质权人不行使的，出质人可以请求人民法院拍卖、变卖质押财产。

（4）出质人请求质权人及时行使质权，因质权人怠于行使权利造成损害的，由质权人承担赔偿责任。

（5）质押财产折价或者拍卖、变卖后，其价款超过债权数额的部分归出质人所有，不足部分由债务人清偿。

## 四、质押担保的主要风险与管理要点

**1. 质押担保的主要风险**

（1）虚假质押风险

虚假质押风险是贷款质押的最主要风险因素。目前各家银行内部都作了严格的规定，只有本银行系统的存单才可用于在本行作质押贷款。即使是同银行系统的存单，若借款申请人提供的是同城不同机构，或是异地的本行系统机构的存单，仍应加以核实并通知办理质押手续方能予以贷款。

（2）司法风险

银行若让质押存款的资金存放在借款人在本行的活期存款账户上，是有司法风险的。为规避这种风险，银行须将质押资金转为定期存单单独保管，或者采取更为妥当的方式，将其转入银行名下的保证金账户。

（3）汇率风险

当外币有升值趋势，或外币利率相对高于人民币利率时，常常会发生企业以外币质押向银行借人民币的情况。银行这时在办理质押贷款时，应注意质押外币与人民币的汇率变动风险，若人民币升值，质押的外币金额已不足以覆盖，质押贷款金额将出现风险敞口。

（4）操作风险

对于质押贷款业务，银行内部若管理不当，制度不健全也容易出问题。主要是对质物的保管不当，例如质物没有登记、交换、保管手续，造成丢失；对用于质押的存款没有办理内部冻结看管手续等。

### 2. 质押担保的管理要点

（1）防范虚假质押风险

银行查证质押票证时，有密押的应通过联行核对；无密押的应派人到出证单位或其托管部门作书面的正规查询。动产或权利凭证质押，银行要亲自与出质人一起到其托管部门办理登记，将出质人手中的全部有效凭证质押在银行保管。要切实核查质押动产在品种、数量、质量等方面是否与质押权证相符。同时要认真审查质押贷款当事人行为的合法性；接受共有财产质押，必须经所有共有人书面同意；对调查不清，认定不准所有权及使用权的财产或权利，不能盲目接受其质押。

（2）防范司法风险

银行必须严格审查各类质物适用的法律、法规，确保可依法处置质物；对难以确认真实、合法、合规性的质物或权利凭证，应拒绝质押。

（3）防范价值风险

应要求质物经过有行业资格且资信良好的评估公司或专业质量检测、物价管理部门作价值认定，再确定一个有利于银行的质押率；选择价值相对稳定的动产或权利作为质物，谨慎地接受股票、权证等价值变化较大的质物。

（4）防范操作风险

首先，银行必须确认质物是否需要登记；其次，按规定办理质物出质登记，并收齐质物的有效权利凭证，同时与质物出质登记、管理机构和出质人签订三方协议，约定保全银行债权的承诺和监管措施；最后，银行要将质押证件作为重要有价单证归类保管，一般不应出借。

### 直击考点

（单选）对于质押贷款业务，商业银行对用于质押的存款没有办理内部冻结手续，这种风险属于（　　）。

A. 虚假质押风险　　　　　　B. 司法风险
C. 操作风险　　　　　　　　D. 经济风险

【答案】C

【解析】银行办理的质押贷款在业务中会存在操作风险。对于质押贷款业务，银行内部如果管理不当、制度不健全也容易出现问题。主要是对质物的保管不当，例如质物没有登记、交换、保管手续，造成丢失；对用于质押的存款没有办理内部冻结看管手续等。

## 五、质押与抵押的区别

#### 1. 质权的标的物与抵押权的标的物的范围不同

质权的标的物为动产和财产权利，动产质押形成的质权为典型质权。我国法律未规定不动产质权。抵押权的标的物可以是动产和不动产，以不动产最为常见。

#### 2. 标的物的占有权是否发生转移不同

质权的设立以转移占有为依据，动产质权为交付，权利质权为交付权利凭证或进行出质登记。而抵押权的设立中，不动产抵押权自登记时设立，动产抵押权自抵押合同生效时设立，未发生标的物的占有权转移。

#### 3. 对标的物的保管义务不同

抵押权的设立不交付抵押物的占有权，因而抵押权人没有保管标的物的义务，而质押时，质权人对质物则负有善良管理人的注意义务。

#### 4. 能否重复设置担保不同

在抵押担保中，抵押权的设立不转移占有，在同一标的物上可能设立多个抵押权。在质押担保中，质权设立以转移质押财产的占有为设立要件，因此在同一标的物上一般不会设立多个质权。

#### 5. 对标的物孳息的收取权不同

在抵押期间，不论抵押物所产生的是天然孳息还是法定孳息，均由抵押人收取，抵押权人无权收取。只有在债务履行期间届满，债务人不履行债务致使抵押物被法院依法扣押的情况下，自扣押之日起，抵押权人才有权收取孳息。在质押期间，质权人依法有权收取质物所产生的天然孳息和法定孳息。

第六章 担保管理

### 直击考点

（单选）下列关于贷款的质押与抵押的区别，错误的是（　　）。

A.标的物的占有权是否发生转移不同：质权的设立以转移占有为依据，而抵押权的设立中，未发生标的物的占有权转移

B.对标的物孳息的收取权不同：在抵押期间，不论抵押物所产生的是天然孳息还是法定孳息，均由抵押人收取，抵押权人无权收取，而在质押期间，质权人依法有权收取质物所产生的天然孳息和法定孳息

C.对标的物的保管义务不同：抵押权的设立不交付抵押物的占有权，因而抵押权人没有保管标的物的义务，而质押时，质权人对质物则负有善良管理人的注意义务

D.能否重复设置担保不同：在质押担保中，抵押权的设立不转移占有，在同一标的物上可能设立多个抵押权，在抵押担保中，质权设立以转移质押财产的占有为设立要件，因此在同一标的物上一般不会设立多个质权

【答案】D

【解析】D选项，在抵押担保中，抵押权的设立不转移占有，在同一标的物上可能设立多个抵押权。在质押担保中，质权设立以转移质押财产的占有为设立要件，因此在同一标的物上一般不会设立多个质权。

## 第五节　押品管理

### 一、商业银行开展押品管理的基本原则

| 分类 | 内容 |
| --- | --- |
| 合法性原则 | 押品管理应符合法律法规规定 |
| 有效性原则 | 抵质押担保手续完备，押品估值合理并易于处置变现，具有较好的债权保障作用 |
| 审慎性原则 | 充分考虑押品本身可能存在的风险因素，审慎制定押品管理政策，动态评估押品价值及风险缓释作用 |
| 从属性原则 | 商业银行使用押品缓释信用风险应以全面评估债务人的偿债能力为前提 |

### 二、完善押品管理体系

商业银行应将押品管理纳入全面风险管理体系，完善与押品管理相关的治理架构、管理制度、业务流程、信息系统等。主要要求包括：

（1）董事会应督促高级管理层在全面风险管理体系框架下构建押品管理体系，切实履行押品管理职责。

（2）高级管理层应规范押品管理制度流程，落实各项押品管理措施，确保押品管理体系与业务发展、风险管理水平相适应。

（3）商业银行应明确前、中、后台各业务部门的押品管理职责，内审部门应将押品管理纳入内部审计范畴定期进行审计。

（4）商业银行应根据需要，设置押品价值评估、抵质押登记、保管等相关业务岗位，明确岗位职责，配备充足人员，确保相关人员具备必要的专业知识和业务能力。同时，应采取建立回避制度、流程化管理等措施防范操作风险。

（5）商业银行应健全押品管理制度和流程，明确可接受的押品类型、目录、抵质押率、估值方法及频率、担保设立及变更、存续期管理、返还和处置等相关要求。

（6）商业银行应建立押品管理信息系统，持续收集押品类型、押品估值、抵质押率等相关信息，支持对押品及相关担保业务开展统计分析，动态监控押品债权保障作用和风险缓释能力，将业务管控规则嵌入信息系统，加强系统制约，防范抵质押业务风险。

（7）商业银行应真实、完整保存押品管理过程中产生的各类文档，包括押品调查文档、估值文档、存续期管理记录等相关资料，并易于检索和查询。

### 三、押品风险控制的基本要求

#### 1. 商业银行拟接受的押品应符合的基本条件

（1）押品真实存在。

（2）押品权属关系清晰，抵押（出质）人对押品具有处分权。

（3）押品符合法律法规规定或国家政策要求。

（4）押品具有良好的变现能力。

#### 2. 押品分类管理

商业银行应至少将押品分为金融质押品、房地产、应收账款和其他押品等类别，并在此基础上进一步细分。同时，应结合本行业务实践和风控水平，确定可接受的押品目录，且至少每年更新一次。

#### 3. 押品估值管理

（1）商业银行应遵循客观、审慎原则，依据评估准则及相关规程、规范，明确各类押品的估值方法，并保持连续性。原则上，对于有活跃交易市场、有明确交易价格的押品，应参考市场价格确定押品价值。采用其他方法估值时，评估价值不能超过当前合理市场价格。

（2）商业银行各类表内外业务采用抵质押担保的，应对押品情况进行调查与评估。对于外部估值情形，其评估结果应由内部审核确认。同时，还应明确抵押（出质）人需提供的材料范围，及时、全面收集押品相关信息和材料。

（3）商业银行应根据不同押品的价值波动特性，合理确定价值重估频率，每年应至少重估一次。价格波动较大的押品应适当提高重估频率，有活跃交易市场的金融质押品应进行盯市估值。

（4）外部评估。商业银行应明确外部评估机构的准入条件，选择符合法定要求、取得相应专业资质的评估机构，实行名单制管理，定期开展后评价，动态调整合作名单。原则上不接受名单以外的外部评估机构的估值结果，确需名单以外的外部评估机构估值的，应审慎控制适用范围。

下列情形下，押品应由外部评估机构进行估值：①法律法规及政策规定、人民法院、仲裁机关等要求必须由外部评估机构估值的押品；②监管部门要求由外部评估机构估值的押品；③因估值技术性要求较高，本行不具备评估专业能力的押品；④其他确需外部评估机构估值的押品。

### 4.抵质押率上限

商业银行应审慎确定各类押品的抵质押率上限，并根据经济周期、风险状况和市场环境及时调整。

抵质押率指押品担保本金余额与押品估值的比率。抵质押率的计算公式为：

抵质押率=押品担保本金余额÷押品估值×100%

## 四、押品的实物管理

对于法律法规规定抵质押权经登记生效或未经登记不得对抗善意第三人的押品，应按登记部门要求办理抵质押登记，取得他项权利证书或其他抵质押登记证明，确保抵质押登记真实有效。

对于法律规定以移交占有为质权生效要件的押品和应移交商业银行保管的权属证书，商业银行应办理转移占有的交付或止付手续，并采取必要措施，确保押品真实有效。

押品由第三方监管的，商业银行应明确押品第三方监管的准入条件，对合作的监管方实行名单制管理，加强日常监控，全面评价其管理能力和资信状况。对于需要移交第三方保管的押品，商业银行应与抵押（出质）人、监管方签订监管合同或协议，明确监管方的监管责任和违约赔偿责任。

商业银行应明确押品及其权属证书的保管方式和操作要求，妥善保管抵押（出质）人依法移交的押品或权属证书。

## 五、押品的存续期管理

### 1.押品价值重估

商业银行应按规定频率对押品进行价值重估。出现下列情形之一的，即使未到重估时点，也应重新估值：

（1）押品市场价格发生较大波动。

（2）发生合同约定的违约事件。

（3）押品担保的债权形成不良。
（4）其他需要重估的情形。

#### 2.押品价值监测与压力测试

（1）商业银行应建立动态监测机制，跟踪押品相关政策及行业、地区环境变化，分析其对押品价值的影响，及时发布预警信息，必要时采取相应措施。

（2）商业银行应加强押品集中度管理，采取必要措施，防范因单一押品或单一种类押品占比过高产生的风险。

（3）抵质押合同明确约定警戒线或平仓线的押品，商业银行应加强押品价格监控，触及警戒线时要及时采取防控措施，触及强制平仓条件时应按合同约定平仓。

（4）商业银行应根据押品重要程度和风险状况，定期对押品开展压力测试，原则上每年至少进行一次，并根据测试结果采取应对措施。

#### 3.押品返还与处置

出现下列情形之一的，商业银行应办理抵质押注销登记手续，返还押品或权属证书：

（1）抵质押担保合同履行完毕，押品所担保的债务已经全部清偿。
（2）人民法院解除抵质押担保裁判生效。
（3）其他法定或约定情形。

债务人未能按期清偿押品担保的债务或发生其他风险状况的，商业银行应根据合同约定，按照损失最小化原则，合理选择行使抵质押权的时机和方式，通过变卖、拍卖、折价等合法方式及时行使抵质押权，或通过其他方式保障合同约定的权利。

## 实战演练

### 一、单项选择题

1.依法被查封、扣押、监管的财产（　　）。
A.不允许抵押
B.经主管部门同意后，可以单独抵押
C.允许抵押
D.向人民法院上诉后，可以单独抵押

2.如果保证合同未约定保证期间或约定不明，保证期间为（　　）。
A.主债务履行期届满之日起24个月
B.主债务履行期届满之日起6个月
C.主债务合同生效之日起24个月

D.主债务履行期届满之日起13个月

3.某公司拟以其所有的通勤车、厂房、被法院封存的存货及其租用的机器作抵押向银行申请借款,下列财产中可以用来抵押的是(　　)。

A.通勤车、厂房

B.全部财产

C.厂房、存货

D.通勤车、厂房、存货

4.下列各项中,商业银行不可接受的质押财产是(　　)。

A.依法有权处置的动产

B.国家机关的财产

C.依法可转让的专利权、著作权中的财产权等知识产权

D.汇票、支票、本票、债券、存单

5.银行信贷业务中较少用到的担保形式为(　　)。

A.质押　　　　　　　　　　　B.保证

C.留置　　　　　　　　　　　D.定金

## 二、多项选择题

6.对于质押担保贷款,出质人应向商业银行提交的材料有(　　)。

A.身份证件

B.出质人资格证明

C.质押财产的产权证明文件

D.出质人须提供有权决议的机关作出的关于同意提供质押的文件、决议或其他具有同等法律效力的文件或证明

E.财产共有人出具的同意出质的文件

7.下列财产设定抵押担保时,需依法办理抵押登记的有(　　)。

A.无地上定着物的土地使用权

B.城市房地产或者乡(镇)、村企业的厂房等建筑物

C.林木

D.航空器、船舶、车辆

E.企业的设备和其他动产

8.贷款担保活动应该遵循(　　)原则。

A.公平　　　　　　　　　　　B.公正

C.平等　　　　　　　　　　　D.自愿

E.诚实信用

9.核保是指核实保证人提供的保证（　　）。
A.是在自愿原则的基础上达成
B.是保证人真实意思的表示
C.价值充足
D.稳定连续
E.信誉度高

10.质押贷款中，为规避司法风险，银行可采取的措施有（　　）。
A.将质押资金转为定期存单单独保管
B.将质押资金转入银行名下的保证金账户
C.将质押资金存放在本行活期存款账户
D.将质押资金封存
E.将质押资金存放于借款人处

## 三、判断题

11.银行仅需根据质物的适用性、变现能力即可确定质押率。（　　）
A.正确　　　　　　　　　　B.错误

12.上市公司的可流通股票作为质押品时，其公允价值是该股票的市场价格。（　　）
A.正确　　　　　　　　　　B.错误

13.银行与借款人及担保人签订担保协议后，当借款人无法偿还银行本息时，银行可以通过执行担保来收回贷款本息。（　　）
A.正确　　　　　　　　　　B.错误

14.抵押率的高低间接影响了抵押物对债权的保障程度。（　　）
A.正确　　　　　　　　　　B.错误

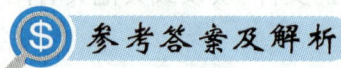

## 参考答案及解析

### 一、单项选择题

1.A　【解析】贷款抵押中不得抵押的财产有：（1）土地所有权；（2）宅基地、自留地、自留山等集体所有的土地使用权，但法律规定可以抵押的除外；（3）学校、幼儿园、医院等以公益为目的的事业单位、社会团体的教育设施、医疗卫生设施和其他社会公益设施；（4）所有权、使用权不明或者有争议的财产；（5）依法被查封、扣押、监管的财产；（6）法律、行政法规规定不得抵押的其他财产。

2.B　【解析】债权人与保证人可以约定保证期间，但是约定的保证期间早于主债务履行期限或者与主债务履行期限同时届满的，视为没有约定；没有约定或者约定不明确的，保证期间为主债务履行期限届满之日起六个月。

3.A 【解析】根据《中华人民共和国民法典》的规定,下列财产可以抵押:(1)建筑物和其他土地附着物;(2)建设用地使用权;(3)海域使用权;(4)生产设备、原材料、半成品、产品;(5)正在建造的建筑物、船舶、航空器;(6)交通运输工具;(7)法律、行政法规未禁止抵押的其他财产。

4.B 【解析】商业银行不可接受的财产质押包括:(1)所有权、使用权不明或有争议的财产;(2)法律法规禁止流通的财产或者不可转让的财产;(3)国家机关的财产;(4)依法被查封扣押、监管的财产;(5)租用的财产;(6)其他依法不得质押的其他财产。

5.D 【解析】担保的形式有多种,一笔贷款可以有几种担保,担保的具体形式主要有以下五种:(1)抵押;(2)质押;(3)保证;(4)留置;(5)定金。其中,定金较少用于银行信贷业务中。

## 二、多项选择题

6.BCDE 【解析】出质人向商业银行申请质押担保,应在提送信贷申请报告的同时,提送出质人提交的"担保意向书"及以下材料:(1)质押财产的产权证明文件;(2)出质人资格证明;(3)出质人须提供有权作出决议的机关作出的关于同意提供质押的文件、决议或其他具有同等法律效力的文件或证明(包括但不限于授权委托书、股东会决议、董事会决议);(4)财产共有人出具的同意出质的文件。

7.ABCDE 【解析】需依法登记的抵押物包括无地上定着物的土地使用权,城市房地产或者乡(镇)、村企业的厂房等建筑物,林木,航空器,船舶,车辆以及企业的设备和其他动产等。

8.ACDE 【解析】担保活动应当遵循平等、自愿、公平、诚实信用的原则。

9.AB 【解析】核实保证简称"核保",是指去核实保证人提供的保证是在自愿原则的基础上达成的,是保证人真实意思的表示。强制提供的保证,保证合同无效。

10.AB 【解析】为规避这种风险,银行须将质押资金转为定期存单单独保管,或者采取更为妥当的方式,将其转入银行名下的保证金账户。

## 三、判断题

11.B 【解析】确定质押率的依据主要有:(1)质物的适用性、变现能力;(2)质物、质押权利价值的变动趋势,一般可从质物的实体性贬值、功能性贬值及质押权利的经济性贬值或增值三方面进行分析。

12.A 【解析】对于有明确市场价格的质押品,如国债、上市公司流通股票、存款单、银行承兑汇票等,其公允价值即为该质押品的市场价格。

13.A 【解析】银行与借款人及担保人签订担保协议后,当借款人无法偿还本息时,银行可以通过执行担保来收回贷款本息。担保为银行提供了一个可以影响或控制的潜在还款来源,从而增加了贷款最终偿还的可能性。

14.B 【解析】抵押率的高低直接影响了抵押物对债权的保障程度。

# 第七章 信贷审批

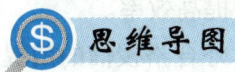

```
                    ┌ 信贷授权与审贷分离 ┬ 信贷授权
                    │                    └ 审贷分离
                    │                    ┌ 授信额度的定义
          信贷审批 ─┼ 授信额度及审批 ────┼ 授信额度的决定因素
                    │                    └ 授信额度的确定流程
                    │                    ┌ 信贷审查事项
                    └ 信贷审查事项及审批要素 ┴ 信贷审批要素
```

【直击考纲】

1. 掌握信贷授权与审贷分离的相关内容。
2. 掌握授信额度的决定因素和确定流程。
3. 掌握贷款审查事项及审批要素。

## 第一节 信贷授权与审贷分离

### 一、信贷授权

#### (一)信贷授权的含义

**1. 信贷授权的定义**

信贷授权是指银行业金融机构对其所属业务职能部门、分支机构和关键业务岗位开展信贷业务权限的具体规定。

**2. 信贷授权的分类**

信贷授权大致可分为以下两种类型:

(1)直接授权,是指银行业金融机构总部对总部相关授信业务职能部门或直接管理的经营单位授予全部或部分信贷产品一定期限、一定金额内的信贷审批权限。

（2）转授权，是指受权的经营单位在总部直接授权的权限内，对本级行各有权审批人、相关信贷业务职能部门和所辖分支机构转授一定的信贷审批权限。

### 3. 信贷授权管理的意义

信贷授权是银行业金融机构信贷管理和内部控制的基本要求，旨在健全内部控制体系，增强防范和控制风险的能力，并有利于优化流程、提高效率，以实现风险收益的最优化。授信集中管理是为了控制风险，合理授权则是为了在控制风险的前提下提高效率。

对内授权与对外授信密切相关。对内合理授权是银行业金融机构对外合格授信的前提和基础。

## （二）信贷授权的原则与方法

### 1. 信贷授权应遵循的基本原则

| 原则 | 内容 |
| --- | --- |
| 授权适度原则 | 银行业金融机构应兼顾信贷风险控制和提高审批效率两方面的要求，合理确定授权金额及行权方式，以实现集权与分权的平衡。实行转授权的，在金额、种类和范围上均不得大于原授权 |
| 差别授权原则 | 应根据各业务职能部门和分支机构的经营管理水平、风险控制能力、主要负责人业绩以及所处地区经济及信用环境等，实行有区别的授权 |
| 动态调整原则 | 应根据各业务职能部门和分支机构的经营业绩、风险状况、制度执行以及经济形势、信贷政策、业务总量、审批能力等方面的情况变化，及时调整授权 |
| 权责一致原则 | 授权权限应与受权人承担的授信审批责任相一致。受权人超越授权或未尽责，应追究受权人的责任 |

### 2. 信贷授权确定的方法

银行业金融机构对业务职能部门和分支机构的信贷授权，原则上应根据其风险管理水平、资产质量、所处地区的经济信用环境、受权机构业务量、审批人员的信贷从业经验及审批能力等因素，设置一定的权重，采用风险指标量化评定的方法合理确定。另外，在确定信贷授权时，还应适当考虑公司信贷、小企业信贷、个人信贷的业务特点。

### 3. 信贷授权的方式

（1）信贷授权的载体

授权可以采用授权书、规章制度、部门职责、岗位职责等书面形式。其中，授权书比较规范、正式，也较为常用。

授权书应当载明以下内容：①授权人全称；②受权人全称；③授权范围和权限；④关于转授权的规定；⑤授权书生效日期和有效期限；⑥对限制越权的规定；⑦其他需要规定的内

容。授权的有效期限一般为1年。

（2）信贷授权的形式

| 划分标准 | 具体内容 |
| --- | --- |
| 按受权人划分 | 信贷授权可授予总部授信业务审批部门及其派出机构、分支机构负责人或独立授信审批人等 |
| 按授信品种划分 | 可按风险高低进行授权，如对固定资产贷款、并购贷款、流动资金贷款等品种给予不同的权限 |
| 按行业进行授权 | 根据银行信贷行业投向政策，对不同的行业分别授予不同的权限。如对产能过剩行业、高耗能、高污染行业应适当上收审批权限 |
| 按客户风险评级授权 | 根据银行信用评级政策，针对不同信用等级的客户分别授予不同的权限 |
| 按担保方式授权 | 根据担保对风险的缓释作用，对采用不同担保方式的信贷业务分别授予不同的权限，如对全额保证金业务、存单(国债)质押业务通常给予更大的审批权限 |

### 直击考点

（单选）商业银行对产能过剩行业、高耗能、高污染行业适当上收审批权限，这属于使用按（　　）进行的信贷授权。

A.受权人　　　　　　　　　　　B.行业
C.授信品种　　　　　　　　　　D.客户风险评级

【答案】B

【解析】常用的信贷授权形式有以下五种：（1）按受权人划分；（2）按授信品种划分；（3）按行业进行授权；（4）按客户风险评级授权；（5）按担保方式授权。其中，按行业进行授权，根据银行信贷行业投向政策，对不同的行业分别授予不同的权限，如对产能过剩行业、高耗能、高污染行业应适当上收审批权限。

## 二、审贷分离

### （一）审贷分离的含义

#### 1.审贷分离的定义

审贷分离是指将信贷业务办理过程中的调查和审查审批环节进行分离，分别由不同层次机构和不同部门（岗位）承担，以实现相互制约并充分发挥信贷审查审批人员专业优势的信贷管理制度。

#### 2.审贷分离的意义

审贷分离的核心是将负责信贷业务调查的业务部门（岗位）与负责信贷业务审查审批的管理部门（岗位）相分离，以达到相互制约的目的。其意义有三点：

（1）信贷审查审批人员独立判断风险，保证信贷审查审批的独立性和科学性。

（2）信贷审查审批人员相对固定，有利于提高专业化水平，实现专家审贷，弥补客户经理在信贷专业分析技能方面的不足，减少信贷决策失误。

（3）从全局角度来讲，审贷分离对促进银行业金融机构的信贷管理机制改革、提高信贷管理水平以及提高信贷资产质量具有重要的现实意义。

### (二)审贷分离的一般操作规程

#### 1. 审贷分离的形式

（1）岗位分离

在基层经营单位，由于人员限制，无法设立独立的部门履行信贷审查的职能，一般设置信贷业务岗和信贷审查岗，由信贷审查岗履行信贷审查的职能，分管信贷风险的机构负责人履行审批职责。

（2）部门分离

在分行乃至总行等较高层级的单位，应分别设置信贷业务经营部门和授信审批部门，前者履行贷前调查和贷款管理职能，后者履行信贷审查审批职能。

（3）地区分离

有的商业银行设立地区信贷审批中心，负责某个地区辖内机构超权限的贷款审批，旨在通过地区分离、异地操作来保证贷款审批的独立性。

#### 2. 信贷业务岗与信贷审查岗的职责划分

（1）信贷业务岗职责

①积极拓展信贷业务，搞好市场调查，优选客户，受理借款人申请。

②对借款人申请信贷业务的合法性、安全性、盈利性进行调查。

③对客户进行信用等级评价，撰写调查报告，提出信贷业务的期限、金额、利率（费率）和支付方式等明确意见。

④办理核保、抵（质）押登记，落实信贷审批条件。

⑤信贷业务办理后对借款人执行借款合同的情况、经营及财务状况、保证人及抵（质）押物状况等进行贷后检查和管理。

⑥督促借款人按合同约定使用贷款，按时足额归还贷款本息，并负责配合催收违约贷款。

⑦对借款人提供的身份证明、授信主体资格、财务状况等资料的合法性、真实性和有效性进行认真核实，并将核实过程和结果以书面形式记载。

（2）信贷审查岗职责

| 职责 | 具体内容 |
|---|---|
| 表面真实性审查 | 对借款人及保证人财务报表、商务合同等资料进行表面真实性审查，对明显虚假的资料提出审查意见 |

续表

| 职责 | 具体内容 |
|---|---|
| 完整性审查审查 | 授信资料是否完整有效,包括授信客户贷款卡等信息资料、项目批准文件以及需要提供的其他证明资料等 |
| 合规性审查 | 审查借款人、保证人主体资格,担保的合法性,借款用途的合规性,审查授信业务是否符合国家和本行信贷投向政策,审查授信客户经营范围是否符合授信要求 |
| 合理性审查 | 审查借款行为的合理性,审查贷前调查中使用的信贷材料和信贷结论在逻辑上是否具有合理性 |
| 可行性审查 | 审查信贷业务主要风险点及风险防范措施、偿债能力、授信安排、信贷期限、担保能力等,审查授信客户和信贷业务风险 |

### 3. 审贷分离实施要点

（1）审查审批人员与借款人原则上不单独直接接触

审查审批人员所需的资料、数据等由信贷调查人员从借款人处取得,审查审批人员原则上不与借款人单独直接接触。

对特大项目、复杂事项等确需审查审批人员接触借款人的,应经过一定程序的批准,在客户经理的陪同下实地进行调查。

（2）审查人员无最终决策权

贷款审查只是贷款审批过程中的一个环节,不应成为贷款审批流程的终点。审查人员即使对贷款发放持否定态度,也应按正常的信贷流程继续进行审批。最终审批人参考审查人员意见后,对是否批准该信贷业务提出明确的意见。信贷决策权应由信贷审批会议或审批委员会或最终有权审批人行使。

（3）审查审批人员应真正成为信贷专家

审查审批人员应具备经济、财务、信贷、法律、税务等专业知识,并有丰富的实践经验。审查审批人员信贷判断的基础不仅是客户经理提供的资料,还包括大量日常积累的信息,所以必须了解大量的国民经济和行业信息。

（4）实行集体审议机制

我国商业银行一般采取贷款集体审议决策机制,多数银行采取设立各级贷款审查委员会(以下简称贷审会)的方式行使集体审议职能。

贷审会作为授信业务决策的集体议事机构,评价和审议信贷决策事项。贷审会投票未通过的信贷事项,不得审批同意,对贷审会审批同意的信贷业务,有权审批人可以否决。这里的有权审批人主要指行长或其授权的副行长等。

贷审会委员不能过多,也不能过少,通常应为单数。审议表决应当遵循"集体审议、明确发表意见、绝对多数通过"的原则。未通过贷审会审批的信贷业务可以申请复议,但必须符合一定条件。贷审会成员发表的全部意见应当记录存档,且要准确反映审议过程,以备后续的信贷管理和履职检查。

（5）按程序审批

授信审批应按规定权限、程序进行,不得违反程序、减少程序或逆程序审批信贷业务。

（单选）商业银行的信贷决策权不可以由（　　）行使。
A.信贷审批会议　　　　　　B.审批委员会
C.银行客户经理　　　　　　D.最终有权审批人
【答案】C
【解析】审查人员即使对贷款发放持否定态度,也应按正常的信贷流程继续进行审批。最终审批人参考审查人员意见后,对是否批准贷款业务提出明确的意见。信贷决策权应由信贷审批会议或审批委员会或最终有权审批人行使。

## 第二节　授信额度及审批

### 一、授信额度的定义

授信额度是指银行在客户授信限额以内,根据客户的授信需求、还款能力和银行的客户政策最终决定给予客户的授信总额,包括贷款额度、贸易融资额度、保函额度、承兑汇票额度、透支额度等各类信贷业务额度。商业银行不同的信贷管理体制及模式,导致授信额度的授予对象、适用范围、核定流程、管理及使用方式等存在差异,大致可分为集团授信额度、客户授信(信用)额度及单笔贷款额度。

**1. 集团授信额度**

集团授信额度是指授信银行授予集团客户包括分配各个集团成员的授信额度的总和,企业集团的结构和组成通常较为复杂不易识别,由于集团内成员企业受同一实际控制人控制,更容易产生潜在的信用风险:

（1）贷款资金有可能被转移到集团的其他公司。
（2）易发生不公允的关联交易。
（3）无论借款企业的条件和业绩有多优秀,发生在集团的其他公司的问题都有可能影响到借款企业。

鉴于集团客户风险的整体性、共生性及传导性,商业银行客观上需要对集团整体授信总量实施有效管控,集团授信额度就是其重要的方式和抓手。

**2. 客户授信(信用)额度**

客户信用额度是指银行授予某个借款企业的信用额度(包括分配各类信贷业务额度)的总和,额度可在有效期内使用。

为有效控制客户整体信用风险,同时合理满足单笔业务办理效率需要,客观上需要在分析评价客户整体信用状况及偿债能力的基础上,核定客户信用额度,实现客户信用总量控制。

### 3.单笔贷款额度

单笔贷款额度主要指用于每个单独批准在一定贷款条件(收入的使用、最终到期日、还款时间安排、定价、担保等)下的贷款额度。根据贷款结构,单笔贷款额度适用于:

(1)被指定发放的贷款本金额度,一旦经过借贷和还款后,就不能再被重复借贷。

(2)被批准于短期贷款、长期循环贷款和其他类型的贷款的最高的本金风险敞口额度。

**直击考点**

(单选)银行在客户授信限额以内,根据客户的还款能力和银行的客户政策最终决定给予客户的授信总额称为( )。

A.单一授信额度  B.授信额度
C.借款企业组合额度  D.综合授信额度

【答案】B

【解析】授信额度是指银行在客户授信限额以内,根据客户的还款能力和银行的客户政策最终决定给予客户的授信总额,包括贷款额度、贸易融资额度、保函额度、承兑汇票额度、透支额度等各类信贷业务额度。

## 二、授信额度的决定因素

(1)了解并测算客户的信贷需求,通过与客户进行讨论,对借款原因进行分析,确定客户合理信贷需求。

(2)客户的还款能力。这主要取决于客户的现金流,只有当客户在一定期限内的现金流入大于或等于现金流出时,其才具有还款能力。

(3)银行或借款企业的相关法律或监督条款的限制。

(4)贷款组合管理的限制,例如区域、行业、客户类型等贷款组合授信限额。

(5)银行的客户政策,即银行针对客户的市场策略,这取决于银行的风险偏好和银行对未来市场的判断,将直接影响客户授信额度的大小。

(6)关系管理因素,客户对银行综合收益贡献度,以及相对于其他银行或债权人,银行愿意提供给借款企业的信贷数额占比。

## 三、授信额度的确定流程

(1)通过与借款需求企业的讨论,以及借贷理由分析,分析借款原因和借款需求。

(2)若通过评估借款原因,明晰了短期和长期借款理由,在一些情况下,长期贷款额度需求可以在这一时点上进行大致的评估。

(3)讨论具体需求额度与借款原因及其合理性。

（4）进行信用分析以辨别和评估关键的宏观、行业和商业风险，以及所有影响借款企业的资产转换周期和债务清偿能力的因素。

（5）进行偿债能力分析，评估客户未来可获得现金流量能否满足债务清偿所需。

（6）初步核定集团(客户)授信总量，并根据集团(客户)需求及风险特征在集团成员企业(或各类信贷业务品种)间分配授信额度(包括现存所有的有效授信额度以及新的正在申请批准的信贷额度)，设定授信持续条件与风险控制措施、有效期等要素，完成最后授信评审并提交审核，经审批后实施。

（单选）下列银行确定授信额度的步骤中，位于"偿债能力分析"之后的是（　　）。

A.分析借款原因与借款需求
B.讨论具体需求额度和借款原因及其合理性
C.进行信用分析
D.初步核定集团授信总量，设定授信持续条件与风险控制措施、有效期等要素，完成最后授信评审并提交审核

【答案】D

【解析】银行确定授信额度的步骤为：（1）分析借款原因和借款需求；（2）在一些情况下，大致评估长期贷款额度需求；（3）讨论具体需求额度和借款原因及其合理性；（4）进行信用分析；（5）进行偿债能力分析；（6）初步核定集团授信总量，并根据集团需求及风险特征在集团成员企业间分配授信额度，设定授信持续条件与风险控制措施、有效期等要素，完成最后授信评审并提交审核，经审批后实施。

## 第三节　信贷审查事项及审批要素

### 一、信贷审查事项

#### 1.信贷审查事项的含义

信贷审查事项是指为保证信贷审查的有效性、审查结果的合理性，在贷款审查过程中应特别关注的事项。

#### 2.信贷审查事项的基本内容

根据"了解你的客户""了解你客户的业务""了解你客户的风险"原则，在审查审批过程中一般应要求把握以下内容：

（1）信贷资料完整性及调查工作与申报流程的合规性审查
①借款人、担保人(物)及具体贷款业务有关资料是否齐备，申报资料及其内容应合法、

真实、有效。

②贷款业务内部运作资料是否齐全,是否按规定程序操作,调查程序和方法是否合规,调查内容是否全面、有效,调查结论及意见是否合理。

③业务是否在本级机构信贷审批授权内。

（2）借款人主体资格及基本情况审查

①借款人主体资格及经营资格的合法性,贷款用途是否在其营业执照规定的经营范围内。

②借款人股东的实力及注册资金的到位情况,产权关系是否明晰,法人治理结构是否健全。

③借款人申请贷款是否履行了法律法规或公司章程规定的授权程序。

④借款人的银行及商业信用记录以及法定代表人和核心管理人员的背景、主要履历、品行和个人信用记录。

（3）信贷业务政策符合性审查

①借款用途是否合法合规,是否符合国家宏观经济政策、产业行业政策、土地、环保和节能政策以及国家货币信贷政策等。

②客户准入及借款用途是否符合银行区域、客户、行业、产品等信贷政策。

③借款人的信用等级评定、授信额度核定、定价、期限、支付方式等是否符合银行信贷政策制度,贷款品种及金额是否在有效授信(信用)可用额度内,贷款条件是否满足授信额度设定的支用条件等。

（4）财务因素审查

主要审查借款人基本会计政策的合理性,财务报告的完整性、真实性和合理性及审计结论,要特别重视通过财务数据间的比较分析、趋势分析及同业对比分析等手段判断客户的真实生产经营状况,并尽量通过收集必要的信息,查证客户提供的财务信息的真实性、合理性。

（5）非财务因素审查

主要包括借款人的企业性质、发展沿革、组织架构及公司治理、经营环境、所处的行业市场分析、行业地位分析、产品定价分析、生产及其技术分析、客户核心竞争能力分析等。

（6）担保审查

对保证、抵押、质押等担保方式的合法、足值、有效性进行审查。

（7）充分揭示信贷风险

①分析、揭示借款人的财务风险、经营管理风险、市场风险及担保风险等。

②提出相应的风险防范措施。

（8）提出审查结论

在全面论证、平衡风险收益的基础上,提出审查结论。

(多选)下列贷款审查内容中,属于非财务因素审查的有( )。
A.借款人的产品定价分析　　　　B.借款人的行业地位分析
C.借款人的企业性质　　　　　　D.借款人的发展沿革
E.借款人的经营环境
【答案】ABCDE
【解析】非财务因素审查主要包括借款人的企业性质、发展沿革、品质、组织架构及公司治理、经营环境、所处的行业市场分析、行业地位分析、产品定价分析、生产及其技术分析、客户核心竞争能力分析等。

## 二、信贷审批要素

### 1.信贷审批要素的含义

信贷审批要素广义上是指贷款审批方案中应包含的各项内容,具体包括授信对象、信贷用途、信贷品种、信贷金额、信贷期限、信贷币种、信贷利率或费率、担保方式、发放条件与支付方式、还款计划安排及贷后管理要求等。

### 2.主要信贷审批要素的审定要点

**(1)授信对象**

固定资产贷款和流动资金贷款的授信对象是企事业法人或国家规定可以作为借款人的其他组织。项目融资的授信对象是建设、经营该项目或为该项目融资而专门组建的企事业法人。

**(2)信贷用途**

贷款审批人员应该分析授信申报方案所提出的贷款用途是否明确、具体,除了在允许范围内用于债务置换等特定用途的贷款,对于直接用于生产经营的贷款,贷款项下所经营业务应在法规允许的借款人的经营范围内,相关交易协议或合同要落实。

必要时可结合分析借款人财务结构,判断借款人是否存在短借长用等不合理的贷款占用,了解借款人是否存在建设资金未落实的在建或拟建的固定资产建设项目或其他投资需求,防止贷款资金被挪用。

**(3)信贷品种**

①信贷品种应与业务用途相匹配,即信贷品种的适用范围应涵盖该笔业务具体的贷款用途。

②信贷品种应与客户结算方式相匹配,即贷款项下业务交易所采用的结算方式应与信贷品种适用范围一致。

③信贷品种还应与客户风险状况相匹配,由于不同信贷品种通常具有不同的风险特征,风险相对较高的信贷品种通常仅适用于资信水平相对较高的客户。

④信贷品种还应与银行信贷政策相匹配,符合所在银行的信贷政策及管理要求。

（4）信贷金额

信贷金额应依据借款人合理资金需求量和承贷能力来确定。流动资金贷款需求量可参考《流动资金贷款管理暂行办法》提供的方法进行测算，固定资产贷款需求量可根据项目经审核确定的总投资、拟定且符合法规要求的资本金比例及其他资金来源构成等加以确定；贷款金额除考虑借款人的合理需求，还应控制在借款人的承贷能力范围内。

（5）信贷期限
①信贷期限应符合相应信贷品种有关期限的规定。
②信贷期限一般应控制在借款人相应经营的有效期限内。
③信贷期限应与借款人资产转换周期及其他特定还款来源的到账时间相匹配。
④信贷期限还应与借款人的风险状况及风险控制要求相匹配。

（6）信贷币种

信贷币种应尽可能与信贷项下交易所使用的结算币种及借款人还款来源币种相匹配，并充分考虑贷款币种与还款来源币种错配情况下所面临的相关风险及风险控制。使用外汇贷款的，还需符合国家外汇管理相关规定。

（7）信贷利率及其他信贷产品费率
①信贷利率或费率应符合中国人民银行、银行业监管部门关于贷款利率及信贷业务费率的有关规定以及银行内部信贷业务利率及费率的相关规定。
②信贷利率或费率水平应与借款人及信贷业务的风险状况相匹配，体现收益覆盖风险的原则。
③信贷利率或费率的确定还应考虑所在地同类信贷业务的市场价格水平。

（8）担保方式
①采用的担保方式应满足合法合规性要求，担保人必须符合法律、规则规定的主体资格要求，担保品必须是符合法律规定、真实存在的财产或权利，担保人对其拥有相应的所有权和处置权，且担保行为获得了担保人有权机构的合法审批，并按法规要求在有权机构办理必要的抵（质）押登记。
②担保应具备足值性，保证人应具备充足的代偿能力，抵（质）押品足值且易变现。
③采用的担保还应具备可控性，银行在担保项下应拥有对借款人、担保人相应的约束力，对保证人或抵（质）押品具有持续监控能力。
④担保须具备可执行性及易变现性，并考虑可能的执行与变现成本。

（9）发放条件

固定资产贷款和项目融资的发放条件应包括不少于与贷款同比例的资本金已足额到位、项目实际进度与已投资额相匹配等要求。另外，对于国家要求项目资本金在贷款发放前全部到位的项目，如房地产开发项目，还应遵守国家法律法规的规定。同时，贷款人应加强项目建成后的资本金管理，防止借款人以贷款置换等各种方式抽逃资本金。

固定资产贷款在发放和支付过程中，借款人出现以下情形的，贷款人应与借款人协商补充贷款发放和支付条件,或根据合同约定停止贷款资金的发放和支付:①信用状况下降;②不按合同约定支付贷款资金;③项目进度落后于资金使用进度;④违反合同约定,以化整为零的方式规避贷款人受托支付。

（10）支付要求

应按照按需放款的要求,视情况不同采取受托支付或是自主支付,采取受托支付的,还要明确规定起点金额和支付管理要求。

（11）贷后管理要求

应就贷后走访客户的频率、需重点监控的情况及指标、获取信息的报告反馈等事项提出具体要求。另外,还可对贷款存续期间借款人的资产负债率、流动比率、速动比率、销售收入增减幅度、利润率、分红比率等相关财务指标及主要股东、核心人员变化等提出控制要求。

#### 3.贷款审批要素管理中需要注意的问题

审批要素的规范管理目前尚未引起所有银行业金融机构的重视,个别银行业金融机构尚未对审批要素制定统一的格式要求,审批要素散落于各个信贷业务管理办法的条文之中。随着贷款精细化管理水平的提高,银行业金融机构应对审批要素进行规范,对各信贷品种必须审批的要素、审批结论的规范表达方式等进行统一规定。

### 直击考点

（单选）下列关于贷款审批要素中信贷品种的表述,错误的是（　　）。

A.信贷品种应与业务用途相匹配
B.信贷品种应与客户结算方式相匹配
C.风险相对较高的授信品种仅适用于资信水平低的客户
D.信贷品种应符合所在银行的信贷政策及管理要求

【答案】C

【解析】信贷品种应符合以下要求:（1）与业务用途相匹配,即信贷品种的适用范围应涵盖该笔业务具体的贷款用途;（2）与客户结算方式相匹配,即贷款项下业务交易所采用的结算方式应与信贷品种适用范围一致;（3）与客户风险状况相匹配,由于不同信贷品种通常具有不同的风险特征,风险相对较高的授信品种通常仅适用于资信水平相对较高的客户;（4）与银行信贷政策相匹配,符合所在银行的信贷政策及管理要求。

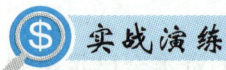

一、单项选择题

1.银行授予某个借款企业的信用额度的总和称为（　　）。
A.集团成员借款额度　　　　　　　　B.单笔借款授信额度

C.集团借款额度　　　　　　　　D.客户信用额度

2.授权适度原则指银行业金融机构应兼顾信贷风险控制和(　　)两方面的要求,合理确定授权金额及行权方式,以实现集权与分权的平衡。

A.扩大贷款数额　　　　　　　　B.提高审批效率
C.获取最大利息收入　　　　　　D.提高贷款份额

3.审贷分离的核心是将负责信贷业务调查的(　　)与负责信贷业务审查审批的(　　)相分离,以达到相互制约的目的。

A.业务部门;监控部门
B.业务部门;管理部门
C.调配部门;稽核部门
D.管理部门;调配部门

4.在贷款担保中,下列(　　)不是担保方式必须满足的要求。

A.合法合规性　　　　　　　　　B.盈利性
C.可控性　　　　　　　　　　　D.足值性

## 二、多项选择题

5.信贷审批要素包括(　　)。

A.贷后管理要求
B.信贷利率或费率
C.信贷期限
D.担保方式
E.授信对象

6.下列关于担保方式的说法中正确的有(　　)。

A.担保品必须是符合法律规定、真实存在的财产或权利
B.担保须具备可执行性及易变现性,并考虑可能的执行与变现成本
C.担保人必须符合法律、规则规定的主体资格要求
D.银行在担保项下应拥有对借款人、担保人相应的约束力
E.保证人应具备充足的代偿能力

7.下列关于信贷授权的说法,正确的有(　　)。

A.信贷授权指银行业金融机构对其所属业务职能部门、分支机构和关键业务岗位开展信贷业务权限的具体规定
B.信贷授权是银行业金融机构信贷管理和内部控制的基本要求
C.信贷授权有利于优化流程、提高效率,以实现风险收益的最优化
D.信贷授权大致可分为直接授权和转授权两种类型
E.对内合理授权是银行业金融机构对外合格授信的前提和基础

8.下列属于信贷审查岗职责的有(　　)。

A.积极拓展信贷业务,搞好市场调查,优选客户,受理借款人申请

B.对财务报表、商务合同等资料进行表面真实性审查,对明显虚假的资料提出审查意见
C.办理核保、抵(质)押登记,落实信贷审批条件
D.审查授信资料是否完整有效
E.审查贷前调查中使用的信贷材料和信贷结论在逻辑上是否具有合理性

### 三、判断题

9.转授权金额不得大于原授权,但在某些特定业务品种上可以突破。(　　)
A.正确　　　　　　　　　　　　　B.错误

10.转授权是指商业银行总部对总部相关授信业务职能部门或直接管理的经营单位授予全部或部分信贷产品一定期限、一定金额内的授信审批权限。(　　)
A.正确　　　　　　　　　　　　　B.错误

11.在贷款审批中,贷审会投票未通过的信贷事项,不得审批同意,对贷审会审批同意的信贷业务,有权审批人可以否定。(　　)
A.正确　　　　　　　　　　　　　B.错误

### 一、单项选择题

1.D　【解析】客户信用额度是指银行授予某个借款企业的信用额度的总和,额度可在有效期内使用。

2.B　【解析】授权适度原则是指银行业金融机构应兼顾信贷风险控制和提高审批效率两方面的要求,合理确定授权金额及行权方式,以实现集权与分权的平衡。实行转授权的,在金额、种类和范围上均不得大于原授权。

3.B　【解析】审贷分离是指将信贷业务办理过程中的调查和审查审批环节进行分离,分别由不同层次机构和不同部门(岗位)承担,以实现相互制约并充分发挥信贷审查人员专业优势的信贷管理制度。审贷分离的核心是将负责信贷业务调查的业务部门(岗位)与负责信贷业务审查审批的管理部门(岗位)相分离,以达到相互制约的目的。

4.B　【解析】担保方式应满足:(1)合法合规性;(2)足值性;(3)可控性;(4)可执行性及易变现性。

### 二、多项选择题

5.ABCDE　【解析】信贷审批要素广义上是指贷款审批方案中应包含的各项内容,具体包括授信对象、信贷用途、信贷品种、信贷金额、信贷期限、信贷币种、信贷利率或费率、担保方式、发放条件与支付方式、还款计划安排及贷后管理要求等。

6.ABCDE　【解析】担保方式的审定要点包括:(1)所采用的担保方式应满足合法合规性要求,担保人必须符合法律、规则规定的主体资格要求,担保品必须是符合法律规定、

真实存在的财产或权利，担保人对其拥有相应的所有权和处置权，且担保行为获得了担保人有权机构的合法审批，并按法规要求在有权机构办理必要的抵（质）押登记；（2）担保应具备足值性，保证人应具备充足的代偿能力，抵（质）押品足值且易变现；（3）所采用的担保还应具备可控性，银行在担保项下应拥有对借款人、担保人相应的约束力，对保证人或抵（质）押品具有持续监控能力；（4）担保须具备可执行性及易变现性，并考虑可能的执行与变现成本。

7.ABCDE 【解析】D选项，信贷授权大致可分为以下两种类型：（1）直接授权；（2）转授权。

8.BDE 【解析】A、C选项属于信贷业务岗职责；B、D、E选项分别属于信贷审查岗职责中的表面真实性审查、完整性审查和合理性审查。

## 三、判断题

9.B 【解析】银行业金融机构的信贷授权应坚持授权适度原则。银行业金融机构应兼顾信贷风险控制和提高审批效率两方面的要求，合理确定授权金额及行权方式，以实现集权与分权的平衡。实行转授权的，在金额、种类和范围上均不得大于原授权。

10.B 【解析】转授权是指受权的经营单位在总部直接授权的权限内，对本级行各有权审批人、相关信贷业务职能部门和所辖分支机构转授一定的信贷审批权限。

11.A 【解析】贷审会作为授信业务决策的集体议事机构，评价和审议信贷决策事项。贷审会投票未通过的信贷事项，不得审批同意，对贷审会审批同意的信贷业务，有权审批人可以否定。

# 第八章 贷款合同与发放支付

```
                        ┌ 贷款合同与管理 ┬ 贷款合同签订
                        │                └ 贷款合同管理
贷款合同与发放支付 ─────┼ 贷款的发放 ───┬ 贷放分控
                        │                └ 贷款发放管理
                        └ 贷款支付 ─────┬ 实贷实付
                                         ├ 受托支付
                                         └ 自主支付
```

1. 掌握贷款合同的签订流程和管理要点。
2. 掌握贷款发放的条件、原则和审查流程。
3. 掌握贷款支付的类型、各类支付方式的条件和操作要点。

## 第一节 贷款合同与管理

### 一、贷款合同签订

#### （一）贷款合同概述

**1. 贷款合同的定义**

贷款合同是从贷款人主体角度提出的，一般是指可以作为贷款人的银行业金融机构与借款人、担保人等就贷款的发放与收回等相关事宜签订的规范借贷及担保各方权利义务的书面法律文件，主要包括贷款合同及其担保（抵押、质押、保证等）合同。

**2. 贷款合同的内容**

贷款合同的内容主要包括当事人的名称（姓名）和住所、贷款种类、币种、贷款用途、贷款金额、贷款利率、贷款期限、还款方式、借贷双方的权利与义务、担保方式、违约责任等。另外，根据贷款新规的相关规定，贷款人应在合同中与借款人约定提款条件以及贷款资金支付接受贷款人管理等与贷款使用相关的条款；贷款人还应在合同中与借款人约定，借款人出现未按约定用途使用贷款、未按约定方式支用贷款资金、未遵守承诺事项、申贷文件信息失真、突破约定的财务指标约束等情形时借款人应承担的违约责任和贷款人可采取的措施。

### 3.贷款合同的分类

贷款合同分为格式合同和非格式合同两种。其中，格式合同是指银行业金融机构根据业务管理要求，针对某项业务制定的在机构内部普遍使用的格式统一的合同。

### 4.贷款合同的制定原则

贷款合同应当依据法律法规、部门规章、现行制度规定、业务操作规程以及业务需求制定，并应遵守以下原则：

| 原则 | 内容 |
| --- | --- |
| 不冲突原则 | 贷款合同不违反法律、行政法规的强制性规定 |
| 适宜相容原则 | 贷款合同要符合银行业金融机构自身各项基本制度的规定和业务发展需求 |
| 维权原则 | 贷款合同要在法律框架内充分维护银行业金融机构的合法权益 |
| 完善性原则 | 贷款合同文本内容应力求完善，借贷双方权利义务明确，条理清晰 |

## （二）贷款合同的签订

经审批同意后，贷款人应与借款人及其他相关当事人签订书面贷款合同、担保合同等相关合同。贷款人应要求借款人在合同中对与贷款相关的重要内容作出承诺，承诺内容包括：（1）贷款项目及其借款事项符合法律法规的要求；（2）及时向贷款人提供完整、真实、有效的材料；（3）配合贷款人对贷款的相关检查；（4）发生影响其偿债能力的重大不利事项时及时通知贷款人；（5）进行合并、分立、股权转让、对外投资、实质性增加债务融资等重大事项前征得贷款人同意等。

贷款合同的签订流程如下：

### 1.填写合同

（1）合同文本应该使用统一的格式，对单笔贷款有特殊要求的，可以在合同中的其他约定事项中约定。

（2）合同填写必须做到标准、规范、要素齐全、数字正确、字迹清晰、不错漏、不潦草，防止涂改。

（3）需要填写空白栏且空白栏后有备选项的，在横线上填好选定的内容后，对未选的内容应加横线表示删除；合同条款有空白栏，但根据实际情况不准备填写内容的，应加盖"此栏空白"字样的印章。

（4）贷款金额、贷款期限、贷款利率、担保方式、还款方式、划款方式等条款要与贷款最终审批意见一致。

### 2.审核合同

合同填写完毕后，填写人员应及时将合同文本交合同复核人员进行复核。同笔贷款的合同填写人与合同复核人不得为同一人。

（1）合同复核人员负责根据审批意见复核合同文本及附件填写的完整性、准确性、合规性，主要包括：①文本书写是否规范；②内容是否与审批意见一致；③合同条款填写是否齐全、准确；④文字表达是否清晰；⑤主从合同及附件是否齐全等。

（2）合同文本复核人员应就复核中发现的问题及时与合同填写人员沟通，并建立复核记录，交由合同填写人员签字确认。

#### 3. 签订合同

（1）在签订（预签）有关合同文本前，应履行充分告知义务，告知借款人（包括共同借款人）、担保人等合同签约方关于合同内容、权利义务、还款方式以及还款过程中应当注意的问题等。

（2）担保人为自然人的，应在当面核实签约人身份证明之后由签约人当场签字；如果签约人委托他人代替签字，签字人必须提交委托人委托其签字并经公证的委托授权书。对借款人、担保人为法人的，应加盖法人公章，并由其法定代表人或其授权代理人签字，授权代理人必须提供有效的书面授权文件。

（3）采取抵押担保方式的，抵押物共有人要在相关合同文本上签字。

（4）借款人、担保人等签字后，合同办理人员应将合同文本、贷款调查审批表和合同文本复核记录等材料送交银行有权签字人审查，通过后在合同上签字或加盖按个人签字笔迹制作的个人名章，之后按照用印管理规定负责加盖银行贷款合同专用章。

（5）银行可根据实际情况决定是否办理合同公证。

（单选）贷款合同制定原则中的适宜相容原则是指（　　）。

A. 贷款合同不违反法律、行政法规的强制性规定

B. 贷款合同要符合银行业金融机构自身各项基本制度的规定和业务发展需求

C. 贷款合同要在法律框架内充分维护银行业金融机构的合法权益

D. 贷款合同文本内容应力求完善，借贷双方权利义务明确，条理清晰

【答案】B

【解析】A、C、D选项分别是指贷款合同制定原则中的不冲突原则、维权原则和完善性原则。

### 二、贷款合同管理

#### （一）贷款合同管理的定义及模式

##### 1. 贷款合同管理的定义

贷款合同管理是指按照银行业金融机构内部控制与风险管理的要求，对贷款合同的制定、修订、废止、选用、填写、审查、签订、履行、变更、解除、归档、检查等一系列行为进行管理的活动。

第八章　贷款合同与发放支付

### 2.贷款合同管理模式

贷款合同管理一般采取银行业金融机构法律工作部门统一归口管理和各业务部门、各分支机构分级划块管理相结合的管理模式。银行业金融机构为实现一定的经济目的，明确相互权利义务关系而签订的贷款合同是民事合同，通过合同所确立的民事关系是一种受法律保护的民事法律关系，所以通过签订合同建立法律关系的行为是一种民事法律行为。

法律工作部门对贷款合同的制定、签订和履行，法律工作部门负有监督、检查和指导的职责。各业务部门和各分支机构作为合同具体管理单位，负责本部门、本机构的合同签订和履行。

### （二）贷款合同管理中存在的问题

#### 1.贷款合同存在不合规、不完备等缺陷

当前我国银行业金融机构使用的主要是格式合同，部分合同条款设置较为粗放简单，对需要约定的情形和可能出现的各类情况考虑得不够充分，操作中易因合同本身的问题而产生法律纠纷。具体表现为：

（1）对借款人未按照约定用途使用贷款资金约束不力。贷款是否按约定用途使用，直接关系到贷款安全。银行在发放贷款之前，必须对贷款项目进行考察，明确贷款用途，同时还要对借款人的信用情况进行考察，以判断贷款风险的大小。借款人擅自改变贷款用途，将会对贷款收回造成风险。

（2）未明确约定银行提前收回贷款以及解除合同的条件。

（3）未明确约定罚息的计算方法。

（4）担保方式的约定不明确、不具体。担保是保护银行利益的重要手段之一。选择何种担保方式对银行利益的实现至关重要。

#### 2.合同签署前审查不严

合同签署前审查不严，往往会隐藏法律风险。这类法律风险表现为对借款人的主体资格和履约能力审查不严。若银行与借款人之间形成的借贷法律关系无效或效力待定，会对银行保全债权产生不确定性。

#### 3.签约过程违规操作

在贷款合同签订过程中，有些银行违规操作，对下列情形疏于管理，应引起关注：

（1）对借款人基本信息重视程度不够。借款人的基本信息关系到借款主体资格和合同的真实有效性，必须如实填写并确保基本信息中相关事项与签字或盖章一致。

（2）对有权签约人主体资格审查不严。合同一般由法定代表人或其授权人签字，如果与主体资格有瑕疵的当事人签署合同，将导致合同无效或效力待定。

（3）抵押手续不完善或抵押物不合格。若办理共有财产抵押手续时未取得财产共有人书面同意，或以未成年人财产抵押、法律法规禁止设定抵押的财产设定抵押等，很可能会导致抵押权无法实现。

#### 4. 履行合同监管不力

（1）贷款合同的变更不符合法律规定。按照规定，变更贷款合同须经当事人协商一致，签订变更协议，并将变更协议作为原贷款合同的附件。在此过程中，个别信贷人员缺少法律意识，对合同变更的严肃性认识不够，没有履行法定手续，造成信贷风险。另外，贷款合同变更未取得担保人的书面同意。

（2）扣款侵权，引发诉讼。贷款人在催收贷款过程中不按法律程序办事，在未明确约定的情况下，单方面扣划借款人、担保人资金，或私自扣押借款人的财产及物品，或利用借款人、担保人在本机构开户的条件扣收款项，造成侵权纠纷。

#### 5. 合同救济超时

根据《中华人民共和国民法典》的规定，向人民法院请求保护民事权利的诉讼时效期间为三年，即自知道或应当知道权利被侵害之日起3年内，权利人不向法院请求保护其民事权利，便丧失请求人民法院依诉讼程序强制义务人履行义务的胜诉权。诉讼时效还需要注意抵押权的行使期间。《中华人民共和国民法典》第四百一十九条规定："抵押权人应当在主债权诉讼时效期间行使抵押权；未行使的，人民法院不予保护。"

### （三）加强合同管理的实施要点

#### 1. 修订和完善贷款合同等协议文件

银行业金融机构应全面梳理过去制定或执行的贷款合同的内部流程、框架和内容，着重强化贷款支付环节的约定和要求借款人和担保人履行承诺的条款，提高贷款合同中承诺条款的执行力，并按照约定检查、监督贷款的使用情况，防止贷款被挪用，真正维护银行业金融机构的权利。

#### 2. 建立完善有效的贷款合同管理制度

为规范贷款合同管理，应制定切实可行的、涵盖合同管理全部内容的管理制度，使贷款合同管理工作有章可循，做到管理层次清楚、职责明确、程序规范。

#### 3. 加强贷款合同规范性审查管理

银行业金融机构应当指定掌握银行业务知识和相应法律知识的人员担任合同审查员，在合同签章前对已填写或打印完毕的合同进行审核。规范性审查应确保以下七点：

（1）在合同中落实的审批文件所规定限制性条件准确、完备。

（2）格式合同文本的补充条款合规。

（3）合同文本选用正确。

（4）主从合同及凭证等附件齐全且相互衔接。

（5）一式多份合同的形式内容一致。

（6）合同的填写符合规范要求。

（7）其他应当审查的规范性内容。

另外，对修改贷款合同条款内容、在"其他事项"中填写内容、增加或限制银行业金融机构权利义务、非格式合同、签订补充协议、变更或解除已经成立的合同的，必须进行法律审查。

第八章　贷款合同与发放支付

**4. 实施履行监督、归档、检查等管理措施**

（1）为保障合同的及时、有效履行，防止违约行为的发生，银行业金融机构应对贷款合同的履行进行监督。

（2）银行业金融机构应建立完善的档案管理制度，定期对合同的使用、管理等情况进行检查。对检查中发现的问题应当及时整改。

**5. 做好有关配套和支持工作**

（1）做好内部管理部门和岗位的设置和分工。银行业金融机构要合理落实贷款合同管理各环节的负责部门和岗位，建立法律工作部门与业务部门之间的协作机制。

（2）做好教育培训工作。由于贷款合同管理专业性强，银行业金融机构需要做好对内部员工，特别是一线员工的教育培训工作。

（多选）贷款合同管理中存在的问题包括（　　）。
A. 贷款合同存在不合规、不完备等缺陷　　B. 合同签署前审查不严
C. 签约过程违规操作　　D. 履行合同监管不力
E. 合同救济超时
【答案】ABCDE
【解析】贷款合同管理中存在的问题主要有：（1）贷款合同存在不合规、不完备等缺陷；（2）合同签署前审查不严；（3）签约过程违规操作；（4）履行合同监管不力；（5）合同救济超时。

# 第二节　贷款发放

## 一、贷放分控

### （一）贷放分控概述

贷放分控是指银行业金融机构将贷款审批与贷款发放作为两个独立的业务环节，分别进行管理和控制，以达到降低信贷业务操作风险的目的。

贷放分控中的"贷"是指信贷业务流程中贷款调查、贷款审查和贷款审批等环节，尤其是指贷款审批环节，以区别贷款发放及支付环节。"放"是指放款，特指贷款审批通过后，由银行通过审核，将符合放款条件的贷款发放或支付出去的业务环节。

我国传统信贷管理将贷款发放与支付视作贷款审批通过后的一个附属环节，认为审批通过后即可放款，所以存在一些弊端：已经获得贷款资金的借款人往往缺乏落实贷款前提条件的内在动力，审批提出的前提条件很难完全落实，从而形成风险隐患；同时，贷款前提条件形同虚设，为贷款挪用打开方便之门，可能给银行造成损失。

## (二)贷放分控的操作要点

### 1.设立独立的放款执行部门

贷款人应设立独立的责任部门或岗位,负责贷款发放和支付审核。其中,责任部门是指放款执行部门,应独立于前台营销部门和中台授信审批部门。

设立独立的放款执行部门或岗位,可实现对放款环节的专业化和有效控制。银行业金融机构应在授信业务操作集中、专业化管理的基础上,不断完善业务流程、绩效管理和各项信贷制度,逐步建立起职责明晰、分工明确、相互制衡、精简高效的独立的信贷风险管理体系。

### 2.明确放款执行部门的职责

放款执行部门的核心职责是贷款发放和支付的审核,集中统一办理授信业务发放,专门负责对已获批准的授信业务在实际发放过程中操作风险的监控和管理工作。其主要职能包括:

(1)审核银行内部授信流程的合法性、合规性、完整性和有效性。包括:①银行内部授信业务流程是否合规,批准手续是否合法、齐备;②银行授信业务审批文书是否在有效期内;③银行授信文件及其内容是否完善;④银行授信档案中各类文件要素是否一致;⑤是否经有权签批人签署意见等。

(2)控制客户的授信额度,审核提款是否在批准的授信额度内,是否在授信约定的提款期限内。

(3)核准放款前提条件。主要审核贷款审批书中提出的前提条件是否逐项得到落实。放款执行部门要进行把关,提出审核意见并对审核意见负责。主要审核内容见下表:

| 要点 | 内容 |
| --- | --- |
| 审核合规性要求的落实情况 | 是否已提供项目的审批、核准或备案文件,项目用地批复,项目环评批复等 |
| 审核限制性条款的落实情况 | 办理具体贷款业务品种、额度、期限及保证金比例的要求;贷款担保方面的要求;对资产负债率等核心偿债能力、流动性、盈利性等财务指标的要求;贷款支付金额、支付对象的要求;对外担保的限制;资本出售的限制;资本性支出的限制;股东分红的限制;兼并收购的限制;交叉违约的限制;偿债优先权的要求;配合贷后管理的要求;确定借款人的交易对手名单、交易商品,必要时限定交易商品价格波动区间和应收账款账龄;锁定借款人贷款对应的特定还款来源,提出明确还款来源、监督客户物流与现金流的具体措施,并落实贷款的贷后管理责任人;其他限制性条件 |
| 核实担保的落实情况 | 担保人的担保行为是否合规,担保资料是否完整、合规、有效;是否已按要求进行核保,核保书内容是否完整、准确;抵(质)押率是否符合规定;是否已按规定办理抵(质)押登记;抵(质)押登记内容与审批意见、抵(质)押合同、抵(质)押物清单、抵(质)押物权属资料是否一致;是否已办理抵(质)押物保险,保险金额是否覆盖信贷业务金额等 |

第八章 贷款合同与发放支付

续表

| 要点 | 内容 |
|---|---|
| 审核审批日至放款核准日期间借款人重大风险变化情况 | 对于审批日至放款核准日间隔超过一定期限的,放款执行部门审核在此期间借款人是否发生重大风险变化情况:借款人是否存在贷款严重违规行为;是否涉嫌提供虚假会计信息或因其他违法违规行为被监管部门查处;高管是否存在非正常死亡、失踪或涉嫌违反法律法规案件被查处情况;国家最新制度变化是否对客户生产经营产生重大影响等 |
| 审核资本金按计划到位的落实情况 | 确认项目资本金到位的方式主要包括查验注册资本证明、核对存放资本金账户的资金进出情况,对于已经用于项目的资本金,还可以核对发票或者交易合同与付款凭证等。审核申请提款金额是否与项目进度相匹配。固定资产贷款应根据项目的实际进度和资金需求发放。在项目进度审核中,应关注以下特殊情况:①对于固定资产投资项目,贷款人一般要求借款人提供第三方机构参与签署的确认项目进度和质量的书面文件,包括但不限于借款人、承包商以及第三方机构共同签署的单据等。②对于因物价、运输等原因需提前采购部分建设用料的,要着重审核其提前采购的合理性,并关注其对外付款时间,确保在借款人需要对外支付时发放贷款。③对于房地产开发贷款,要在贷款合同中明确银行参与项目的监督;借款人提款原则上遵循"逐笔审核,形成资产才可提款支付"的原则,即提款主要用于支付开发商已投入并已形成资产的应付费用 |
| 审核提款申请是否与贷款约定用途一致 | 对于采用贷款人受托支付的,还要审查提款申请、借据中所列金额、支付对象是否与贷款用途证明材料一致。另外,审核借款人交易对手或收款人名称、开户银行、账号、付款金额、用途等基本要素是否与交易合同、发票凭证、监理部门出具的证明等资料一致,是否与借款合同约定的借款用途与支付要求相一致 |

（4）其他职责。放款执行部门还可以参与贷后管理工作:①参与授信业务的监测、检查与管理工作;②做好贷款存续期内各项贷款限制性条件的监督落实;③配合做好贷款到期及提前收回的本息管理工作;④对授信额度的使用进行监控,统一监控集团客户关联公司的授信额度使用情况;⑤按照授信部门的审批要求,实时办理授信额度的调用等。

3.建立并完善对放款执行部门的考核和问责机制

银行业金融机构要充分认识到贷款发放与支付环节对于信贷业务风险控制的重要意义,维护放款执行部门的独立性,建立并完善放款执行部门的考核和问责机制,通过建立正向激励考核机制和问责机制,督促放款执行部门有效认真履职。

（单选）贷放分控中的"贷",不包括的环节是(　　)。
A.贷款调查　　　　　　　　　　B.贷款审查
C.贷款审批　　　　　　　　　　D.贷款发放

【答案】D

【解析】贷放分控是指银行业金融机构将贷款审批与贷款发放作为两个独立的业务环节，分别进行管理和控制，以达到降低信贷业务操作风险的目的。贷放分控中的"贷"是指信贷业务流程中贷款调查、贷款审查和贷款审批等环节，尤其是指贷款审批环节，以区别贷款发放与支付环节。

## 二、贷款发放管理

### （一）贷款发放的原则

**1. 进度放款原则**

在固定资产贷款发放过程中，银行应按照完成工程量的多少进行付款。若是分次发放或发放手续较复杂，银行应在计划提款日前与借款人取得联系。借款人如需变更提款计划，应于计划提款日前合理时间内，向银行提出申请，并征得银行同意。

**2. 计划、比例放款原则**

银行应按照已批准的贷款项目年度投资计划所规定的建设内容、费用，准确、及时地提供贷款。借款人用于建设项目的其他资金（自筹资金和其他银行贷款）应先于贷款或与贷款同比例支用。

**3. 资本金足额原则**

银行需审查建设项目的资本金是否已足额到位。若因特殊原因不能按时足额到位，贷款支取的比例也应同步低于借款人资本金到位的比例。另外，贷款原则上不能用于借款人的资本金、股本金和企业其他需自筹资金的融资。

### （二）贷款发放的条件

**1. 先决条件**

贷款发放的重要先决条件，应在借款合同内加以规定。贷款实务操作中，先决条件文件会因贷款而异，银行应针对贷款的实际要求，根据借款合同的约定进行对照审查，分析是否齐备或有效。首次放款的先决条件文件见下表：

| 类型 | 内容 |
| --- | --- |
| 贷款类文件 | （1）借贷双方已正式签署的借款合同。<br>（2）银行之间已正式签署的贷款协议（多用于银团贷款） |
| 公司类文件 | （1）企业法人营业执照、批准证书、成立批复。<br>（2）公司章程。<br>（3）全体董事的名单及全体董事的签字样本。<br>（4）就同意签署并履行相关协议而出具的董事会决议（包括保证人）。<br>（5）就授权有关人士签署相关协议而出具的授权委托书以及有关人士的签字样本（包括保证人）。<br>（6）其他必要文件的真实副本或复印件 |

续表

| 类型 | 内容 |
|---|---|
| 与项目有关的协议 | （1）已正式签署的合营合同。<br>（2）已正式签署的建设合同或建造合同。<br>（3）已正式签署的技术许可合同。<br>（4）已正式签署的商标和商业名称许可合同。<br>（5）已正式签署的培训和实施支持合同。<br>（6）已正式签署的土地使用权出让合同。<br>（7）其他必要文件合同 |
| 担保类文件 | （1）已正式签署的抵（质）押协议。<br>（2）已正式签署的保证协议。<br>（3）保险权益转让相关协议或文件。<br>（4）其他必要性文件 |
| 与登记、批准、备案、印花税有关的文件 | （1）借款人所属国家主管部门就担保文件出具的同意借款人提供该担保的文件。<br>（2）海关部门就同意抵押协议项下进口设备抵押出具的批复文件。<br>（3）房地产登记部门就抵押协议项下房地产抵押颁发的房地产权利及其他权利证明。<br>（4）工商行政管理局就抵押协议项下机器设备抵押颁发的企业动产抵押物登记证。<br>（5）车辆管理部门就抵押协议项下车辆抵押颁发的车辆抵押登记证明文件。<br>（6）已缴纳印花税的缴付凭证。<br>（7）贷款备案证明 |
| 其他类文件 | （1）政府主管部门出具的同意项目开工批复。<br>（2）项目土地使用、规划、工程设计方案的批复文件。<br>（3）贷款项目（概）预算资金（包括自筹资金）已全部落实的证明。<br>（4）对建设项目的投保证明。<br>（5）股东或政府部门出具的支持函。<br>（6）会计师事务所出具的验资报告和注册资本占用情况证明。<br>（7）法律意见书。<br>（8）财务报表。<br>（9）其他的批文、许可或授权、委托、费用函件等 |
| 以后每次放款需提交的文件 | （1）提款申请书。<br>（2）借款凭证。<br>（3）银行认可的工程进度报告和成本未超支的证明。<br>（4）贷款用途证明文件。<br>（5）其他贷款协议规定的文件 |

### 2.担保手续的完善

在向借款人发放贷款前,银行必须按照批复的要求,落实担保条件,完善担保合同和其他担保文件及有关法律手续。

(1)对于提供抵(质)押担保的:①可以办理登记或备案手续的,应先完善有关登记、备案手续;②如抵(质)押物无明确的登记部门,则应先将抵(质)押物的有关产权文件及其办理转让所需的有关文件正本交由银行保管,并且将抵(质)押合同在当地的公证部门进行公证;③特别注意抵(质)押合同的生效前提条件。

(2)对于以金融机构出具的不可撤销保函或备用信用证作担保的,应在收妥银行认可的不可撤销保函或备用信用证正本后,才能允许借款人提款。

(3)对于有权出具不可撤销保函或备用信用证的境外金融机构以外的其他境外法人、组织或个人担保的保证,必须就保证的可行性、保证合同等有关文件征询银行指定律师的法律意见,获得书面法律意见,并完善保证合同、其他保证文件及有关法律手续后,才能允许借款人提款。

(单选)担保类文件不包括( )。
A.保险权益转让相关协议或文件
B.已正式签署的抵(质)押协议
C.全体董事的名单及全体董事的签字样本
D.已正式签署的保证协议
【答案】C
【解析】担保类文件包括:(1)已正式签署的抵(质)押协议;(2)已正式签署的保证协议;(3)保险权益转让相关协议或文件;(4)其他必要性文件。

### (三)贷款发放审查

#### 1.贷款合同审查

银行应对借款人提款所对应的贷款合同进行认真核查。信贷业务中涉及的合同主要有贷款合同、保证合同、抵押合同、质押合同等。

(1)贷款合同

贷款合同条款的审查应着重于合同核心部分即合同必备条款的审查,借款合同中的必备条款有:①贷款种类;②贷款用途;③贷款金额;④贷款利率;⑤还款方式;⑥还款期限;⑦违约责任和双方认为需要约定的其他事项。

(2)保证合同

保证合同的条款审查应注意以下条款:①被保证的贷款数额;②借款人履行债务的期限;③保证的方式;④保证担保的范围;⑤保证期间;⑥双方认为需要约定的其他事项。

（3）抵押合同

抵押合同的条款审查应注意以下条款：①抵押贷款的种类和数额；②借款人履行贷款债务的期限；③抵押物的名称、数量、质量、状况、所在地、所有权权属或使用权权属及抵押的范围；当事人认为需要约定的其他事项。

（4）质押合同

质押合同的条款审查应注意以下条款：①质押担保的贷款数额；②借款人履行债务的期限；③质物的名称、数量、质量；④质押担保的范围；⑤质物移交的时间；⑥质物生效的时间；⑦当事人认为需要约定的其他事项。

**2. 提款金额及期限审查**

首先应审查确认拟提款金额是否在合同可提款金额内。其次在长期贷款项目中，通常会包括提款期、宽限期和还款期。银行应审查借款人是否在规定的提款期内提款。除非借贷双方同意延长，否则提款期过期后无效，未提足的贷款不能再提。

**3. 用款申请材料检查**

（1）审查和监督借款人的借款用途和提款进度。要注意审查借款人提款用途与合同约定贷款用途的符合性，监督提款进度。借款人提款用途通常包括土建费用、工程设备款、购买商品费用、在建项目进度款、支付劳务费用、其他与项目工程有关的费用、用于临时周转的款项等。

（2）审核借款凭证。借款人办理提款，应在提款日前填妥借款凭证。借款人名称、提款日期、提款用途等各项都必须准确、完整地填写，并加盖借款人在银行的预留印鉴。业务人员要根据借款合同认真审核，确认贷款用途、日期、金额、账号、预留印鉴等正确、真实无误后，在借款人填妥借款凭证的相应栏目签字，交由有关主管签字后进行放款的转账处理。

除非借款合同另有规定，银行不能代客户填写借款凭证，一般情况下，应要求借款人填妥借款凭证送银行审核后办理放款转账。

（3）变更提款计划及承担费的收取。借款人在借款合同签订后，若需改变提款计划，则应按照借款合同的有关条款规定办理，或在原计划提款日以前的合理时间内向银行提出书面申请，并得到银行同意。

根据国际惯例，在借款合同中规定，变更提款应收取承担费。借款人在提款有效期内若部分或全额未提款，应提未提部分的贷款可根据借款合同的规定收取承担费。公司业务部门在借款人的提款期满之前，将借款人应提未提的贷款额度通知借款人。

**4. 账户审查**

银行应审查有关的提款账户、还本付息账户或其他专用账户是否已经开立，账户性质是否已经明确，避免出现贷款使用混乱或被挪作他用。

**5. 提款申请书审查**

银行应当对提款申请书中写明的提款日期、提款金额、划款途径等要素进行核查，确保提款手续正确无误。

### (四)放款操作程序

由于各银行目前对公司业务人员前、后台工作的职责分工、内部机构设置存在差异,各银行应根据自身实际情况制定详细的提款操作细则,规范贷款执行阶段的操作程序。

#### 1.操作程序

(1)借款人按合同要求提交提款申请和其他有关资料。
(2)银行受理借款人提款申请书。
(3)贷款发放审查。
(4)有关用款审批资料按内部审批流程经有权签字人签字同意。
(5)按账务处理部门的要求提交审批及相关用款凭证办理提款手续。
(6)所提贷款款项入账后,向账务处理部门索取有关凭证,入档案卷保存。
(7)建立台账并在提款当日记录。

#### 2.注意事项

银行在办理放款手续时,应注意:
(1)借款人是否已办理开户手续。
(2)提款日期、金额及贷款用途是否与合同一致。
(3)是否按中国人民银行企业征信系统的要求及时更新数据信息并发送。
(4)是否按国家外汇管理局的要求报送数据。

### (五)停止发放贷款的情况

#### 1.挪用贷款的情况

(1)挪用贷款进行股本权益性投资(并购贷款除外)。
(2)挪用贷款在有价证券、期货等方面从事投机经营。
(3)未依法取得经营房地产资格的借款人挪用贷款经营房地产业务。
(4)套取贷款相互借贷牟取非法收入。
(5)借款企业挪用流动资金搞基本建设或用于其他不符合合同约定的用途。

#### 2.其他违约情况

(1)未按合同规定清偿贷款本息,说明借款人在财务安排上已出现问题,或者主观故意违约,此时不宜再发放贷款。
(2)违反国家政策法规,使用贷款进行非法经营。

#### 3.违约后的处理

在贷款发放阶段,银行务必密切关注借款人的资金使用方向,一旦出现上述或其他影响企业偿债能力的违约情况,要立即终止借款人提款,并可视具体情况提前收回贷款。情况严重的,应采取进一步的措施,积极防范授信风险。银行有权分别或同时采取下列措施:

(1)要求借款人限期纠正违约事件。
(2)停止借款人提款或取消借款人尚未提用的借款额度。
(3)宣布贷款合同项下的借款本息全部立即到期,根据合同约定立即从借款人在银行

# 第八章 贷款合同与发放支付

开立的存款账户中扣款用于偿还被银行宣布提前到期的所欠全部债务。

（4）宣布借款人在与银行签订的其他贷款合同项下的借款本息立即到期，要求借款人立即偿还贷款本息及费用。

（单选）下列有关商业银行贷款发放审查事项的表述，错误的是(　　)。

A.商业银行公司业务部门须在借款人的提款额满之后，将借款人应提未提的贷款额度通知借款人

B.借款人办理提款，应在提款日前填妥借款凭证，并加盖借款人在银行的预留印鉴

C.借款人提款用途通常包括土建费用、工程设备款、购买商品费用、在建项目进度款、支付劳务费用、其他与项目工程有关的费用、用于临时周转的款项等

D.银行应审查借款人是否在规定的提款期内提款

【答案】A

【解析】A选项，公司业务部门在借款人的提款期满之前，将借款人应提未提的贷款额度通知借款人。

## 第三节　贷款支付

### 一、实贷实付

#### （一）实贷实付的含义

实贷实付是指银行业金融机构根据贷款项目进度和有效贷款需求，在借款人需要对外支付贷款资金时，根据借款人的提款申请以及支付委托，将贷款资金主要通过贷款人受托支付的方式，支付给符合合同约定的借款人交易对象的过程。其核心要义有以下四个方面：

**1. 满足有效信贷需求是实贷实付的根本目的**

满足有效信贷需求是信贷风险管理的最起码要求。近年来，我国银行业金融机构基本建立了全面风险管理体系，信用风险管理水平得到长足发展。与此同时，贷款资金闲置甚至贷款挪用的问题仍然存在。脱离有效信贷需求的突击发放贷款并非贷款管理的常态，而是完全背离风险管理常识的冒险行为。离开有效信贷需求的信贷投放，全面风险管理只能是纸上谈兵。

**2. 按进度发放贷款是实贷实付的基本要求**

欧美银行业金融机构在贷款发放过程中，要求根据项目进度和借款人项目资金运用情况按比例发放贷款，及时慎重地调整贷款发放的节奏和数量，这是贷款发放的最基本要求。这样做的理由是信贷融资从本质上属于风险融资。

163

### 3.受托支付是实贷实付的重要手段

通过受托支付,银行业金融机构将信贷资金支付给借款人的交易对象,确保了贷款实际用途与约定用途相一致,有效地降低了信贷风险。同时,由于贷款基本不在借款人账户上停留,借款人的财务成本大大降低。加上大量信贷资金不再"空转",而是流向确实需要贷款的企业,受托支付最终形成银企双赢的局面。

### 4.协议承诺是实贷实付的外部执行依据

实贷实付要求贷款人事先与借款人约定明确、合法的贷款用途,约定贷款发放条件、支付方式、接受监督以及违约责任等事项。协议承诺是廓清借款人与贷款人权利义务边界和法律纠纷的重要依据,也是督促借款人配合实施实贷实付的法律保证。

## (二)推行实贷实付的现实意义

### 1.有利于将信贷资金引入实体经济

通过要求银行根据借款人有效信贷需求和项目进度,采取向借款人交易对象支付的受托支付的贷款支付方式,不仅为借款人"量用为借",节约大量财务成本,更有利于解决长期以来备受诟病的信贷资金挪用问题,监督并确保银行信贷资金真正进入实体经济,在满足有效信贷需求的同时严防信贷挪用,杜绝信贷资金违规流入股票市场等限制性领域的恶性违规问题。

### 2.有利于加强贷款使用的精细化管理

实贷实付原则通过创新贷款支付管理方式、严格贷款支付管理要求、落实贷款支付管理部门职责等具体措施,督促银行业金融机构有效提升信贷风险管理的能力,尤其是有效管控支付环节风险的能力。需要指出的是,针对固定资产贷款、流动资金贷款的不同特点,在受托支付的标准上是有差异的,这对于实现银行业金融机构信贷风险管理的差异化和精细化大有裨益。

### 3.有利于银行业金融机构管控信用风险和法律风险

实贷实付原则不仅强调借款人遵守协议承诺和诚实申贷的原则,而且要求贷款人在贷款合同中约定对强化信贷风险有实质意义的条款,通过贷款合同来约束借款人的行为,锁定法律责任。另外,实贷实付原则对于提款条件的设置、贷款人对贷款资金支付管理和控制机制、账户监控等合同条款的要求,都是对贷款合同提出的新要求。这些新的规定与要求为保障贷款发放、支付以及贷后管理过程中的有效管理提供了抓手和依据,有利于银行业金融机构加强对信用风险和法律风险的管理。

(单选)(　　)是指银行业金融机构根据贷款项目进度和有效贷款需求,在借款人需要对外支付贷款资金时,根据借款人的提款申请以及支付委托,将贷款资金主要通过贷款人受托支付的方式,支付给符合合同约定的借款人交易对象的过程。

A.其他支付　　　　　　　　　　B.受托支付

C.自主支付　　　　　　　　D.实贷实付

【答案】D

【解析】实贷实付是指银行业金融机构根据贷款项目进度和有效贷款需求,在借款人需要对外支付贷款资金时,根据借款人的提款申请以及支付委托,将贷款资金主要通过贷款人受托支付的方式,支付给符合合同约定的借款人交易对象的过程。

## 二、受托支付

### (一)贷款人受托支付的含义

贷款人受托支付是指贷款人在确认借款人满足贷款合同约定的提款条件后,根据借款人的提款申请和支付委托,将贷款资金通过借款人账户支付给符合合同约定用途的借款人交易对象。

贷款人受托支付是实贷实付原则的主要体现方式,最能体现实贷实付的核心要求,也是有效控制贷款用途、保障贷款资金安全的有效手段。

### (二)明确受托支付的条件

《流动资金贷款管理暂行办法》要求贷款人应根据借款人的行业特征、经营规模、管理水平、信用状况等因素和贷款业务品种,合理约定贷款资金支付方式及贷款人受托支付的金额标准。具有以下情形之一的流动资金贷款,原则上应采用贷款人受托支付方式:

(1)与借款人新建立信贷业务关系且借款人信用状况一般。

(2)支付对象明确且单笔支付金额较大。

(3)贷款人认定的其他情形。

《固定资产贷款管理暂行办法》规定了固定资产贷款必须采用贷款人受托支付的刚性条件:单笔金额超过项目总投资5%或超过500万元人民币的贷款资金支付,应采用贷款人受托支付方式。在实际操作中,银行业金融机构应依据这些监管的法规要求审慎行使自主权。

### (三)受托支付的操作要点

#### 1.明确借款人应提交的资料要求

在受托支付方式下,银行业金融机构除须要求借款人提供提款通知书、借据外,还应要求借款人提交贷款用途证明材料。借款人应逐笔提交能够反映所提款项用途的详细证明材料。另外,借款人还应提供受托支付所需的相关业务凭证。

#### 2.明确支付审核要求

(1)放款核准情况。确认本笔业务或本次提款是否通过放款核准。对尚未完成放款核准的,应跟踪核准进度及最终结果。

(2)资金用途。审查提款通知书、借据中所列金额、支付对象是否与贷款用途证明材料相符;审查借款人提交的贷款用途证明材料是否与贷款合同约定的用途、金额等要素相符。

(3)借款人所填列账户基本信息是否完整、准确。

(4)其他需要审核的内容。

### 3.完善操作流程

银行业金融机构应制定完善的贷款人受托支付的操作制度,明确放款执行部门内部的资料流转要求和审核规则。对须由会计核算部门进行贷款发放和资金划转的,还应规范放款执行部门与会计核算部门之间资料传递要求,明确各自的职责,确保贷款资金发放到借款人账户后及时支付到借款人交易对象账户。

针对实际操作中可能遇到的问题,贷款人应制定细化的操作指南,明确贷款发放和支付流程中可能遇到的各种情形。

银行业金融机构应创造条件,通过计算机系统对贷款人受托支付方式提供技术支持和保障,以提高规章制度的执行力和业务处理效率。

### 4.合规使用放款专户

银行业金融机构可与借款人约定专门的贷款资金发放账户,并通过该账户向符合合同约定用途的交易对象支付。

(单选)贷款人(    )是指贷款人在确认借款人满足贷款合同约定的提款条件后,根据借款人的提款申请和支付委托,将贷款资金通过借款人账户支付给符合合同约定用途的借款人交易对象。

A.实贷实付　　　　　　　　B.受托支付
C.自主支付　　　　　　　　D.其他支付

【答案】B

【解析】贷款人受托支付是指贷款人在确认借款人满足贷款合同约定的提款条件后,根据借款人的提款申请和支付委托,将贷款资金通过借款人账户支付给符合合同约定用途的借款人交易对象。贷款人受托支付是实贷实付原则的主要体现方式,最能体现实贷实付的核心要求,也是有效控制贷款用途、保障贷款资金安全的有效手段。

## 三、自主支付

### (一)自主支付的含义

自主支付是指贷款人在确认借款人满足合同约定的提款条件后,根据借款人的提款申请将贷款资金发放至借款人账户后,由借款人自主支付给符合合同约定用途的借款人交易对象。

在实际操作中,需要注意两个问题:首先,受托支付是监管部门倡导和符合国际通行做法的支付方式,是贷款支付的主要方式;自主支付是受托支付的补充。其次,借款人自主支付不同于传统意义上的实贷实存,自主支付对于借款人使用贷款设定了相关的措施限制,以确保贷款用于约定用途。

第八章 贷款合同与发放支付

### (二)自主支付的操作要点

#### 1.明确贷款发放前的审核要求

自主支付方式下,借款人提出提款申请后,贷款人应审核借款人提交的用款计划或用款清单所列用款事项是否符合约定的贷款用途,计划或用款清单中的贷款资金支付是否超过贷款人受托支付起付标准或条件。

#### 2.加强贷款资金发放和支付后的核查

借款人自主支付方式下,贷款发放后应要求借款人定期汇总报告贷款资金支付情况。贷款人可要求借款人提交实际支付清单,必要时还应要求借款人提供与实际支付事项相关的交易资料,通过账户分析、凭证查验、现场调查等方式核查贷款支付情况,具体包括:

(1)分析借款人是否按约定的金额和用途实施了支付。
(2)判断借款人实际支付清单的可信性。
(3)借款人实际支付清单与计划支付清单的一致性,不一致的应分析原因。
(4)借款人实际支付是否超过约定的借款人自主支付的金额标准。
(5)借款人实际支付是否符合约定的贷款用途。
(6)借款人是否存在化整为零规避贷款人受托支付的情形。
(7)其他需要审核的内容。

#### 3.审慎合规地确定贷款资金在借款人账户的停留时间和金额

允许借款人自主支付小额贷款资金,是出于兼顾风险控制与工作效率的考虑。在借款人自主支付方式下:

(1)仍应遵从实贷实付原则,既要方便借款人资金支付,又要控制贷款用途。
(2)仍应遵守贷款与资本金同比例到位的基本要求,不得提前放贷。

另外,借款人自主支付方式并不排斥贷款人对贷款资金用途的控制。在借款人自主支付方式下,贷款人也可以与借款人协商采取措施,对贷款资金支付进行监督和控制。

 实战演练

### 一、单项选择题

1.商业银行需审查建设项目的资本金是否已足额到位,这符合银行贷款发放的( )原则。
A.计划、比例放款　　　　　　B.资本金足额
C.进度放款　　　　　　　　　D.适宜相容

2.下列不属于放款执行部门审核中担保落实情况内容的是( )。
A.是否已按要求进行核保
B.担保人的担保资料是否完整、合规、有效

167

C.抵(质)押物保险金额是否覆盖信贷业务金额
D.是否可以事后补办抵(质)押登记

3.审核审批日至放款核准日期间借款人重大风险变化情况的部门是(　　)。
A.授信审批部门　　　　　　　　B.信贷营销部门
C.风险管理部门　　　　　　　　D.放款执行部门

4.固定资产贷款中,对单笔金额超过项目总投资5%或超过(　　)万元人民币的贷款资金交付,应采用贷款人受托支付方式。
A.300　　　　B.800　　　　C.200　　　　D.500

5.在固定资产贷款中,(　　)是实贷实付的基本要求。
A.协议承诺
B.满足有效信贷需求
C.受托支付
D.按进度发放贷款

## 二、多项选择题

6.具有(　　)情形之一的流动资金贷款,原则上应采用贷款人受托支付方式。
A.单笔金额只有超过500万元人民币
B.遵守贷款与资本金同比例到位的基本要求
C.借款人已做出正式承诺
D.与借款人新建立信贷业务关系且借款人信用状况一般
E.支付对象明确且单笔支付金额较大

7.贷款审批书中的限制性条款包括(　　)。
A.偿债优先权的要求　　　　　　B.资本性支出的限制
C.配合贷后管理的要求　　　　　D.对外担保的限制
E.股东分红的限制

8.贷放分控的操作要点主要包括(　　)。
A.设立独立的放款执行部门
B.明确放款执行部门的职责
C.审核银行内部授信流程的合法性、合规性、完整性和有效性
D.建立并完善对放款执行部门的考核和问责机制
E.核准放款前提条件

9.在贷款发放时,对保证合同应着重审查的条款有(　　)。
A.被保证的贷款数额
B.借款人履行债务的期限
C.保证的方式
D.保证担保的范围
E.保证期间

### 三、判断题

10. 同笔贷款的合同填写人与合同复核人不得为同一人。（  ）
    A.正确  B.错误

11. 审慎合规地确定贷款资金在借款人账户的停留时间和金额是贷款自主支付的操作要点之一。（  ）
    A.正确  B.错误

12. 抵押权人若在主债权诉讼时效期间未行使抵押权，人民法院不予保护。（  ）
    A.正确  B.错误

 参考答案及解析

### 一、单项选择题

1.B 【解析】资本金足额原则是指银行需审查建设项目的资本金是否已足额到位。若因特殊原因不能按时足额到位，贷款支取的比例也应同步低于借款人资本金到位的比例。

2.D 【解析】放款执行部门审核中担保落实情况主要包括：（1）担保人的担保行为是否合规，担保资料是否完整、合规、有效；（2）是否已按要求进行核保，核保书内容是否完整、准确；（3）抵（质）押率是否符合规定；（4）是否已按规定办理抵（质）押登记；（5）抵（质）押登记内容与审批意见、抵（质）押合同、抵（质）押物清单、抵（质）押物权属资料是否一致；（6）是否已办理抵（质）押物保险，保险金额是否覆盖信贷业务金额等。

3.D 【解析】放款执行部门的主要审核内容包括：（1）审核合规性要求的落实情况；（2）审核限制性条款的落实情况；（3）核实担保的落实情况；（4）审核审批日至放款核准日期间借款人重大风险变化情况；（5）审核资本金按计划到位的落实情况；（6）审核提款申请是否与贷款约定用途一致。

4.D 【解析】《固定资产贷款管理暂行办法》规定了固定资产贷款必须采用贷款人受托支付的刚性条件：单笔金额超过项目总投资5%或超过500万元人民币的贷款资金支付，应采用贷款人受托支付方式。在实际操作中，银行业金融机构应依据这些监管的法规要求审慎行使自主权。

5.D 【解析】按进度发放贷款是实贷实付的基本要求。欧美银行业金融机构在贷款发放过程中，要求根据项目进度和借款人项目资金运用情况按比例发放贷款，及时慎重地调整贷款发放的节奏和数量，这是贷款发放的最基本要求。

### 二、多项选择题

6.DE 【解析】具有以下情形之一的流动资金贷款，原则上应采用贷款人受托支付方式：（1）与借款人新建立信贷业务关系且借款人信用状况一般；（2）支付对象明确且单笔支付金额较大；（3）贷款人认定的其他情形。

7.ABCDE 【解析】除A、B、C、D、E选项外，贷款审批书中的限制性条款还包括：

（1）办理具体贷款业务品种、额度、期限及保证金比例的要求；（2）贷款担保方面的要求；（3）对资产负债率等核心偿债能力、流动性、盈利性等财务指标的要求；（4）贷款支付金额、支付对象的要求；（5）资本出售的限制；（6）兼并收购的限制；（7）交叉违约的限制；（8）确定借款人的交易对手名单、交易商品，必要时限定交易商品价格波动区间和应收账款账龄；（9）锁定借款人贷款对应的特定还款来源，提出明确还款来源、监督客户物流与现金流的具体措施，并落实贷款的贷后管理责任人；（10）其他限制性条件。

8.ABD 【解析】C、E选项属于放款执行部门的职责。

9.ABCDE 【解析】贷款发放时，对保证合同的条款审查主要应注意以下条款：（1）被保证的贷款数额；（2）借款人履行债务的期限；（3）保证的方式；（4）保证担保的范围；（5）保证期间；（6）双方认为需约定的其他事项。

### 三、判断题

10.A 【解析】合同填写完毕后，填写人员应及时将合同文本交合同复核人员进行复核。同笔贷款的合同填写人与合同复核人不得为同一人。

11.A 【解析】自主支付的操作要点包括：（1）明确贷款发放前的审核要求；（2）加强贷款资金发放和支付后的核查；（3）审慎合规地确定贷款资金在借款人账户的停留时间和金额。

12.A 【解析】《中华人民共和国民法典》第四百一十九条规定："抵押权人应当在主债权诉讼时效期间行使抵押权；未行使的，人民法院不予保护。"

# 第九章 贷后管理

## 思维导图

贷后管理
- 对借款人的贷后监控
  - 经营状况监控
  - 管理状况监控
  - 财务状况监控
  - 与银行往来情况监控
  - 其他外部评价监控
- 贷款用途及还款账户监控
  - 贷款资金用途监控
  - 还款账户监控
- 担保管理
  - 保证人管理
  - 抵（质）押品管理
  - 担保的补充机制
- 风险预警
  - 风险预警程序
  - 风险预警指标体系
  - 风险预警的处置
- 信贷业务到期处理
  - 贷款偿还操作及提前还款处理
  - 贷款展期处理
  - 小微企业续贷
  - 依法收贷
  - 贷款总结评价
- 档案管理
  - 档案管理的原则和要求
  - 信贷档案管理
  - 客户档案管理

## 直击考纲

1. 掌握借款人贷后监控的基本内容。
2. 掌握贷款用途及还款账户监控。

171

3.掌握保证人管理、抵（质）押品管理以及担保的补充机制。
4.掌握风险预警的程序、指标体系和处置。
5.掌握信贷业务到期处理的方法。
6.熟悉档案管理的内容和要求。

# 第一节 对借款人的贷后监控

## 一、经营状况监控

### 1.对信贷人员的要求

公司信贷业务人员应培养良好的观察能力，力求对企业进行全面、广泛的了解。

（1）注意企业在日常的商务活动中是否出现不讲诚信的行为，是否出现隐瞒经营情况的现象及其他各种异常情况。

（2）对异常的经营情况和财务变动一定要进行调查和分析，找出问题根源。

### 2.经营风险的主要体现

（1）主要数据在行业统计中呈现出不利的变化或趋势。

（2）经营活动发生显著变化，出现停产、半停产或经营停止状态。

（3）业务性质、经营目标或习惯做法改变。

（4）持有一笔大额订单，不能较好地履行合约。

（5）不能适应市场变化或客户需求的变化。

（6）兼营不熟悉的业务、新的业务或在不熟悉的地区开展业务。

（7）产品结构单一。

（8）在供应链中的地位关系变化，如供应商不再供货或减少信用额度。

（9）对一些客户或供应商过分依赖，可能引起巨大的损失。

（10）对存货、生产和销售的控制力下降。

（11）购货商减少采购。

（12）企业的地点发生不利的变化或分支机构分布趋于不合理。

（13）收购其他企业或者开设新销售网点，对销售和经营有明显影响，如收购只是出于财务动机，而与核心业务没有密切关系。

（14）出售、变卖主要的生产性、经营性固定资产。

（15）厂房和设备未得到很好的维护，设备更新缓慢，缺乏关键产品生产线。

（16）借款人的产品质量或服务水平出现明显下降。

（17）建设项目的可行性存在偏差，或计划执行出现较大的调整，如基建项目的工期延长，或处于停缓状态，或预算调整。

（18）流失一大批财力雄厚的客户。

（19）遇到台风、火灾、战争等严重自然灾害或社会灾难。

（20）企业未实现预定的盈利目标。

（21）关联交易频繁，关联企业之间资金流动不透明或不能明确解释。

### 3.监控内容

| 要点 | 内容 |
| --- | --- |
| 固定资产贷款 | 贷款人应定期对借款人和项目发起人的履约情况及信用状况、宏观经济变化和市场波动情况、贷款担保的变动情况等内容进行检查与分析，建立贷款质量监控制度和贷款风险预警体系 |
| 项目融资业务 | 在贷款存续期间，贷款人应当持续监测项目的建设和经营情况，根据市场环境、宏观经济变动等因素，定期对项目风险进行评价，并建立贷款质量监控制度和风险预警体系 |
| 流动资金贷款 | 贷款人应加强贷款资金发放后的管理，针对借款人所属行业及经营特点，通过定期与不定期的现场检查与非现场监测，分析借款人经营、财务、信用、支付、担保及融资数量和渠道变化等状况，掌握各种影响借款人偿债能力的风险因素 |
| 集团客户 | 银行应定期或不定期开展针对整个集团客户的联合调查，掌握其整体经营和财务变化情况；核查借款人整体负债情况、多元化经营情况、关联方及关联交易等情况及变化趋势；核查客户或其主要股东向其他企业或个人提供抵(质)押物担保或保证情况 |

## 二、管理状况监控

### 1.管理状况监控的含义

管理状况监控是对企业整体运营管理的情况调查，尤其是对不利变化情况的调查。此部分调查的特点是对"人及其行为"的调查。

### 2.企业管理状况风险的主要体现

（1）管理层对环境和行业中的变化反应迟缓或管理层经营思想变化，表现为极端的冒进或保守。

（2）企业发生重要人事变动，如高级管理人员或董事会成员变动，最主要领导者的行为发生变化，患病或死亡，或陷入诉讼纠纷，无法正常履行职责。

（3）最高管理者独裁，领导层不团结，高级管理层之间出现严重的争论和分歧；职能部门矛盾尖锐，互相不配合，管理层素质偏低。

（4）管理层对企业的发展缺乏战略性的计划，缺乏足够的行业经验和管理能力，导致经营计划没有实施及无法实施。

（5）董事会和高级管理人员以短期利润为中心，不顾长期利益而使财务发生混乱、收益质量受到影响。

(6)客户的主要股东、关联企业或母子公司等是否发生重大不利变化;股东是否有抽逃资金的现象;客户是否出现兼并、收购、分立、重组等重大体制改革,股东结构发生实质性不利变化,可能影响到贷款安全。

(7)股东间发生重大纠纷且不能在短期内妥善解决;股东或主要管理人员是否涉嫌重大贪污、受贿、舞弊、违法经营案件或其他重大负面信息。

(8)中层管理者是否短期内多人离职,特别是财务、市场等要害部门的中层管理者离职;中层管理人员是否较为薄弱,企业人员是否更新过快或员工不足;是否出现重大劳资纠纷且不能在短期内妥善解决。

(9)主要控制人或高级管理者出现个人征信问题、涉及民间借贷或涉及赌博等行为。

### 3. 监控内容

(1)重点关注借款人的组织架构、公司治理、内部控制及法定代表人和经营管理团队的资信等情况,包括客户管理者的人品、诚信度、授信动机以及道德水准等。

(2)对中小企业,需准确考核企业实际控制人情况,包括客户业主或主要股东个人及其家庭其他投资、资产负债及或有负债情况;客户业主或主要股东家庭成员情况、家庭居住情况,婚姻状况,家庭大致日常收入、生活开支情况;客户业主或主要股东个人资信情况,企业和个人征信信息;客户在市场监督、税务、海关等部门的信用记录等。

(单选)贷后监控中,具有对"人及其行为"调查特点的是( )。
A.经营状况监控  B.管理状况监控
C.财务状况监控  D.与银行往来情况监控
【答案】B
【解析】管理状况监控是对企业整体运营的系统情况调查,尤其是对不利变化情况的调查。此部分调查的特点是对"人及其行为"的调查。

### 三、财务状况监控

财务状况变化是企业还款能力变化的直接反映。银行应定期收集符合会计制度要求的企业财务报表,关注并分析异常的财务变动和不合理的财务数据,还可对贷款存续期间借款人的资产负债率、流动比率、速动比率、销售收入增减幅度、利润率、分红比率等财务指标提出控制要求,加强企业财务数据的纵横向比较和数据之间的钩稽关系,防止企业篡改财务信息的现象。

企业的财务风险主要体现在:
(1)应收账款异常增加。
(2)银行账户混乱,到期票据无力支付。
(3)产品积压、存货周转率大幅下降。

（4）企业关键财务指标是否发生重大不利变化，包括盈利能力、资产质量、债务风险、经营增长状况等指标恶化。

（5）财务记录和经营控制混乱。

（6）短期负债增加失当，长期负债大量增加。

（7）经营性净现金流量持续为负值。

（8）企业销售额下降，成本提高，收益减少，经营亏损。

（9）不能及时报送会计报表，或会计报表有造假现象。

（10）流动资产占总资产比重大幅下降。

（11）客户存在过度交易或盲目扩张行为，表现在长期投资与投资收益相比增长过快，营运资金与EBITDA（税息折旧及摊销前利润）相比金额较大等。

（12）对外担保率超过100%、对单一客户担保额过大、有同质企业互保、担保链或对外担保已出现垫款的现象。

（13）财务成本不合理上升、高成本融资不合理增加，显示企业流动性出现问题。

除上述监控内容外，银行应核实企业提供的财务报表。同时，银行还应对应收账款、存货、对外投资、销售额等关键性数据进行抽样核实，并进行横向（同类客户之间）和纵向（同一客户不同时间）的比较，以判断其财务数据是否合理，企业经营有无异常情况。

### 四、与银行往来情况监控

企业与银行等金融机构的往来、履约情况直接反映了企业的交易和信用状况。银行应通过观察借款人与银行的资金往来情况，核查企业的银行对账单，分析公司最近的经营情况，并对异常的划款行为进行调查分析。

与银行往来异常现象包括：

（1）对短期贷款依赖较多，要求贷款展期。

（2）还款来源没有落实或还款资金主要为非销售回款。

（3）贷款超过了借款人的合理支付能力。

（4）借款人在银行的存款有较大幅度下降。

（5）在多家银行开户（公司开户数明显超过其经营需要）。

（6）借款人有抽逃资金的现象，同时仍在申请新增贷款。

（7）借款人在资金回笼后，在还款期限未到的情况下挪作他用，增加贷款风险。

（8）客户在金融机构贷款余额大幅变动或授信政策调整。

（9）客户授信出现贷款逾期、不能按时偿还利息等情况。

（10）以本行贷款偿还其他银行债务。

（11）存在长期借新还旧或短贷长用严重问题，要求贷款展期。

（12）存在套取贷款资金、关联方占款或民间借贷等嫌疑。

银行应及时整理、更新有关企业信息，对重大情况应及时报告，并形成文字材料存档。

## 五、其他外部评价监控

除上述通过了解企业本身情况分析外，银行信贷业务人员还应通过内外部信息渠道(如其合作单位、监管部门、咨询机构、政府管理部门、新闻媒介等)及时了解客户信息，并注意信息来源的广泛性、全面性、权威性和可靠性，以便于全面掌握客户情况。

具体内容包括：(1)了解借款人是否涉及偷、逃、骗税等违法经营行为；(2)是否涉及重大金额违约等诉讼和仲裁案件，是否涉及司法执行；(3)是否涉及主要资产、结算账户被有权机关查询、扣划、冻结；(4)是否被列入环保、质监、海关等系统负面清单中；(5)是否被外部评级机构下调评级或涉及负面舆论报道，存在声誉风险；(6)借款人及其主要股东、高管、重要交易对手等是否被列入反洗钱名单及制裁合规名单中等。

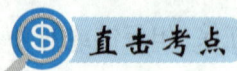

（单选）(　　)是企业还款能力变化的直接反映，银行应定期收集符合会计制度要求的企业财务报表。

A.经营状况变化　　　　　　　　B.管理状况变化
C.财务状况变化　　　　　　　　D.还款账户变化

【答案】C
【解析】财务状况变化是企业还款能力变化的直接反映，银行应定期收集符合会计制度要求的企业财务报表，关注并分析异常的财务变动和不合理的财务数据，还可对贷款存续期间借款人的资产负债率、流动比率、速动比率、销售收入增减幅度、利润率分红比率等财务指标提出控制要求。

# 第二节　贷款用途及还款账户监控

## 一、贷款资金用途监控

银行信贷从业人员应严格按照贷款新规对借款人的提用款项进行受托支付，对于实施自主支付的提款，在日常贷后管理中，必须密切监控资金流向，落实相关商务、劳务合同、增值税发票等材料的收集与核对，做好交易背景真实性的验证，通过对资金交易行为的分析，判断该笔资金用途是否符合贷款约定用途。

对于自主支付资金，应重点关注以下情况：
（1）自主支付资金是否进入集团资金池进行统筹使用。
（2）自主支付的用途是否合理，是否违反约定用途，如违规进入股市、房地产等。
（3）自主支付的交易对手是否为关联企业，若为关联企业应进一步了解交易的合理性。

（4）自主支付的交易对手是否属于借款人正常经营业务的供货商、服务商等机构。

（5）单笔自主支付的金额是否存在超过约定受托支付最低限额的情况。

（6）借款人是否存在与同一交易对手在一天或者连续几天内发生多笔累计超过约定受托支付最低限额的交易，涉嫌以"化整为零"方式规避受托支付管理的情况。

在借款人自主支付情况下，银行应定期汇总资金支付情况，对借款人账户资金支付情况进行事后分析，通过账户分析、凭证查验、现场调查等方式核查贷款支付是否符合约定用途。对于认定贷款资金违反合同约定的，银行应按合同约定对该客户采取降低受托支付起点金额、要求划回违约支付的贷款资金或停止贷款资金发放等限制措施。

## 二、还款账户监控

通过对日常生产经营资金进出账户、大额异常资金流动的全面监控和分析，银行业金融机构可以真实、全面、立体地了解借款人经营的全貌，有效确保贷款足额、及时归还。

### 1. 固定资产贷款

当借款人信用状况较好、贷款安全系数较高时，银行业金融机构可不要求借款人开立专门的还款准备金账户；当借款人信用状况较差、贷款安全受到威胁时，出于有效防范和化解信贷风险的考虑，银行应要求其开立专门的还款准备金账户，并与借款人约定对账户资金进出、余额或平均存量等的最低要求。

一旦贷款人与借款人约定了专门还款准备金账户，为切实达到保障还款的目的，在贷后管理过程中，应加强对该账户的监测与控制。如果借款人没有达到约定条件，贷款人有权视风险情况采取有效措施保障贷款安全。

### 2. 项目融资

对于项目融资业务，贷款人应要求借款人指定专门的项目收入账户，并约定所有项目的资金收入均须进入此账户。贷款人应对项目收入账户进行监测，当账户资金流动出现异常时，应及时查明原因并采取相应措施。

### 3. 流动资金贷款

贷款人应通过借款合同的约定，要求借款人指定专门的资金回笼账户并及时提供该账户的资金进出情况。贷款人可根据借款人的信用状况、融资情况等，与借款人协商签订账户管理协议，明确约定对指定账户回笼资金进出的管理。

在对借款人实行动态监测的过程中，要特别关注大额资金、与借款人现有的交易习惯、交易对象等存在明显差异的资金，以及关联企业间资金的流入流出情况，及时发现风险隐患。特别是当贷款已经形成不良时，银行更要积极开展有效的贷后管理工作，通过专门还款账户监控、押品价值监测与重评估等手段控制第一还款来源和第二还款来源，最大限度地保护银行债权。

### 直击考点

（单选）银行在对借款人实行动态监测的过程中，要特别关注的情况不包括（　　）。
A.与借款人现有的交易习惯、交易对象等存在明显差异的资金
B.大额资金
C.关联企业间资金
D.小额资金
【答案】D
【解析】在对借款人实行动态监测的过程中，要特别关注大额资金、与借款人现有的交易习惯、交易对象等存在明显差异的资金，以及关联企业间资金的流入流出情况，及时发现风险隐患。特别是当贷款已经形成不良时，银行更要积极开展有效的贷后管理工作，通过专门还款账户监控、押品价值监测与重评估等手段控制第一还款来源和第二还款来源，最大限度地保护银行债权。

## 第三节　担保管理

### 一、保证人管理

贷款保证的目的是对借款人按约、足额偿还贷款提供保障。因此，银行应特别注意保证的有效性，并在保证期内向保证人主张权利。

#### 1.保证人日常管理

（1）分析保证人保证实力的变化

监控保证人的财务状况、现金流量、或有负债、信用评级等情况的变化会直接影响其担保能力。银行应以对待借款人的管理措施对待保证人。集团客户母公司提供担保应综合分析企业本部报表和合并报表判断保证人的保证实力。若发现影响实际承担保证实力的情况，应及时采取措施，要求借款人和保证人共同努力恢复其担保能力或提供更加有效的担保。

（2）了解保证人保证意愿的变化

良好的保证意愿是保证人提供保证和准备履行保证义务的基础。应密切注意保证人的保证意愿是否出现改变的迹象。如保证人和借款人的关系出现变化，保证人是否出现试图撤销和更改保证的情况。应分析其中的原因，判断贷款的安全性是否受到实质影响并采取相关措施。

#### 2.贷款到期后保证人管理

银行信贷业务人员在贷款本息偿还出现问题时必须及时向保证人主张权利，确保诉讼时效。应确保在保证期间内向保证人主张权利。未与保证人约定保证期间的，应在债务履行期届满之日起6个月内要求保证人承担保证责任。连带责任保证诉讼时效自保证期间届满前债权人要求保证人承担保证责任之日起计算，诉讼时效期间为3年。当借款人出现贷款逾期

第九章 贷后管理

时，银行必须在贷款逾期后10个工作日内向保证人发送履行担保责任通知书进行书面确认。如贷款为分期逐笔到期，则银行应逐笔进行书面确认，逐笔保证3年的诉讼时效。

## 二、抵（质）押品管理

### 1.目的

对抵（质）押品要定期现场检查其完整性和价值变化情况，防止所有权人在未经银行同意的情况下擅自处理抵（质）押品。

### 2.检查内容

(1) 抵（质）押品是否被妥善保管。
(2) 抵（质）押品价值的变化情况。
(3) 抵（质）押品有否被变卖出售或部分被变卖出售的行为。
(4) 抵（质）押品保险到期后有没有及时续投保险。
(5) 抵（质）押品有否被转移至不利于银行监控的地方。
(6) 抵（质）押品的权属证明是否妥善保管、真实有效。
(7) 抵押品有无未经贷款人同意的出租情况。

在抵押期间，抵押物的检查中，经办人员应定期检查抵押物的存续状况以及占有、使用、转让、出租及其他处置行为。如发现抵押人的行为将造成抵押物价值的减少，应要求抵押人立即停止其行为；如抵押人的行为已经造成抵押物价值的减少，应要求抵押人恢复抵押物的价值。如抵押人无法完全恢复，应要求抵押人提供与减少的价值相当的担保，包括另行提供抵押物、权利质押或保证。

抵押人在抵押期间转让或处分抵押物的，商业银行必须要求其提出书面申请，并经银行同意后予以办理。经商业银行同意，抵押人可以全部转让并以不低于商业银行认可的最低转让价款转让抵押物的，抵押人转让抵押物所得的价款应当优先用于向商业银行提前清偿所担保的债权或存入商业银行账户；经商业银行同意，抵押人可以部分转让抵押物的，所得的收入应存入商业银行的专户或偿还商业银行债权，并保持剩余贷款抵押物价值不低于规定的抵押率；抵押期间，抵押物因出险所得赔偿金（包括保险金和损害赔偿金）应存入商业银行指定的账户，并按抵押合同中约定的处理方法进行相应处理。对于抵押物出险后所得赔偿数额不足清偿部分，商业银行可以要求借款人提供新的担保。

### 2.抵（质）押品检查要点

(1) 检查抵（质）押人办理押品财产保险的有效性。
(2) 检查保管措施是否能够保障抵（质）押物的品质。
(3) 关注抵（质）押物的价值变化。

## 三、担保的补充机制

### 1.追加担保品，确保抵押权益

银行若在贷后检查中发现借款人提供的抵押品或质押物的抵（质）押权益尚未落实，或担保品的价值由于市场价格的波动或市场滞销而降低，由此造成超额押值不充分，或保证

179

人保证资格或能力发生不利变化,可以要求借款人落实抵(质)押权益或追加担保品。

根据《中华人民共和国民法典》第四百零八条的规定:"抵押人的行为足以使抵押财产价值减少的,抵押权人有权请求抵押人停止其行为。抵押财产价值减少的,抵押权人有权请求恢复抵押财产的价值,或者提供与减少的价值相应的担保。"

另外,若由于借款人财务状况恶化,或由于贷款展期使得贷款风险增大,或追加新贷款,银行也会要求借款人追加担保品,以保障贷款资金的安全。对于追加的担保品,也应根据抵押贷款的有关规定,办妥鉴定、公证和登记等手续,落实抵押权益。

#### 2.追加保证人

对由第三方提供保证的保证贷款,如果借款人未按时还本付息,就应由保证人为其承担还本付息的责任。

倘若保证人的保证资格或保证能力发生不利变化,其自身的财务状况恶化;或由于借款人要求贷款展期造成贷款风险增大或由于贷款逾期,银行加收罚息而导致借款人债务负担加重,而原保证人又不同意增加保证额度;或抵(质)押物出现不利变化;银行应要求借款人追加新的保证人。

(单选)抵押期间,商业银行贷款的抵押物因出险所得赔偿金(包括保险金和损害赔偿金)应( )。

A.偿还银行债权
B.归银行所有,由银行支配
C.存入银行指定的账户,并按抵押合同中约定的处理方法进行相应处理
D.归企业所有,由企业自行支配

【答案】C

【解析】抵押期间,抵押物因出险所得赔偿金(包括保险金和损害赔偿金)应存入商业银行指定的账户,并按抵押合同中约定的处理方法进行相应处理。对于抵押物出险后所得赔偿数额不足清偿部分,商业银行可以要求借款人提供新的担保。

## 第四节 风险预警

### 一、风险预警程序

风险预警是各种工具和各种处理机制的组合结果,无论是否依托于动态化、系统化、精确化的风险预警系统,都应当逐级、依次完成以下程序。

#### 1.信用信息的收集和传递

收集与商业银行有关的内外部信息,包括信贷人员提供的信息和外部渠道得到的信息,并通过商业银行信用风险信息系统进行储存。

第九章　贷后管理

商业银行应当注意建立并维持不同的信息搜集渠道，包括信贷人员的调查、专业机构、公开信息以及产业链信息等，以保证信息的完整性和可验证。

### 2.风险分析

通过适当的分层处理、甄别和判断后，信息进入预测系统或预警指标体系中。预测系统运用预测方法对未来内外部环境进行预测，使用预警指标估计未来市场和客户的风险状况，并将所输出的结果与预警参数进行比较，以便做出是否发出警报，以及发出何种程度警报的判断。

### 3.风险处置

风险处置是指在风险警报的基础上，为控制和最大限度地消除商业银行风险而采取的一系列措施。按照阶段划分，风险处置可以划分为预控性处置与全面性处置。

| 分类 | 内容 |
| --- | --- |
| 预控性处置 | 在风险预警报告已经做出，而决策部门尚未采取相应措施之前，由风险预警部门或决策部门对尚未爆发的潜在风险提前采取控制措施，避免风险继续扩大对商业银行造成不利影响 |
| 全面性处置 | 商业银行对风险的类型、性质和程度进行系统详细的分析后，从内部组织管理、业务经营活动等方面采取措施来控制、转移或化解风险，使风险预警信号回到正常范围 |

### 4.后评价

风险预警的后评价是指经过风险预警及风险处置过程后，对风险预警的结果进行科学的评价，以发现风险预警中存在的问题（如虚警或漏警），深入分析原因，并对预警系统和风险管理进行修正或调整，所以后评价对预警系统的完善十分重要。

## 二、风险预警指标体系

预警指标的研究是实现信贷预警的首要环节，预警体系科学性高低的首要标志是所选择的预警指标能否科学地反映经济运行过程的变化特征。对信贷运行过程的监测预警是通过建立科学的监测预警指标体系，并对其发展变化过程进行观察来实现的。因此，合理地选择预警指标是建立预警体系的关键。

在贷款存续期间，贷款人应当持续监测贷款企业的经营情况，根据企业财务状况、贷款担保、市场环境、宏观经济变动等因素，定期对风险进行评价，并建立贷款质量监控制度和风险预警体系。出现可能影响贷款安全情形的，应当及时采取相应措施。贷款人应定期对借款人和关联人的履约情况及信用状况、贷款项目的建设和运营情况、宏观经济变化和市场波动情况、贷款担保的变动情况等内容进行检查与分析，建立贷款质量监控制度和贷款风险预警体系。贷款风险的预警信号系统根据各家银行的实际经验总结而来，通常包含财务状况的预警信号、管理状况的预警信号和经营状况的预警信号。

### 三、风险预警的处置

预警处置是借助预警操作工具对银行经营运作全过程进行全方位实时监控考核,在接收风险信号、评估、衡量风险基础上提出有无风险、风险大小、风险危害程度及风险处置、化解方案的过程。

要根据风险的程度和性质,对客户实施分层管理,采取相应的风险处置措施:
(1)要求完善担保条件、增加担保措施。
(2)列入重点观察名单。
(3)要求客户限期纠正违约行为。
(4)动态调整资产风险分类。
(5)降低整体授信额度,暂停发放新贷款或收回已发放的授信额度等。

当项目实际投资超过原定投资金额,贷款人经重新风险评价和审批决定追加贷款的,应要求项目发起人配套追加不低于项目资本金比例的投资,并视情况要求增加相应担保。

对于出现的较大风险,客户部门无法自行控制和化解处置的,应视贷款金额的大小及风险状况及时报告授信审批行风险资产管理部门或信贷管理部门,风险管理部门或信贷管理部门调整客户授信方案和风险分类,介入风险认定和处置。

(单选)预控性处置发生在( )。
A.风险预警报告正式作出前
B.风险预警报告已经作出,决策部门尚未采取措施前
C.风险预警报告尚未作出,决策部门尚未采取措施
D.风险预警报告已经作出,决策部门已经采取措施
【答案】B
【解析】预控性处置是在风险预警报告已经作出,而决策部门尚未采取相应措施之前,由风险预警部门或决策部门对尚未爆发的潜在风险提前采取控制措施,避免风险继续扩大对商业银行造成不利影响。

## 第五节 信贷业务到期处理

### 一、贷款偿还操作及提前还款处理

**1.贷款偿还的一般操作过程**

(1)业务操作部门向借款人发送还本付息通知单

除在贷款合同中确定还款计划和违约责任条款外,业务操作部门还应按规定时间提前向借款人发送还本付息通知单,督促借款人按时足额还本付息。还本付息通知单应载明贷款项目名称或其他标志、还本付息的日期、当前贷款余额、本次还本金额、付息金额以及利息计算过程中涉及的利率、计息天数、计息基础等。

(2)业务操作部门对逾期的贷款要及时发出催收通知单。

在还本付息日当天营业时间终了前,借款人未向银行提交偿还贷款本息的支票(人民币)或支取凭条(外币)的,并且其偿债账户或其他存款户中的存款余额不足以由银行主动扣款的,该笔贷款即为逾期贷款。对于逾期的贷款,业务操作部门要向借款人、保证人及时发出催收通知单,并保留好相关法律文件。

贷款逾期后,银行不仅对贷款的本金计收利息,而且对应收未收的利息也要计收利息,即计复利。对不能归还或不能落实还本付息事宜的,应督促归还或依法起诉。同时,银行应按照国家有关规定提取准备金,并按照核销的条件和程序核销呆账贷款及应收款项。

2.借款人提前归还贷款的操作过程

提前归还贷款(以下简称提前还款)指借款人希望改变贷款协议规定的还款计划,提前偿还全部或部分贷款,由借款人提出申请,经贷款行同意,缩短还款期限的行为。

若借款人出于某种原因(如贷款项目效益较好)希望提前还款,应与银行协商。由于借款人的提前还款会打乱银行原有的资金安排,借款人应提前向银行递交提前还款计划,在征得银行的同意后,才可以提前还款。因提前还款而产生的费用应由借款人负担。

借款人与银行可以在贷款协议的提前还款条款中,约定提前还款的前提条件及必要的手续。提前还款条款可以包括以下内容:

(1)借款人可以提前偿还全部或部分本金,如果偿还部分本金,其金额应等于一期分期还款的金额或应为一期分期还款的整数倍,并同时偿付截至该提前还款日前一天(含该日)所发生的相应利息,以及应付的其他相应费用。

(2)借款人应在提前还款日前30天(或60天)以书面形式向银行递交提前还款的申请,其中应列明借款人要求提前偿还的本金金额。

(3)未经银行的书面同意,借款人不得提前还款。

(4)借款人可以在贷款协议规定的最后支款日后、贷款到期日前的时间内提前还款。

(5)由借款人发出的提前还款申请应是不可撤销的,借款人有义务据此提前还款。

(6)提前还款应按贷款协议规定的还款计划以倒序进行。

(7)已提前偿还的部分不得要求再贷。

(8)对于提前偿还的部分可以收取费用。

### 直击考点

(单选)下列关于固定资产贷款中借款人提前还款的表述,错误的是( )。
A.如果借款人希望提前归还贷款,应与银行协商
B.对已提前偿还的部分不得要求再贷

C.借款人应在征得银行同意后,才可以提前还款

D.如果借款人提前还款,必须一次性偿还全部本金

【答案】D

【解析】D选项,借款人可以提前偿还全部或部分本金,如果偿还部分本金,其金额应等于一期分期还款的金额或应为一期分期还款的整数倍,并同时偿付截至该提前还款日前一天(含该日)所发生的相应利息,以及应付的其他相应费用。

## 二、贷款展期处理

贷款展期指借款人不能或不希望按照贷款协议规定的还款计划按时偿付每期应偿付的贷款,由借款人提出申请,经贷款行审查同意,有限期地延长还款期限的行为。借款人必须提前与银行协商,经银行同意,贷款才可以展期。

### (一)贷款展期的申请

借款人不能按期归还贷款时,应当在贷款到期日之前,向银行申请贷款展期,是否展期由银行决定。借款人申请贷款展期,应向银行提交展期申请,其内容包括展期理由,展期期限,展期后的还本、付息、付费计划及拟采取的补救措施。

若是合资企业或股份制企业,则应提供董事会关于申请贷款展期的决议文件或其他有效的授权文件。申请保证贷款、抵押贷款、质押贷款展期的,还应当由保证人、抵押人、出质人出具同意的书面证明。已有约定的,按照约定执行。

### (二)贷款展期的审批

**1.分级审批制度**

贷款展期的审批实行分级审批制度。银行应根据业务量大小、管理水平和贷款风险度确定各级分支机构的审批权限,超过审批权限的,应当报上级机构审批。

**2.贷款展期的担保问题**

贷款经批准展期后,银行应当根据贷款种类、借款人的信用等级和抵押品、质押品、保证人等情况重新确定每一笔贷款的风险度。

对于保证贷款的展期,银行应重新确认保证人的保证资格和保证能力;借款人申请贷款展期前,必须征得保证人的同意。保证合同的期限因借款人还款期限的延长而延长至全部贷款本息、费用还清日止。

对于抵押贷款的展期,银行为减少贷款的风险应续签抵押合同,应该做到:

(1)作为抵押权人核查抵押物的账面净值或委托具有相关资格和专业水平的资产评估机构评估有关抵押物的重置价值,并核查其抵押率是否控制在一定的标准内。

(2)若借款人的贷款余额与抵押财产的账面净值或重置价值之比超过一定限度,即抵押价值不足的,则抵押人应根据银行的要求按现有贷款余额补充落实抵押物,重新签订抵押合同。

(3)抵押贷款展期后,银行应要求借款人及时到有关部门办理续期登记手续,使抵押合同保持合法性和有效性,否则抵押合同将失去法律效力。

（4）切实履行对抵押物跟踪检查制度，定期检查核对抵押物，监督企业对抵押物的占管，防止抵押物的变卖、转移和重复抵押。

### (三)展期贷款的管理

#### 1.贷款展期的期限

《贷款通则》对贷款展期的期限作了如下规定：短期贷款展期期限累计不得超过原贷款期限；中期贷款展期期限累计不得超过原贷款期限的一半；长期贷款展期期限累计不得超过3年。国家另有规定者除外。

#### 2.贷款展期后的利率

经批准展期的贷款利率，银行可根据不同情况重新确定。贷款的展期期限加上原期限达到新的利率期限档次时，从展期之日起，贷款利息应按新的期限档次利率计收。

借款人未申请展期或申请展期未得到批准，其贷款从到期日次日起，转入逾期贷款账户。

### (四)展期贷款的偿还

贷款展期说明该笔贷款的偿还可能存在某些问题，所以银行应特别关注展期贷款的偿还。银行信贷部门应按照展期后的还款计划，向借款人发送还本付息通知单，督促借款人按时还本付息。展期贷款到期不能按时偿还，信贷部门要加大催收力度，以保证贷款的收回；对于设立了保证或抵质押的贷款，银行有权向担保人追索或行使抵质押权，弥补贷款损失。展期贷款逾期后，也应按规定加罚利息，并对应收未收利息计复利。

#### 直击考点

（单选）关于企业贷款展期的申请，下列表述错误的是(　　)。
A.是否给予办理展期由银行决定
B.展期内容应包括拟采取的补救措施
C.质押贷款展期应当由出质人出具同意的书面证明
D.借款人应当在贷款到期日后向银行申请贷款展期
【答案】D
【解析】D选项，借款人不能按期归还贷款时，应当在贷款到期日之前，向银行申请贷款展期。

## 三、小微企业续贷

2014年7月，原银监会下发《中国银监会关于完善和创新小微企业贷款服务提高小微企业金融服务水平的通知》(以下简称通知)。通知重点提出，银行应积极创新服务模式，对流动资金周转贷款到期后仍有融资需求，又临时存在资金困难的小微企业，符合条件的，可以办理续贷，提前按新发放贷款的要求开展贷款调查和评审。

根据通知，符合以下四个主要条件的小微企业才可申请续贷：
（1）依法合规经营。
（2）生产经营正常，具有持续经营能力和良好的财务状况。
（3）信用状况良好，还款能力与还款意愿强，没有挪用贷款资金、欠贷欠息等不良行为。
（4）原流动资金周转贷款为正常类，且符合新发放流动资金周转贷款条件和标准。

通知对银行开展续贷业务提出了相应要求。银行同意续贷的，应当在原流动资金周转贷款到期前与小微企业签订新的借款合同，需要担保的签订新的担保合同，落实借款条件。银行要加强对续贷业务的内部控制，在信贷系统中单独标识续贷贷款，建立对续贷业务的监测分析机制，提高对续贷贷款风险分类的检查评估频率，防止通过续贷人为操纵风险分类。

## 四、依法收贷

### 1. 依法收贷的含义

（1）广义的依法收贷

银行按规定或约定，通过催收、扣收、处理变卖抵押物，收回违约使用的贷款，加罚利息等措施，以及通过仲裁、诉讼等途径依法收贷。

（2）狭义的依法收贷

按照法律、法规的规定，采用仲裁、诉讼等手段清理收回贷款的活动。

### 2. 依法收贷的对象、程序与内容

如果银行贷款到期不能正常收回或银行与借款人之间发生纠纷，就应该依靠法律手段来强制收回。依法收贷要按法律程序规范、有序地进行，达到依法收贷的目的，提高依法收贷的效果和作用。

（1）依法收贷的对象，是违约贷款。

（2）为了便于管理，银行向仲裁机关申请仲裁和向人民法院提出诉讼一律以分（支）行的名义进行，分理处及其以下的营业机构不能作为独立的诉讼主体。

（3）按法律规定，向仲裁机关申请仲裁的时效为1年，向人民法院提起诉讼的时效为3年。诉讼时效期间从贷款到期之日计算。诉讼时效可因银行向借款人发出催收贷款通知函（须经对方签字），或借款人书面提出还款计划、双方重新签订协议等而中断。从中断之日起，诉讼时效重新计算。超过诉讼时效，贷款将不再受法律保护。

（4）对逾期贷款，银行有关部门应每季开出催收贷款通知函，并同时发送担保单位签收。

（5）及时申请财产保全。财产保全可以在起诉前申请，也可以在起诉后判决前申请，起诉前申请财产保全被人民法院采纳后，应该在人民法院采取保全措施30天内正式起诉。

（6）做好开庭前的一切准备工作，按时出庭，根据事实和法律陈述理由。

（7）依法申请支付令，债权人请求债务人偿付贷款本息的，可以不通过诉讼程序，而直接向有管辖权的基层人民法院申请支付令，但必须符合以下两个条件：①债权人与债务人

没有其他债务纠纷;②支付令能够送达债务人的。

（8）充分运用执行手段，对于已发生法律效力的判决书、调解书、裁定书、裁决书，当事人不履行的，银行应当向人民法院申请强制执行。申请执行的期间为2年，执行时效从法律文书规定当事人履行义务的最后一天起计算。

（9）法律结论得出后，须对被起诉的借款人采取相应的措施。

3.依法收贷应注意的四个问题

（1）信贷人员应认真学习和掌握法律知识

社会主义市场经济的发展和商业银行体制的建立与健全，要求银行工作人员特别是银行信贷人员树立法制观念、自我保护观念和依法管理贷款的观念。银行应建立和健全各种信贷规章制度，为依法收贷打好坚实的基础。

（2）要综合运用诉讼手段和非诉讼手段依法收贷

对借款人违约使用的贷款，应主要通过非诉讼手段，以催收等方式督促企业主动归还贷款。只有当非诉讼手段清收无效时，才采用诉讼手段。

（3）既要重视诉讼，更要重视执行

对诉讼的案件，既要认真做好诉讼前和诉讼期的各项工作，以确保胜诉，更要注意执行。对已发生法律效力的司法文书，借款人仍拒不执行的，要及时向人民法院申请强制执行，以确保贷款的收回。

（4）在依法收贷工作中要区别对待

对那些承认债务，确实由于客观原因，一时没有偿还能力的企业，银行一般不必采取诉讼方式，但应注意催收，避免超出诉讼时效。

## 五、贷款总结评价

贷款本息全部还清或形成损失后，相关部门应对贷款项目和信贷工作进行全面的总结。相关部门应在贷款本息收回后10日内形成书面总结报告，便于其他相关部门借鉴参考。贷款总结评价的内容主要包括：

1.贷款基本评价

就贷款的基本情况进行分析和评价，重点从客户选择、贷款综合效益分析、贷款方式选择等方面进行总结。

2.贷款管理中出现的问题及解决措施

分析出现问题的原因，说明针对问题采取的措施及最终结果，从中总结经验，防范同类问题重复发生，对发生后的妥善处理提出建议。

3.其他有益经验

对管理过程中其他有助于提升贷后管理水平的经验、心得和处理方法进行总结。

另外，对于出现不良贷款存在主观责任的，应根据具体情节追究相关部门负责人及经办人员责任。

### 直击考点

（单选）依法收贷的对象为（　　）。
A.逾期贷款　　　B.展期贷款　　　C.违约贷款　　　D.到期贷款

【答案】C

【解析】依法收贷的对象是违约贷款。广义的依法收贷是指银行按规定或约定，通过催收、扣收、处理变卖抵押物，收回违约使用的贷款，加罚利息等措施，以及通过仲裁、诉讼等途径依法收贷。狭义的依法收贷是指按照法律、法规的规定，采用仲裁、诉讼等手段清理收回贷款的活动。

## 第六节　档案管理

### 一、档案管理的原则和要求

档案管理的原则主要有管理制度健全、人员职责明确、档案门类齐全、信息利用充分、提供有效服务。具体要求如下：

**1.信贷档案实行集中统一管理原则**

信贷前后台各部门积累与借款人有关的资料。借阅人借阅档案时，应填写借阅单，经本部门管理员和负责人签字，到档案管理部门调阅档案。在调阅过程中，档案资料原则上不得带出档案管理部门。

**2.信贷档案采取分段管理、专人负责、按时交接、定期检查的管理模式**

（1）分段管理

将文件材料依据信贷的执行状态划分为执行中的信贷档案和结清后的信贷档案两个阶段，由专门部门实行分段管理。

（2）专人负责

银行各级行的风险管理部门和业务经办部门应设立专职或兼职人员（统称信贷档案员）负责本部门信贷文件的日常管理及结清后的立卷归档等工作。信贷档案员应相对稳定，且不得由直接经办信贷业务人员担任。

（3）按时交接

业务经办人员应在单笔信贷（贷款）合同签署、不良贷款接收及风险评审完毕后，按规定要求将各类信贷文件及时交信贷档案员保存，信贷执行过程中续生的文件随时移交。

（4）定期检查

信贷档案管理工作由上级机构档案管理部门和本级机构管理层共同监督与指导。信贷档案的检查结果将列入档案工作综合管理考评中。

## 二、信贷档案管理

信贷档案管理对象是指正在执行中的、尚未结清信贷(贷款)的档案材料。

### (一)信贷档案分类

按其重要程度及涵盖内容不同划分为两级,即一级信贷档案和二级信贷档案。一级信贷档案主要是指信贷抵(质)押契证和有价证券及押品契证资料收据和信贷结清通知书。其中押品主要包括银行开出的本、外币存单,银行本票,银行承兑汇票,上市公司股票、政府和公司债券、保险批单、提货单、产权证或他项权益证书及抵(质)押物的物权凭证、抵债物资的物权凭证等。二级信贷档案主要是指法律文件和贷前审批及贷后管理的有关文件。

### (二)信贷档案管理要求

#### 1. 一级信贷档案的管理

(1)保管

一级信贷档案是信贷的重要物权凭证,在存放保管时视同现金管理,可将其放置在金库或保险箱(柜)中保管,指定双人(以下简称押品保管员),分别管理钥匙和密码,双人入、出库,形成存取制约机制。

(2)交接

一级信贷档案由业务经办部门接收后,填制押品契证资料收据一式三联,押品保管员、借款企业、业务经办人员三方各存一联。押品以客户为单位保管,并由押品保管员填写押品登录卡。

(3)借阅

一级信贷档案存档后,原则上不允许借阅。若在下列特殊情况下,确需借阅一级信贷档案的,必须提交申请书,经相关负责人签批同意后,方可办理借阅手续:①提供给审计部门或相关单位查阅的;②变更抵押物权证、变更质押物品的;③贷款展期办理抵押物续期登记的;④提交法院进行法律诉讼、债权债务重组或呆账核销的;⑤须补办房产证、他项权利证书或备案登记的。

(4)结清并退还

借款企业、业务经办人员和押品保管员三方共同办理押品的退还手续。由业务经办人员会同借款企业向押品保管员交验信贷结清通知书和押品契证资料收据并当场清验押品后,借贷双方在押品契证资料收据上签字,押品保管员在押品登录卡上注销。

#### 2. 二级信贷档案的管理

(1)保管

二级信贷档案应按规定整理成卷,交信贷档案员管理。

(2)交接

业务经办人员应在单笔信贷(贷款)合同签订后将前期文件整理入卷,形成信贷文件卷,经信贷档案员逐件核实后,移交管理。

（3）借阅

二级信贷档案内保存的法律文件、资料，除审计部门确需查阅或进行法律诉讼的情况下，不办理借阅手续。

（4）结清

已结清贷款的信贷档案的保管期限和保管部门由商业银行根据本行实际情况自行确定。通常，经行内相关部门认定有特殊保存价值的可列为永久保存。

### 三、客户档案管理

业务经办部门可按客户分别建立客户档案卷，移交本部门贷款档案员集中保管即可。客户档案通常包括：

（1）借款企业及担保企业的开户情况。

（2）借款企业及担保企业的信用评级资料。

（3）借款企业及担保企业的"证照"（即年检营业执照、税务登记证等）复印件。

（4）借款企业及担保企业近三年的主要财务报表，包括资产负债表、利润表、现金流量表等，上市公司需提供经审计的年报。

（5）借款企业及担保企业的验资报告。

（6）企业法定代表人、财务负责人的身份证或护照复印件。

（7）反映该企业经营、资信及历次贷款情况的其他材料。

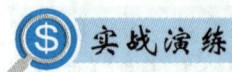

### 一、单项选择题

1.下列各项中，属于二级信贷档案的是（　　）。

A.法律文件

B.产权证或他项权益证书及抵（质）押物的物权凭证

C.上市公司股票押品

D.银行承兑汇票押品

2.对于固定资产贷款，当借款人信用状况较差、贷款安全受到威胁时，银行应要求其开立专门的（　　）账户，并与借款人约定对账户资金进出、余额或平均存量等的最低要求。

A.基本结算

B.资金回笼

C.项目收入

D.还款准备金

# 第九章 贷后管理

3.关于贷款抵押物管理,下列表述错误的是( )。
A.抵押人在抵押期间转让或处分抵押物的,必须经贷款抵押银行同意
B.如抵押人的行为造成抵押物价值的减少,银行应要求抵押人恢复抵押物的价值
C.经银行同意,抵押人可以全部转让并以不低于商业银行认可的最低转让价转让抵押物的,抵押人转让抵押物所得的价款只能向商业银行提前清偿所担保的债权
D.如抵押人无法完全恢复,银行应要求抵押人提供与减少的价值相当的担保,包括另行提供抵押物、权利质押或保证

4.经过风险预警与风险处置后,要对风险预警的结果进行( )。
A.控制　　　　　B.转移　　　　　C.后评价　　　　　D.后处理

## 二、多项选择题

5.在商业银行贷后管理中,抵(质)押品检查的主要内容有( )。
A.抵(质)押品是否被变卖出售或部分被变卖出售的行为
B.抵(质)押品价值的变化情况
C.抵(质)押品是否被妥善保管
D.抵(质)押品保险到期后是否及时续投保险
E.抵(质)押品是否被转移至不利于银行监控的地方

6.档案管理的具体要求有( )。
A.定期检查　　　　　　　　B.专人负责
C.集中统一管理　　　　　　D.按时交接
E.分段管理

7.借款人还清借款本息后,商业银行客户经理应对贷款项目和信贷工作进行全面的总结,便于其他客户经理借鉴参考。贷款总结评价的主要内容包括( )。
A.贷款管理中出现的问题及解决措施
B.客户的经营变化情况
C.客户的管理优势
D.贷款基本评价
E.有助于提升贷后管理水平的经验

8.当借款人信用状况较差、贷款安全受到威胁时,银行应与借款人约定对账户( )的最低要求。
A.资金进出　　　　　　　　B.余额
C.担保资金　　　　　　　　D.平均存量
E.最低存量

## 三、判断题

9.贷款逾期后,银行对贷款的本金和应收未收的利息要计收利息。( )
A.正确　　　　　　　　B.错误

10.由于借款人的提前还款会打乱银行原有的资金安排,借款人应至少口头征得银行同意后,才可以提前还款。(　　)
A.正确　　　　　　　　　　B.错误

11.商业银行一级信贷档案应放在金库或保险箱(柜)中保管,指定双人分别管理钥匙和密码,双人入、出库,形成存取制约机制。(　　)
A.正确　　　　　　　　　　B.错误

## 参考答案及解析

### 一、单项选择题

1.A 【解析】信贷档案管理对象是指正在执行中的、尚未结清信贷(贷款)的档案材料。按其重要程度及涵盖内容不同划分为两级,即一级信贷档案和二级信贷档案。其中,一级信贷档案主要是指信贷抵(质)押契证和有价证券及押品契证资料收据和信贷结清通知书,二级信贷档案主要指法律文件和贷前审批及贷后管理的有关文件。B、C、D选项属于一级信贷档案。

2.D 【解析】一般而言,当借款人信用状况较好、贷款安全系数较高时,银行业金融机构可不要求借款人开立专门的还款准备金账户;当借款人信用状况较差、贷款安全受到威胁时,出于有效防范和化解信贷风险的考虑,银行应要求其开立专门的还款准备金账户,并与借款人约定对账户资金进出、余额或平均存量等的最低要求。

3.C 【解析】C选项,经商业银行同意,抵押人可以全部转让并以不低于商业银行认可的最低转让价款转让抵押物的,抵押人转让抵押物所得的价款应当优先用于向商业银行提前清偿所担保的债权或存入商业银行账户。

4.C 【解析】风险预警的后评价是指在经过风险预警及风险处置过程后,还要对风险预警的结果进行科学的评价,以发现风险预警中存在的问题(如虚警或漏警),深入分析原因,并对预警系统和风险管理进行修正或调整。

### 二、多项选择题

5.ABCDE 【解析】对抵(质)押品要定期现场检查其完整性和价值变化情况,防止所有权人在未经银行同意的情况下擅自处理抵(质)押品,检查内容除了题中A、B、C、D、E选项外还包括:(1)抵(质)押品的权属证明是否妥善保管、真实有效;(2)抵押品有无未经贷款人同意的出租情况。

6.ABCDE 【解析】档案管理的具体要求包括:(1)信贷档案实行集中统一管理原则;(2)信贷档案采取分段管理、专人负责、按时交接、定期检查的管理模式。

7.ADE 【解析】贷款总结评价的内容主要包括:(1)贷款基本评价,就贷款的基本情况进行分析和评价,重点从客户选择、贷款综合效益分析、贷款方式选择等方面进行总结;(2)贷款管理中出现的问题及解决措施;(3)其他有益经验,即对管理过程中其他有助于提升贷后管理水平的经验、心得和处理方法进行总结。

**8.ABD** 【解析】当借款人信用状况较差、贷款安全受到威胁时，出于有效防范和化解信贷风险的考虑，银行应要求其开立专门的还款准备金账户，并与借款人约定对账户资金进出、余额或平均存量等的最低要求。

### 三、判断题

**9.A** 【解析】贷款逾期后，银行不仅对贷款的本金计收利息，而且对应收未收的利息也要计收利息，即计复利。在催收的同时，对不能按借款合同约定期限归还的贷款，应当按规定加罚利息，加罚的利率应在贷款协议中明确规定；应收未收的罚息也要计复利。

**10.B** 【解析】如果借款人出于某种原因（如贷款项目效益较好）希望提前归还贷款，应与银行协商。由于借款人的提前还款会打乱银行原有的资金安排，借款人应提前向银行递交提前还款计划，在征得银行的同意后，才可以提前还款。因提前还款而产生的费用应由借款人负担。

**11.A** 【解析】一级信贷档案是信贷的重要物权凭证，在存放保管时视同现金管理，可将其放置在金库或保险箱（柜）中保管，指定双人分别管理钥匙和密码，双人入、出库，形成存取制约机制。

# 第十章 贷款风险分类与贷款损失准备金的计提

```
                              ┌ 贷款分类的含义
                              │ 贷款分类的对象
                    贷款风险分类概述 ┤
                              │ 贷款分类的原则
                              └ 贷款分类的标准
贷款风险分类与贷款
  损失准备金的计提 ┤
                              ┌ 贷款分类的考虑因素
                              │ 主要参考特征
                    贷款风险分类方法 ┤
                              │ 重要参考因素
                              └ 监管特别规定
```

1.熟悉贷款风险分类的相关内容、对象、原则和标准。
2.熟悉贷款风险分类的方法。

**考点详解**

## 第一节 贷款风险分类概述

### 一、贷款分类的含义

贷款分类是指商业银行按照风险程度将贷款划分为不同档次的过程,其实质是以贷款的内在风险程度和债务人还款能力为核心,判断债务人及时足额偿还贷款本息或及时足额履约的可能性。

商业银行贷款分类的目的,不仅是揭示信贷资产的实际价值和风险程度,真实、全面、动态地反映贷款质量,及时发现信贷业务经营管理各环节存在的问题,采取相应措施,化解

# 第十章 贷款风险分类与贷款损失准备金的计提

贷款风险,还是商业银行计提贷款损失准备金、实施责任追究和绩效考核的重要依据。贷款分类也是监管当局对银行进行审慎监管的基本要求。贷款分类有助于监管当局评估银行贷款质量和变化趋势,并由此进一步发现银行潜在的问题。通过要求披露贷款分类,也可以提高市场透明度,形成市场约束。

## 二、贷款分类的对象

商业银行贷款分类对象,通常应涵盖其承担信用风险的全部信贷业务。具体包括:

### 1.表内贷款

表内贷款包括流动资金贷款、固定资产贷款、项目融资、银团贷款、法人账户透支、票据贴现、保理、福费廷等各类表内信贷资产。

### 2.表外信贷

表外信贷包括信用证、票据承兑、保证、保兑、保函、担保付款、贷款承诺、包销承诺等各类贷款担保和承诺。

## 三、贷款分类的原则

### 1.及时性原则

商业银行应及时、动态地根据借款人经营管理等状况的变化调整分类结果,至少每季度对全部贷款进行一次分类。如果影响借款人财务状况或贷款偿还因素发生重大变化,应及时调整对贷款的分类。对不良贷款应严密监控,加大分析和分类的频率,根据贷款的风险状况采取相应的管理措施。

### 2.真实性原则

商业银行贷款分类应真实客观地反映贷款的风险状况。分类人员在进行贷款分类时,应充分评价信贷资产的风险状况,根据信贷资产风险分类的核心定义及标准,准确划分信贷资产级次,真实反映信贷资产形态,不得弄虚作假,人为调整分类结果。商业银行高级管理层要对贷款分类制度的执行、贷款分类的结果承担责任。商业银行应至少每年对风险分类制度、程序和执行情况进行一次内部审计,并及时将审计结果向董事会书面报告。

### 3.独立性原则

商业银行应在依法依规前提下,独立判断贷款的风险程度,不受其他因素左右而影响分类结果,确保风险分类真实、准确反映贷款的风险状况。

商业银行应完善金融资产风险分类流程,明确"初分、认定、审批"三级程序,加强各环节管理要求,建立有效的制衡机制,确保分类过程的独立性,以及分类结果的准确性和客观性。

### 4.审慎性原则

商业银行分类人员在对难以准确判断借款人还款能力的贷款,应遵循审慎分类原则,适度下调其分类等级。

## 四、贷款分类的标准

根据《贷款风险分类指引》,商业银行至少应将贷款划分为正常、关注、次级、可疑和损失五类，后三类合称为不良贷款。各级次核心定义如下：

（1）正常是指借款人能够履行合同，没有足够理由怀疑贷款本息不能按时足额偿还。

（2）关注是指尽管借款人目前有能力偿还贷款本息，但存在一些可能对偿还产生不利影响的因素。

（3）次级是指借款人的还款能力出现明显问题，完全依靠其正常营业收入无法足额偿还贷款本息，即使执行担保，也可能会造成一定损失。

（4）可疑是指借款人无法足额偿还贷款本息，即使执行担保，也肯定要造成较大损失。

（5）损失是指在采取所有可能的措施或一切必要的法律程序之后，本息仍然无法收回，或只能收回极少部分。

《贷款风险分类指引》指出，贷款五级分类方式是贷款风险分类的最低要求，各商业银行可根据自身实际制定贷款分类制度，细化分类方法，但不得低于指引提出的标准和要求，并与指引的贷款风险分类方法具有明确的对应和转换关系。

（单选）借款人能够履行合同，没有足够理由怀疑本息不能按时足额偿还的贷款应归类为（　　）。

A.可疑　　　　B.关注　　　　C.次级　　　　D.正常

【答案】D

【解析】A选项，可疑类贷款是指借款人无法足额偿还贷款本息，即使执行担保，也肯定要造成较大损失；B选项，关注类贷款是指尽管借款人目前有能力偿还贷款本息，但存在一些可能对偿还产生不利影响的因素；C选项，次级类贷款是指借款人的还款能力出现明显问题，完全依靠其正常营业收入无法足额偿还贷款本息，即使执行担保，也可能会造成一定损失。

## 第二节　贷款风险分类方法

### 一、贷款分类的考虑因素

贷款分类是在执行核心定义的前提下，参照主要参考特征，结合贷款的逾期时间，并以债务人正常的营业收入作为主要偿还来源，以担保作为第二偿还来源，判断债务人及时足额偿还债务的可能性。主要参照以下七方面因素：

（1）借款人的还款能力。

（2）借款人的还款记录。

（3）借款人的还款意愿。

（4）贷款项目的盈利能力。

（5）贷款的担保。
（6）贷款偿还的法律责任。
（7）银行的信贷管理状况。

## 二、主要参考特征

根据《贷款风险分类指引》关于五级分类的核定定义，商业银行一般会进一步细化各级次贷款分类的主要参考特征，具体见下表：

| 贷款类别 | 主要参考特征 |
| --- | --- |
| 正常 | 债务人有能力履行还款承诺，能够全额归还债务本金和利息 |
| 关注 | （1）借款人财务状况不佳，表现为：①关键性财务指标（如流动比率、速动比率等）低于行业平均水平或有较大幅度的下降；②经营性现金流量虽为正值，但呈递减趋势；③销售收入、经营利润下降，出现流动性不足的征兆；④借款人的借款总额在短期内激增并与其业务发展不成比例，且借款人不能提供合理的解释，以致有理由怀疑借款人的财务状况和偿债能力。<br>（2）借款人经营管理存在较为严重的问题（如未按规定用途使用贷款），如问题继续存在可能影响贷款的偿还。<br>（3）借款人的还款意愿较差，不愿与贷款银行合作。<br>（4）抵（质）押贷款所依赖的抵（质）押品价值下降。<br>（5）银行对贷款管理不善，如未能及时了解借款人经营及财务状况。<br>（6）借款人提供的财务资料存在一定问题（如被出具保留意见的审计报告；存在对借款人财务状况产生负面影响的公开信息；监管机构因一些负面消息或从常规调查中发现问题，进而对借款人进行非常规调查），可能影响银行对借款人还款能力的评价。<br>（7）借款人从事固有风险很大的行业（如从事证券投资行业的市场风险高，可能会对企业的现金流造成很大的影响；高科技行业借款人的新技术可能尚处于研发阶段，最终能否形成产品尚不能确定等），其最终还款能力容易因市场波动或产品的成败出现负面大幅度变动。<br>（8）借款人管理层发生重大变化（如高层管理人员大范围变动或主要领导人离职），且新任管理层的还款意愿较差，可能削弱借款人的经营能力和财务状况。<br>（9）难以获得充分的资料对中长期项目的进展情况及其现金流量状况做出定期更新评估，因此很难确定项目是否能够产生明确的现金流在到期时作为还款来源。<br>（10）项目长期被延迟或项目原有计划的重大更改对项目产生了负面影响以致削弱了借款人的还款能力。<br>（11）借款人经营所处的法律环境或经营环境发生重大不利变化以致削弱了借款人的还款能力。<br>（12）借款人股利分配行为与盈利状况不匹配，可能影响借款人最终的还款能力 |

续表

| 贷款类别 | 主要参考特征 |
|---|---|
| 次级 | （1）借款人出现持续财务困难，影响到其业务的持续经营，表现为：①出现支付困难，并且难以获得新的资金；②不能偿还其他债权人的债务。<br>（2）借款人内部管理混乱，影响债务的及时足额清偿。<br>（3）借款人采取不正当手段套取贷款 |
| 可疑 | （1）贷款会发生较大损失，但存在借款人重组、兼并、合并、抵(质)押物处理和未决诉讼(仲裁)等因素，损失金额尚不能确定。<br>（2）借款人陷入经营和财务危机，借款人处于停产、半停产状态；固定资产项目处于停建或缓建状态；借款人资不抵债，无力还款。<br>（3）贷款银行已采取法律手段，但预计即使执行法律程序仍将发生较大损失。<br>（4）借款人无力还款，虽经过重组、兼并、合并仍不能按还款计划偿还本金和利息。<br>（5）经多次谈判借款人明显没有还款的意愿。<br>（6）抵(质)押的贷款已取得法院判决，但借款人未履行法院判决或者银行难以执行法院判决 |
| 损失 | （1）借款人的经营停滞，贷款绝大部分或全部将发生损失：借款人无力偿还；借款人完全停止经营活动；贷款偿还所依赖的抵(质)押品价值难以确定，变现困难；固定资产项目停工时间很长且无望复工。<br>（2）借款人破产或对借款人的诉讼(仲裁)程序已经完结，即使处置抵(质)押物或向担保人追偿也只能收回很少的部分，或因为各种原因决定不提起诉讼(仲裁) |

## 三、重要参考因素

### 1. 贷款逾期时间

贷款逾期是反映客户风险的客观信号，贷款是否出现逾期和逾期时间长短，应作为商业银行贷款分类时的重要参考。商业银行可以在核心定义基础上，根据贷款逾期时间对贷款分类等级实施审慎控制，以反映贷款质量的恶化程度。

### 2. 抵(质)押品

是否考虑动用担保是区分正常与不良资产的重要分界线。对抵(质)押品进行评估，要充分考虑法律上的有效性、变现的可能性及价值的充足性。对于权属和实质管控没有瑕疵的高品质押品，例如全额保证金、本行存单、国债、金融债等提供质押，即便客户出现财务状况下滑等不利情况，也可以适当从宽进行分类等级认定。而对于权属存在瑕疵、流动性欠缺、变现能力差的押品，应审慎认定其对贷款分类的缓释效力。

## 四、监管特别规定

### （一）贷款分类特别要求

《贷款风险分类指引》对于一些特殊形态的贷款，从审慎监管角度出发，提出了强制性的分类要求。

### 1. 至少归为关注类的贷款

（1）本金和利息虽尚未逾期，但借款人有利用兼并、重组、分立等形式恶意逃废银行债务的嫌疑。

（2）借新还旧，或者需通过其他融资方式偿还。

（3）改变贷款用途。

（4）本金或者利息逾期。

（5）同一借款人对本行或其他银行的部分债务已经不良。

（6）违反国家有关法律和法规发放的贷款。

### 2. 至少归为次级类的贷款

（1）逾期（含展期后）超过一定期限，其应收利息不再计入当期损益。

（2）借款人利用合并、分立等形式恶意逃废银行债务，本金或者利息已经逾期。

### 3. 重组贷款

重组贷款指银行由于借款人财务状况恶化，或无力还款而对借款合同还款条款做出调整的贷款。

（1）需要重组的贷款应至少归为次级类。

（2）重组后的贷款（简称重组贷款）如果仍然逾期，或借款人仍然无力归还贷款，应至少归为可疑类。

（3）重组贷款的分类档次在至少6个月的观察期内不得调高，观察期结束后，应严格按照指引规定进行分类。

### （二）小企业贷款分类特别规定

根据《小企业贷款风险分类办法（试行）》，对于符合规定的小企业贷款，可以采用逾期天数风险分类矩阵进行简化分类，具体见下表：

| 逾期时间<br>担保方式 | 未逾期 | 1～30天（含） | 31～90天（含） | 91～180天（含） | 181～360天（含） | 360天以上 |
|---|---|---|---|---|---|---|
| 信用 | 正常 | 关注 | 次级 | 可疑 | 可疑 | 损失 |
| 保证 | 正常 | 正常 | 关注 | 次级 | 可疑 | 损失 |
| 抵押 | 正常 | 正常 | 关注 | 关注 | 次级 | 可疑 |
| 质押 | 正常 | 正常 | 正常 | 关注 | 次级 | 可疑 |

对于发生《商业银行小企业授信工作尽职指引（试行）》第十八条所列举的影响小企业履约能力的重大事项以及出现该指引"附录"所列举的预警信号时，小企业贷款的分类应在逾期天数风险分类矩阵的基础上至少下调一级。贷款发生逾期后，借款人或担保人能够追加提供履约保证金、变现能力强的抵（质）押物等低风险担保，且贷款风险可控，资产安全有保障的，贷款风险分类级别可以上调。

### 实战演练

#### 一、单项选择题

1.在贷款中,尽管借款人目前有能力偿还贷款本息,但存在一些可能对偿还产生不利影响的因素,这种贷款至少应为( )类贷款。
 A.关注 B.可疑
 C.正常 D.次级

2.根据五级贷款分类法,其风险程度从轻到重划分正确的是( )。
 A.正常—可疑—次级—关注—损失 B.正常—次级—可疑—关注—损失
 C.正常—关注—可疑—次级—损失 D.正常—关注—次级—可疑—损失

3.贷款分类应达到的目标不包括( )。
 A.揭示贷款的实际价值和风险程度
 B.真实、全面、动态地反映贷款数量
 C.及时发现信贷管理过程中存在的问题
 D.为商业银行计提贷款损失准备金提供依据

4.在贷款分类中,改变贷款用途的贷款至少被分类为( )。
 A.正常贷款 B.关注类贷款
 C.次级贷款 D.可疑贷款

#### 二、多项选择题

5.商业银行对贷款进行分类,应主要考虑( )。
 A.贷款项目的盈利能力 B.贷款的担保
 C.借款人的还款能力 D.借款人的还款记录
 E.借款人的还款意愿

6.下列情况应被分为次级类贷款的是( )。
 A.借款人采取不正当手段套取贷款
 B.借款人财务状况不佳
 C.借款人还款意愿较差,不愿与贷款银行合作
 D.借款人出现持续财务困难,影响到其业务的持续经营
 E.借款人资不抵债,无力还款

#### 三、判断题

7.商业银行应至少每年对全部贷款进行一次分类。( )
 A.正确 B.错误

8.贷款分类有助于监管当局评估银行贷款质量和变化趋势,并由此进一步发现银行潜

在的问题。（　　）

A.正确　　　　　　　　　　　　B.错误

9.重组贷款的分类档次在至少一年的观察期内不得调高，观察期结束后，应严格按照指引规定进行分类。（　　）

A.正确　　　　　　　　　　　　B.错误

## 参考答案及解析

### 一、单项选择题

1.A　【解析】关注类贷款是指尽管借款人目前有能力偿还贷款本息，但存在一些可能对偿还产生不利影响的因素。

2.D　【解析】我国全面实行贷款五级分类制度，该制度按照贷款的风险由小到大的程度，将银行信贷资产分为正常、关注、次级、可疑、损失五类。

3.B　【解析】贷款分类的目的：（1）揭示贷款的实际价值和风险程度，真实、全面、动态地反映贷款质量；（2）及时发现信贷管理过程中存在的问题，采取相应措施，化解贷款风险；（3）为商业银行计提贷款损失准备金、实施责任追究和绩效考核提供依据。

4.B　【解析】在贷款分类中，改变贷款用途的贷款至少被分类为关注类贷款。

### 二、多项选择题

5.ABCDE　【解析】除A、B、C、D、E选项外，商业银行对贷款进行分类，还应考虑以下因素：（1）贷款偿还的法律责任；（2）银行的信贷管理状况。

6.AD　【解析】在贷款分类中，应该被分为次级类贷款的包括：（1）借款人采取不正当手段套取贷款；（2）借款人出现持续财务困难，影响到其业务的持续经营；（3）借款人内部管理混乱，影响债务的及时足额清偿。B、C选项应被分为关注类贷款，E选项应被分为可疑类贷款。

### 三、判断题

7.B　【解析】商业银行应至少每季度对全部贷款进行一次分类。如果影响借款人财务状况或贷款偿还因素发生重大变化，应及时调整对贷款的分类。

8.A　【解析】贷款分类有助于监管当局评估银行贷款质量和变化趋势，并由此进一步发现银行潜在的问题。通过要求披露贷款分类，也可以提高市场透明度，形成市场约束。

9.B　【解析】重组贷款的分类档次在至少6个月的观察期内不得调高，观察期结束后，应严格按照指引规定进行分类。

# 第十一章 不良贷款管理

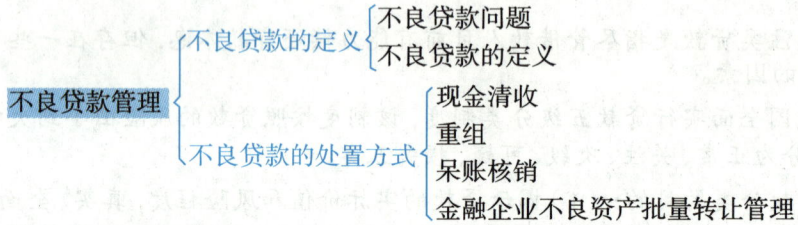

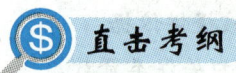

1. 掌握不良贷款的相关内容。
2. 熟悉不良贷款的处置方式。

## 第一节 不良贷款的定义

### 一、不良贷款问题

长期以来,不良贷款问题是我国银行面临的重要难题。针对不良贷款问题,我国银行采取了很多措施,如制定严格的信贷管理制度、不良贷款操作规程,实行专业化清收处置,加大不良贷款各项的指标的考核等。

### 二、不良贷款的定义

不良贷款是指借款人未能按原定的贷款协议按时偿还商业银行的贷款本息,或者已有迹象表明借款人不可能按原定的贷款协议按时偿还商业银行的贷款本息而形成的贷款。

按照四级分类的标准,我国曾经将不良贷款定义为呆账贷款、呆滞贷款和逾期贷款的总和。从2002年起，我国全面实行贷款五级分类制度，按照该制度，不良贷款主要指次级类、可疑类和损失类贷款。

## 第二节　不良贷款的处置方式

### 一、现金清收

#### 1.现金清收准备

（1）债权维护

资产保全人员至少要从以下方面认真维护债权：①妥善保管能够证明主债权和担保债权客观存在的档案材料，例如借款合同、借据、担保合同、抵质押登记证明等；②确保主债权和担保权利具有强制执行效力，主要是确保不超过诉讼时效、保证责任期间，确保不超过生效判决的申请执行期限；③防止债务人逃废债务。

向人民法院申请保护债权的诉讼时效期间通常为3年。诉讼时效从债务人应当还款之日起算，但在3年期间届满之前，债权银行提起诉讼、向债务人提出清偿要求或者债务人同意履行债务的，诉讼时效中断；从中断时起，重新计算诉讼时效期间（仍然为3年）。

保证人和债权人应当在合同中约定保证责任期间，双方没有约定的，从借款企业偿还借款的期限届满之日起的6个月内，债权银行应当要求保证人履行债务，否则保证人可以拒绝承担保证责任。

（2）财产清查

清查债务人可供偿还债务的财产，对于清收效果影响很大。对于能够如实提供经过审计财务报表的企业，财产清查相对容易一些。为了发现债务人财产线索，需要查找债务人的工商登记和纳税记录。有些债务人还没有完全停止经营活动，往往会采取各种手段包括互联网向其客户作正面宣传，从债务人对自己的正面宣传中，能够发现一些有价值的财产线索。

#### 2.常规清收

根据是否诉诸法律，可以将清收划分为常规清收和依法收贷两种。常规清收包括直接追偿、协商处置抵（质）押物、委托第三方清收等方式。常规清收需要注意以下四点：

（1）要分析债务人拖欠贷款的真正原因，判断债务人短期和中长期的清偿能力。
（2）利用政府和主管机关向债务人施加压力。
（3）要从债务人今后发展需要银行支持的角度，引导债务人自愿还款。
（4）要将依法收贷作为常规清收的后盾。

#### 3.依法收贷

依法收贷的步骤是向人民法院提起诉讼（或者向仲裁机关申请仲裁），胜诉后向人民法院申请强制执行。胜诉后债务人自动履行的，则无须申请强制执行。在起诉前或者起诉后，为了防止债务人转移、隐匿财产，债权银行可以向人民法院申请财产保全。对于借贷关系清楚的案件，债权银行也可以不经起诉而直接向人民法院申请支付令。对于扭亏无望、无法清偿到期债务的企业，可考虑申请其破产。

（1）提起诉讼

人民法院审理案件，一般应在立案之日起6个月内做出判决。银行如果不服地方人民法院第一审判决的，有权在判决书送达之日起15日内向上一级人民法院提起上诉。

（2）财产保全

财产保全分为诉前财产保全和诉中财产保全。诉前财产保全是指债权银行因情况紧急，不立即申请财产保全将会使其合法权益受到难以弥补的损失，因而在起诉前向人民法院申请采取财产保全措施；诉中财产保全是指可能因债务人一方的行为或者其他原因，使判决不能执行或者难以执行的案件，人民法院根据债权银行的申请裁定或者在必要时不经申请自行裁定采取财产保全措施。

银行在依法收贷的纠纷中申请财产保全有两方面作用：①防止债务人的财产被隐匿、转移或者毁损灭失，保障日后执行顺利进行；②对债务人财产采取保全措施，影响债务人的生产和经营活动，迫使债务人主动履行义务。

（3）申请支付令

根据《中华人民共和国民事诉讼法》的规定，债权人请求债务人给付金钱和有价证券，如果债权人和债务人没有其他债务纠纷的，可以向有管辖权的人民法院申请支付令。债务人应当自收到支付令之日起15日内向债权人清偿债务，或者向人民法院提出书面异议。债务人在收到支付令之日起15日内既不提出异议又不履行支付令的，债权人可以向人民法院申请执行。如果借款企业对于债务本身并无争议，而仅仅由于支付能力不足而未能及时归还的贷款，申请支付令可达到与起诉同样的效果，但申请支付令所需费用和时间远比起诉少。

（4）申请强制执行

对于下列法律文书，债务人必须履行，债务人拒绝履行的，银行可以向人民法院申请强制执行：①人民法院发生法律效力的判决、裁定和调解书；②依法设立的仲裁机构的裁决；③公证机关依法赋予强制执行效力的债权文书。另外，债务人接到支付令后既不履行债务又不提出异议的，银行也可以向人民法院申请强制执行。

申请强制执行应当及时进行。根据《中华人民共和国民事诉讼法》的规定，申请强制执行的法定期限为2年。申请强制执行期限，从法律文书规定履行期间的最后一日起计算；法律文书规定分期履行的，从最后一期履行期限届满之日起计算；法律未规定履行期间的，从法律文书生效之日起计算。

（5）申请债务人破产

当债务人不能偿还到期债务而且经营亏损的趋势无法逆转时，应当果断申请对债务人实施破产。对于有多个债权人的企业，若其他债权人已经抢先采取了法律行动，例如强制执行债务人的财产，或者债务人开始采取不正当的手段转移财产，此时债权银行应当考虑申请债务人破产,从而达到终止其他强制执行程序、避免债务人非法转移资产的目的。

(单选)对于不能偿还到期债务且经营亏损的趋势无法逆转的企业、债权银行可申请其( )。
A.支付令　　　　　　　　　B.财产保全
C.强制执行　　　　　　　　D.破产
【答案】D
【解析】当债务人不能偿还到期债务而且经营亏损的趋势无法逆转时,应当果断申请对债务人实施破产。

## 二、重组

从广义上来说,贷款重组就是债务重组。根据债权银行在重组中的地位和作用,可以将贷款重组划分为自主型贷款重组和司法型贷款重组。自主型贷款重组完全由借款企业和债权银行协商决定。司法型贷款重组,主要指在《中华人民共和国企业破产法》中规定的和解与整顿程序以及国外的破产重整程序中,在法院主导下债权人对债务进行适当的调整。

### (一)重组的概念和条件

#### 1.重组的概念

贷款重组是指借款企业由于财务状况恶化或其他原因而出现还款困难,银行在充分评估贷款风险并与借款企业协商的基础上,修改或重新制订贷款偿还方案,调整贷款合同条款,控制和化解贷款风险的行为。

#### 2.重组的条件

办理贷款重组的条件是有利于银行贷款资产风险的控制及促进现金回收,减少经济损失。具备以下条件之一,同时其他贷款条件没有因此明显恶化的,可考虑办理债务重组:

(1)通过债务重组,借款企业能够改善财务状况,增强偿债能力。
(2)通过债务重组,能够弥补贷款法律手续方面的重大缺陷。
(3)通过债务重组,能够追加或者完善担保条件。
(4)通过债务重组,能够使银行债务先行得到部分偿还。
(5)通过债务重组,可以在其他方面减少银行风险。

### (二)贷款重组的方式

目前商业银行的贷款重组方式主要有六种,即变更担保条件、调整还款期限、调整利率、借款企业变更、债务转为资本和以资抵债。

#### 1.变更担保条件

(1)将抵押或质押转换为保证。
(2)将保证转换为抵押或质押,或变更保证人。

(3)直接减轻或免除保证人的责任。

### 2. 调整还款期限
主要根据企业偿债能力制定合理的还款期限，从而有利于鼓励企业增强还款意愿。延长还款期限要注意遵守监管当局的有关规定。

### 3. 调整利率
主要将逾期利率调整为相应档次的正常利率或下浮，从而减轻企业的付息成本。调低利率也要遵守人民银行和各银行关于利率管理的规定。

### 4. 借款企业变更
主要是借款企业发生合并、分立、股份制改造等情形时，银行同意将部分或全部债务转移到第三方。在变更借款企业时，要防止借款企业利用分立、对外投资、设立子公司等手段逃废银行债务。

### 5. 债务转为资本
债务转为资本是指债务人将债务转为资本，同时债权人将债权转为股权的债务重组方式。但债务人根据转换协议，将应付可转换公司债券转为资本的，则属于正常情况下的债务转资本，不能作为债务重组处理。

### 6. 以资抵债
（1）以资抵债的条件

①债务人因资不抵债或其他原因关停倒闭、宣告破产，经合法清算后，依照有权部门判决、裁定以其合法资产抵偿银行贷款本息的。

②债务人故意"悬空"贷款、逃避还贷责任，债务人改制，债务人关闭、停产，债务人挤占挪用信贷资金等其他情况出现时，银行不实施以资抵债信贷资产将遭受损失的。

③债务人贷款到期，确无货币资金或货币资金不足以偿还贷款本息，以事先抵押或质押给银行的财产抵偿贷款本息的。

（2）抵债资产的范围

抵债资产应当是债务人所有或债务人依法享有处分权，并且具有较强变现能力的财产，主要包括以下五类：①动产，包括机器设备、交通运输工具、借款人的原材料、产成品、半成品等；②不动产，包括土地使用权、建筑物及其他附着物等；③无形资产，包括专利权、著作权、期权等；④有价证券，包括股票和债券等；⑤其他有效资产。

下列资产不得用于抵偿债务，但根据人民法院和仲裁机构生效法律文书办理的除外：①抵债资产本身发生的各种欠缴税费，接近、等于或超过该财产价值的；②所有权、使用权不明确或有争议的；③资产已经先于银行抵押或质押给第三人的；④依法被查封、扣押、监管的资产；⑤债务人公益性质的职工住宅等生活设施、教育设施和医疗卫生设施；⑥其他无法变现或短期难以变现的资产。

（3）抵债资产的接收

商业银行在取得抵（质）押品及其他以物抵贷财产（以下简称抵债资产）后，要按以下原则确定其价值：①借、贷双方的协商议定价值；②借、贷双方共同认可的权威评估部门评估确认的价值；③法院裁决确定的价值。

在取得抵债资产过程中发生的有关费用，可以从按以上原则确定的抵押品、质押品的价值中优先扣除，并以扣除有关费用后的抵押品、质押品的净值作为计价价值，同时，将抵债资产按计价价值转入账内单独管理。

商业银行在取得抵债资产时，要同时冲减贷款本金与应收利息。抵债资产的计价价值与贷款本金和应收利息之和的差额，按以下规定处理：①抵债资产的计价价值低于贷款本金时，其差额作为呆账，经总行批准核销后连同表内利息一并冲减呆账准备金；②抵债资产的计价价值等于贷款本金时，作为贷款本金收回处理；其表内应收利息经总行批准核销后冲减呆账准备金；③抵债资产的计价价值高于贷款本金但低于贷款本金与应收利息之和时，其相当于贷款本金的数额作为贷款本金收回处理；超过贷款本金的部分作为应收利息收回处理，不足应收利息部分经总行批准后冲减呆账准备金；④抵债资产的计价价值等于贷款本金与应收利息之和时，作为收回贷款本金与应收利息处理；⑤抵债资产的计价价值高于贷款本金与应收利息之和时，其差额列入保证金科目设专户管理，待抵债资产变现后一并处理。

（4）抵债资产管理

抵债资产的管理主要涉及抵债资产的管理原则、抵债资产的保管、抵债资产的处置、监督检查及考核等五个方面的内容。

①抵债资产的管理原则

| 原则 | 内容 |
| --- | --- |
| 严格控制原则 | 银行债权应首先考虑以货币形式受偿，从严控制以物抵债。当现金受偿确实不能实现时，可接受以物抵债 |
| 合理定价原则 | 抵债资产必须经过严格的资产评估来确定价值，评估程序应合法合规，要以市场价格为基础合理定价 |
| 妥善保管原则 | 对收取的抵债资产应妥善保管，确保抵债资产安全、完整和有效 |
| 及时处置原则 | 收取抵债资产后应及时进行处置，尽快实现抵债资产向货币资产的有效转化 |

②抵债资产的保管

银行要按照有利于抵债资产经营管理和保管的原则，确定抵债资产经营管理主责任人，指定保管责任人，并明确各自职责。

银行在办理抵债资产接收后应根据抵债资产的类别（包括不动产、动产和权利等）、特点等决定采取上收保管、就地保管、委托保管等方式。在抵债资产的收取直至处置期间，银行应妥善保管抵债资产，对抵债资产要建立定期检查、账实核对制度。每个季度应至少组织一次对抵债资产的账实核对，并做好核对记录。核对应做到账簿一致和账实相符，若有不符的，应查明原因，及时报告并据实处理。

### ③抵债资产的处置

抵债资产收取后应尽快处置变现,应以抵债协议书生效日,或法院、仲裁机构裁决抵债的终结裁决书生效日为抵债资产取得日,不动产和股权应自取得日起2年内予以处置;除股权外的其他权利应在其有效期内尽快处置,最长不得超过自取得日起的2年;动产应自取得日起1年内予以处置。

抵债资产原则上应采用公开拍卖方式进行处置。拍卖抵债金额1 000万元(含)以上的单项抵债资产应通过公开招标方式确定拍卖机构。抵债资产拍卖原则上应采用有保留价拍卖的方式。不适于拍卖的,可根据资产的实际情况,采用协议处置、招标处置、打包出售、委托销售等方式变现。

抵债资产收取后原则上不能对外出租。受客观条件限制,在规定时间内确实无法处置的抵债资产,为避免资产闲置造成更大损失,在租赁关系的确立不影响资产处置的情况下,可在处置时限内暂时出租。

银行不得擅自使用抵债资产。确因经营管理需要将抵债资产转为自用的,视同新购固定资产办理相应的固定资产购建审批手续。

### ④监督检查

银行应当对抵债资产收取、保管和处置情况进行检查,发现问题及时纠正。在收取、保管、处置抵债资产过程中,有下列情况之一者,应视情节轻重进行处理;涉嫌违法犯罪的,应当移交司法机关,依法追究法律责任:截留抵债资产经营处置收入的;擅自动用抵债资产的;未经批准收取、处置抵债资产的;玩忽职守,怠于行使职权而造成抵债资产毁损、灭失的;擅自将抵债资产转为自用资产的;恶意串通抵债人或中介机构,在收取抵债资产过程中故意高估抵债资产价格,或在处理抵债资产过程中故意低估价格,造成银行资产损失的。

### ⑤考核

建立抵债资产处理考核制度,考核年度抵债资产的变现成果可以用抵债资产年处置率和抵债资产变现率两个指标进行考核。

$$抵债资产年处置率 = \frac{一年内已处理的抵债资产总价(列账的计价价值)}{一年内待处理的抵债资产总价(列账的计价价值)} \times 100\%$$

$$抵债资产变现率 = \frac{已处理的抵债资产变现价值}{已处理抵债资产总价(原列账的计价价值)} \times 100\%$$

## (三)司法型贷款重组

### 1. 破产重整

破产重整是指债务人不能清偿到期债务时,债务人、债务人股东或债权人等向法院提出重组申请,在法院主导下,债权人与债务人进行协商,调整债务偿还安排,尽量挽救债务人,避免债务人破产以后对债权人、股东和雇员等人,尤其是对债务企业所在地的公共利益产生重大不利影响。

法院裁定债务人进入破产重整程序以后,其他强制执行程序,包括对担保物权的强制执行程序,都应立即停止。当债权人内部发生无法调和的争议,或者债权人无法与债务人达成一致意见时,法院会根据自己的判断做出裁决。

**2.《中华人民共和国企业破产法》规定的和解与整顿程序**

和解是指人民法院受理债权人提出的破产申请后三个月内,债务人的上级主管部门申请整顿,经债务人与债权人会议就和解协议草案达成一致,由人民法院裁定认可而中止破产程序的过程。

整顿是指债务人同债权人会议达成的和解协议生效后,由债务人的上级主管部门负责主持并采取措施,力求使濒临破产的企业复苏并能够执行和解协议的过程。

《中华人民共和国企业破产法》中规定的和解与整顿制度有以下三个特点:

(1)和解与整顿融为一体,和解是整顿的前提,整顿是和解成立的结果,没有和解协议生效,就没有整顿程序。

(2)和解与整顿又是两个相互独立的程序,和解是破产程序的一个部分,而整顿程序只有在破产程序中止之后才能开始。

(3)和解与整顿由政府行政部门决定和主持,带有立法当时的时代特征,不符合今天市场经济发展的形势。

(单选)有关抵债资产的处置,动产应当自取得之日起(　　)内予以处置。

A.1年　　　　　　　　　　　　B.6个月
C.3个月　　　　　　　　　　　D.2年

【答案】A

【解析】抵债资产收取后应尽快处置变现,应以抵债协议书生效日,或法院、仲裁机构裁决抵债的终结裁决书生效日为抵债资产取得日,不动产和股权应取得日起2年内予以处置;除股权外的其他权利应在其有效期内尽快处置,最长不得超过自取得日起的2年;动产应自取得日起1年内予以处置。

### 三、呆账核销

呆账核销是指银行经过内部审核确认后,动用呆账准备金将无法收回或者长期难以收回的贷款或投资从账面上冲销,从而使账面反映的资产和收入更加真实。

**1.呆账的认定**

银行经采取所有可能的措施和实施必要的程序之后,符合下列条件之一的债权或者股权可认定为呆账:

（1）借款人依法宣告破产、关闭、解散或者撤销,相关程序已经终结,金融企业对借款人财产进行清偿,并对担保人进行追偿后,仍未能收回的剩余债权；法院依法宣告借款人破产后180天以上仍未终结破产程序的,金融企业对借款人和担保人进行追偿后,经法院或破产管理人出具证明或内部清收报告,仍未能收回的剩余债权。

（2）借款人遭受自然灾害或者意外事故,损失不能获得保险赔偿,或者以保险赔偿后,确实无力偿还部分或者全部债务,银行对其财产进行清偿,并对担保人进行追偿后,仍未能收回的剩余债权。

（3）借款人已完全停止经营活动,被县级及县级以上市场监督管理部门依法注销、吊销营业执照,金融企业对借款人和担保人进行追偿后,仍未能收回的剩余债权。

（4）借款人已完全停止经营活动或者下落不明,超过3年未履行企业年度报告公示义务,金融企业对借款人和担保人进行追偿后,仍未能收回的剩余债权。

（5）借款人触犯刑法,依法被判处刑罚,导致其丧失还款能力,其财产不足归还所借债务,又无其他债务承担者,本行经追偿后,仍未能收回的剩余债权。

（6）由于借款人和担保人不能偿还到期债务,金融企业诉诸法律,借款人和担保人虽有财产,但对借款人和担保人强制执行超过180天以上仍未能收回的剩余债权；或者借款人和担保人虽有财产,但进入强制执行程序后,由于执行困难等原因,经法院裁定终结(中止)执行或者终结本次执行程序的债权；或者借款人和担保人无财产可执行,法院裁定终结(中止)执行或者终结本次执行程序的债权。

（7）金融企业对借款人和担保人诉诸法律后,借款人和担保人按照《中华人民共和国企业破产法》相关规定进入重整或者和解程序后,破产重整协议或者破产和解协议经法院裁定通过,根据重整协议或和解协议,金融企业对剩余债权向担保人进行追偿后,仍未能收回的剩余债权。

（8）金融企业对借款人和担保人诉诸法律后,在法院主持下出具调解书或者达成执行和解协议并记入执行笔录,根据和解协议或调解书,金融企业对剩余债权向担保人进行追偿后,仍未能收回的剩余债权。

（9）金融企业对借款人和担保人诉诸法律后,因借款人和担保人主体资格不符或者消亡等原因,被法院驳回起诉或者判决借款人和担保人不承担(或者部分承担)责任；或者因借款合同、担保合同等权利凭证遗失或者超过诉讼时效,金融企业经追偿后,仍未能收回的剩余债权。

（10）金融企业依法取得抵债资产,对抵债金额小于贷款本息的差额,符合上述(1)至(9)项原因,经追偿后仍未能收回的剩余债权。

（11）开立信用证、办理承兑汇票、开具保函等发生垫款时,凡业务申请人和保证人由于上述(1)至(10)项原因,无法偿还垫款,金融企业经追偿后,仍无法收回的垫款。

（12）金融企业采取打包出售、公开拍卖、转让、债务减免、债转股、信贷资产证券化等市场手段处置债权或者股权后,根据转让协议或者债务减免协议,其处置回收资金与债权或股权余额的差额。

（13）对于单户贷款余额在500万元及以下(农村信用社、村镇银行为50万元及以下)的对公贷款,经追索180天以上,仍未能收回的剩余债权。

（14）因借款人、担保人或者其法定代表人、实际控制人涉嫌违法犯罪,或者因金融企业内部案件,经公安机关或者检察机关正式立案侦查1年以上,金融企业对借款人、担保人或者其他还款义务人进行追偿后,仍未能收回的剩余债权。

（15）金融企业对单户贷款余额在6 000万元及以下的,经追索180天以上,仍无法收回的中小企业贷款和涉农贷款,可按照账销案存的原则自主核销;对于单户余额在5万元及以下的农户贷款,可以采用清单方式进行核销。其中,中小企业贷款是指本行对年销售额和资产总额均不超过2亿元的企业的贷款,涉农贷款是按《中国人民银行中国银行业监督管理委员会关于建立〈涉农贷款专项统计制度〉的通知》(银发〔2007〕246号,以后变化从其规定)规定的农户贷款和农村企业及各类组织贷款。

（16）具有投资权的金融企业对外投资,满足下列条件之一的可认定为呆账:①被投资企业依法宣告破产、关闭、解散或者撤销,金融企业经清算和追偿后,仍无法收回的股权;②被投资企业已完全停止经营活动,被县级及县级以上市场监督管理部门依法注销、吊销营业执照,金融企业经追偿后,仍无法收回的股权;③被投资企业财务状况严重恶化,累计发生亏损,已连续停止经营3年以上,且无重新恢复经营改组计划的;或者被投资企业财务状况严重恶化,累计发生亏损,已完成破产清算或者清算期超过2年以上的,金融企业无法收回的股权;④金融企业对被投资企业不具有控制权,投资期限届满或者投资期限超过10年,且被投资企业资不抵债的,本行无法收回的股权。

（17）形成不良资产超过8年,经尽职追索后仍未能收回的剩余债权和股权。

（18）经国务院专案批准核销的债权。

**2. 呆账核销的申报与审批**

（1）呆账核销的申报

一般债券或股权呆账核销,需提供以下材料:①破产、关闭、解散证明、撤销决定文件和财产清偿证明、财产追偿证明或内部证据。②死亡或者失踪证明、司法部门或者县级以上医院出具的借款人丧失完全民事行为能力或者劳动能力的证明和财产追偿证明或内部证据。③自然灾害或者意外事故证明、保险赔偿证明和财产清偿证明、财产追偿证明或内部证据。④县级及县级以上市场监督管理部门注销、吊销证明和财产追偿证明或内部证据。⑤县级及县级以上工商行政管理部门查询证明和财产追偿证明或内部证据。⑥法院裁定证明和财产清偿证明、财产追偿证明或内部证据。⑦强制执行证明或者法院裁定证明、财产追偿证明或内部证据。⑧法院裁定证明、本行与借款人和担保人签订的重整协议或者和解协议和内部证据。⑨调解书、执行笔录或者和解协议和内部证据。⑩法院驳回起诉证明或判决书、裁定书、民事调解书、仲裁裁决书或仲裁调解书；因权利凭证遗失无法诉诸法律的,提交台账、贷款审批单等旁证材料、追索记录、情况说明以及本行法律事务部门或聘请的律师事务所出具的法律意见书；因超过诉讼时效无法诉诸法律的,提交本行法律事务部门出具的法律意见书。⑪抵债资产接收证明、抵债金额确定证明和上述①至项的相关证明。⑫垫款证明和上述①至项的相关证明。⑬资产处置方案、出售转让合同（或协议）、贷款减免协议、成交及入账证明和资产余额清单。⑭追索记录,包括电话追索、信函追索和上门追索等原始记录,并由经办人和负责人共同签章确认。⑮公检法部门出具的法律证明材料,财产追偿证明、内部清收报告或法律意见书。⑯中小企业贷款、涉农贷款分类证明,追索记录,对于符合条件的小额农户贷款由经办人和负责人共同签章确认,可以采用提供客户清单方式经有权人审批同意后核销。⑰个人经营贷款分类证明,个人经营贷款用途证明材料,追索记录。⑱抵押情况证明,抵押物处置证明,追索记录,包括电话追索、信函追索和上门追索等原始记录,并由经办人和负责人共同签章确认；对于符合条件的小额个人贷款,可以采用提供客户清单方式经有权人审批同意后核销。⑲债权和抵质押情况,追偿情况,抵质押物处置情况,法院裁定证明或执行证明等外部证据,或内部证据。⑳被投资企业破产、关闭、解散证明、撤销决定文件、县级及县级以上市场监督管理部门注销、吊销证明和财产清偿证明、财产追偿证明,或者破产清算证明、被投资企业财务状况证明、投资期证明等。㉑发行人或者托管人提供的结构性产品被清盘的证明文件,市场通用资讯平台显示的资产池损失信息,相关情况说明,包括债券基本情况、损失原因等。㉒不良资产分类证明、追索记录。㉓国务院批准文件。

（2）呆账核销的审批

> 呆账核销审查要点主要包括：①呆账核销理由是否合规；②银行债权是否充分受偿；③呆账数额是否准确；④贷款责任人是否已经认定、追究。
>
> 银行发生的呆账,经逐级上报,由银行总行（总公司）审批核销。银行核销呆账,必须严格履行审核、审批手续,并填报呆账核销申报表。

除法律法规和《金融企业呆账核销管理办法（2017年版）》的规定外,其他任何机构和个人（包括借款人）不得干预、参与金融企业呆账核销运作；同时,下列债权或者股权不得作为呆账核销：①借款人或者担保人有经济偿还能力,银行未按本办法规定,履行所有可能的措施和实施必要的程序追偿的债权；②违反法律、法规的规定,以各种形式逃废或者悬空的银行债权；③因行政干预造成逃废或者造成悬空的银行债权；④银行未向借款人和担保人追偿的债权；⑤其他不应当核销的银行债权或者股权。

3. 呆账核销后的管理

对于已核销的资产,除依据法律法规和本办法规定的权利义务已终结的情形外,金融企业仍然享有已核销债务或股权等合法权益,要按照"账销案存、权在力催"的原则,比照

第十一章 不良贷款管理

表内债务和股权的管理方式加强管理,建立保全和尽职追偿制度,实现核销前与核销后的管理的有效衔接,最大限度减少损失,充分维护资产权益。

对于已核销的资产,除依据法律法规和本办法规定的权利义务已终结的情形外,金融企业要履行清收职责,继续尽职追索,全面查找各项关联财产线索,发现有效财产后,要及时进行资产保全;对可恢复的中止或终结裁定的,在获取财产线索证据后,及时向法院提请恢复执行。同时,金融企业要对已核销资产做好台账记录、立卷归档、专人管理,加强追索维护权益。

符合下列条件之一的债权与债务,或投资与被投资关系,可完全终结,不纳入账销案存资产管理:

（1）列入国家兼并破产计划核销的贷款。
（2）经国务院专案批准核销的债权。
（3）法院裁定终结执行或者被法院判决（或者仲裁机构裁决）借款人不承担（或者部分承担）责任,并且了结债权债务关系的债权。
（4）法院裁定通过重整协议或者和解协议,根据重整协议或者和解协议核销的债权,在重整协议或者和解协议执行完毕后。
（5）自法院裁定破产案件终结之日起已超过2年的债权。
（6）金融企业按规定采取打包出售、公开拍卖、转让、债务减免、债转股、信贷资产证券化等市场手段处置债权或者股权,受让方或者借款人按照转让协议或者债务减免协议履行相关义务完毕后,其处置回收资金与债权或股权余额的差额。
（7）被法院驳回起诉,或者超过诉讼时效（或者仲裁时效）,并经2年以上补救未果的债权。
（8）其他依法终结债务关系或投资关系的情况。

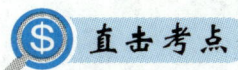

（单选）由于借款人和担保人不能偿还到期债务,银行诉诸法律,借款人和担保人虽有财产,经法院对借款人和担保人强制执行(　　)以上仍未收回的债权可以认定为呆账。

A.100天　　　　　　　　　　　　B.150天
C.170天　　　　　　　　　　　　D.180天

【答案】D
【解析】根据《金融企业呆账核销管理办法（2017年版）》的相关规定,由于借款人和担保人不能偿还到期债务,金融企业诉诸法律,借款人和担保人虽有财产,经法院对借款人和担保人强制执行超过180天以上仍未收回的债权;或借款人和担保人无财产可执行,法院裁定执行程序终结或终止（中止）的债权,可以认定为呆账。

213

### 四、金融企业不良资产批量转让管理

根据《金融企业不良资产批量转让管理办法》的规定，金融企业是指在中华人民共和国境内依法设立的国有及国有控股商业银行、政策性银行、信托投资公司、财务公司、城市信用社、农村信用社以及国务院银行业监督管理机构依法监督管理的其他国有及国有控股金融企业（金融资产管理公司除外）。资产管理公司是指具有健全公司治理、内部管理控制机制，并有5年以上不良资产管理和处置经验，公司注册资本金100亿元（含）以上，取得银保监会核发的金融许可证的公司，以及各省、自治区、直辖市人民政府依法设立或授权的资产管理或经营公司。

批量转让是指金融企业对一定规模的不良资产（3户/项以上）进行组包，定向转让给资产管理公司的行为。不良资产批量转让工作应坚持依法合规、公开透明、竞争择优、价值最大化原则。

金融企业应在每批次不良资产转让工作结束后30个工作日内，向同级财政部门和银保监会或属地银监局报告转让方案及处置结果，其中中央管理的金融企业报告财政部和银保监会，地方管理的金融企业报告同级财政部门和属地银监局。同一报价日发生的批量转让行为作为一个批次。

金融企业应于每年2月20日前向同级财政部门和银保监会或属地银监局报送上年度批量转让不良资产情况报告。省级财政部门和银监局于每年3月30日前分别将辖区内金融企业上年度批量转让不良资产汇总情况报财政部和银保监会。

金融企业应做好不良资产批量转让工作的内部检查和审计，认真分析不良资产的形成原因，及时纠正存在的问题，总结经验教训，提出改进措施，强化信贷管理和风险防控。

## 实战演练

### 一、单项选择题

1. 下列不属于商业银行不良资产处理方式的是（　　）。
   A. 呆账核销　　　　　　　　B. 法律仲裁
   C. 现金清收　　　　　　　　D. 债务重组

2. （　　）是指银行经过内部审核确认后，动用呆账准备金将无法收回或者长期难以收回的贷款或投资从账面上冲销，从而使账面反映的资产和收入更加真实。
   A. 呆账计提　　　　　　　　B. 呆账准备
   C. 呆账减值　　　　　　　　D. 呆账核销

3. 商业银行贷款重组方式不包括（　　）。
   A. 以资抵债　　　　　　　　B. 债务转为资本

C.破产清算                    D.调整利率

4.商业银行拍卖抵债金额（    ）万元（含）以上的单项抵债资产应通过公开招标方式确定拍卖机构。

A.500                        B.2 000

C.1 000                      D.1 500

5.对可能因债务人一方的行为或者其他原因,使判决不能执行或者难以执行的案件,人民法院根据债权银行的申请裁定或者在必要时不经申请自行裁定采取的财产保全措施属于（    ）。

A.诉后财产保全              B.诉前财产保全

C.诉中财产保全              D.诉讼财产保全

## 二、多项选择题

6.抵债资产进行处置的方式包括（    ）。

A.协议处置                  B.委托销售

C.招标处置                  D.打包出售

E.公开拍卖

7.银行对于取得的抵债资产可以采取以（    ）方式保管。

A.信托保管                  B.就地保管

C.以租代管                  D.上收保管

E.委托保管

8.当债务人不能清偿到期债务时,（    ）可以向法院申请重组。

A.工商管理部门              B.债务人主管机关

C.债务人股东                D.债权人

E.债务人

9.采取常规清收手段无效后,可采取依法收贷的措施。依法收贷的步骤包括（    ）。

A.提起诉讼                  B.财产清收

C.申请财产保全              D.申请破产

E.重组

## 三、判断题

10.银行在处置不良贷款的过程中收到的抵债资产,原则上不能对外出租。但对规定时间内确实无法处置的抵债资产,为避免资产闲置造成更大损失,在租赁关系的确立不影响资产处置的情况下,可在处置时限内暂时出租。（    ）

A.正确                      B.错误

11.除股权外的其他权利作为抵债资产的,处置时限最长不得超过自取得日起的1年。（    ）

A.正确                      B.错误

12. 呆账核销账务处理完毕后，说明银行已经放弃债权。（　　）
A.正确　　　　　　　　　　　B.错误

## 参考答案及解析

### 一、单项选择题

1.B 【解析】商业银行不良贷款的处置方式主要有：(1)现金清收；(2)贷款重组，从广义上来说，即债务重组，目前商业银行的贷款重组方式主要有六种，即变更担保条件、调整还款期限、调整利率、借款企业变更、债务转为资本和以资抵债；(3)呆账核销。

2.D 【解析】呆账核销是指银行经过内部审核确认后，动用呆账准备金将无法收回或者长期难以收回的贷款或投资从账面上冲销，从而使账面反映的资产和收入更加真实。

3.C 【解析】目前商业银行的贷款重组方式主要有六种：(1)变更担保条件；(2)调整还款期限；(3)调整利率；(4)借款企业变更；(5)债务转为资本；(6)以资抵债。但在实务中，贷款重组可以有多种方式，各种方式可以单独使用，也可以结合使用。

4.C 【解析】抵债资产原则上应采用公开拍卖方式进行处置。拍卖抵债金额1 000万元(含)以上的单项抵债资产应通过公开招标方式确定拍卖机构。

5.C 【解析】财产保全分为诉前财产保全和诉中财产保全两种。诉前财产保全是指债权银行因情况紧急，不立即申请财产保全将会使其合法权益受到难以弥补的损失，因而在起诉前向人民法院申请采取财产保全措施。诉中财产保全的含义如题干所述。

### 二、多项选择题

6.ABCDE 【解析】抵债资产原则上应采用公开拍卖方式进行处置。不适于拍卖的，可根据资产的实际情况，采用协议处置、招标处置、打包出售、委托销售等方式变现。

7.BDE 【解析】银行在办理抵债资产接收后应根据抵债资产的类别(包括不动产、动产和权利等)、特点等决定采取上收保管、就地保管、委托保管等方式。

8.CDE 【解析】破产重整是指债务人不能清偿到期债务时，债务人、债务人股东或债权人等向法院提出重组申请，在法院主导下，债权人与债务人进行协商，调整债务偿还安排，尽量挽救债务人，避免债务人破产以后对债权人、股东和雇员等人，尤其是对债务企业所在地的公共利益产生重大不利影响。

9.ACD 【解析】根据有关规定，债权人采取常规清收的手段无效后，可采取依法收贷措施，其步骤为：(1)向人民法院起诉(或向仲裁机关申请仲裁)，胜诉后向人民法院申请强制执行；(2)在起诉前或起诉后，为防止债务人转移、隐匿财产，可向人民法院申请财产保全；(3)对于借贷关系清楚的案件，债权银行可不经起诉直接向人民法院申请支付令；(4)对于扭亏无望、无法清偿到期债务的企业，可考虑申请其破产。

## 第十一章 不良贷款管理

### 三、判断题

10.A 【解析】抵债资产收取后原则上不能对外出租。因受客观条件限制，在规定时间内确实无法处置的抵债资产，为避免资产闲置造成更大损失，在租赁关系的确立不影响资产处置的情况下，可在处置时限内暂时出租。银行不得擅自使用抵债资产。

11.B 【解析】除股权外的其他权利作为抵债资产的，应在其有效期内尽快处置，最长不得超过自取得日起的2年。

12.B 【解析】呆账核销是银行内部的账务处理，并不视为银行放弃债权。对于核销呆账后债务人仍然存在的，应注意对呆账核销事实加以保密，一旦发现债务人恢复偿债能力，应积极催收。

# 附 录

## 《贷款通则》

（中国人民银行1996年6月28日）

### 第一章 总 则

**第一条** 为了规范贷款行为，维护借贷双方的合法权益，保证信贷资产的安全，提高贷款使用的整体效益，促进社会经济的持续发展，根据《中华人民共和国中国人民银行法》《中华人民共和国商业银行法》等有关法律规定，制定本通则。

**第二条** 本通则所称贷款人，系指在中国境内依法设立的经营贷款业务的中资金融机构。

本通则所称借款人，系指从经营贷款业务的中资金融机构取得贷款的法人、其他经济组织、个体工商户和自然人。

本通则中所称贷款系指贷款人对借款人提供的并按约定的利率和期限还本付息的货币资金。

本通则中的贷款币种包括人民币和外币。

**第三条** 贷款的发放和使用应当符合国家的法律、行政法规和中国人民银行发布的行政规章。应当遵循效益性、安全性和流动性的原则。

**第四条** 借款人与贷款人的借贷活动应当遵循平等、自愿、公平和诚实信用的原则。

**第五条** 贷款人开展贷款业务，应当遵循公平竞争、密切协作的原则，不得从事不正当竞争。

**第六条** 中国人民银行及其分支机构是实施《贷款通则》的监管机关。

### 第二章 贷款种类

**第七条** 自营贷款、委托贷款和特定贷款：

自营贷款，系指贷款人以合法方式筹集的资金自主发放的贷款，其风险由贷款人承担，并由贷款人收回本金和利息。

委托贷款，系指由政府部门、企事业单位及个人等委托人提供资金，由贷款人（即受托人）根据委托人确定的贷款对象、用途、金额、期限、利率等代为发放、监督使用并协助收回的贷款。贷款人（受托人）只收取手续费，不承担贷款风险。

特定贷款,系指经国务院批准并对贷款可能造成的损失采取相应补救措施后责成国有独资商业银行发放的贷款。

**第八条** 短期贷款、中期贷款和长期贷款:
短期贷款,系指贷款期限在1年以内(含1年)的贷款。
中期贷款,系指贷款期限在1年以上(不含1年)5年以下(含5年)的贷款。
长期贷款,系指贷款期限在5年(不含5年)以上的贷款。
**第九条** 信用贷款、担保贷款和票据贴现:
信用贷款,系指以借款人的信誉发放的贷款。
担保贷款,系指保证贷款、抵押贷款、质押贷款。

保证贷款,系指按《中华人民共和国民法典》规定的保证方式以第三人承诺在借款人不能偿还贷款时,按约定承担一般保证责任或者连带责任而发放的贷款。

抵押贷款,系指按《中华人民共和国民法典》规定的抵押方式以借款人或第三人的财产作为抵押物发放的贷款。

质押贷款,系指按《中华人民共和国民法典》规定的质押方式以借款人或第三人的动产或权利作为质物发放的贷款。

票据贴现,系指贷款人以购买借款人未到期商业票据的方式发放的贷款。

**第十条** 除委托贷款以外,贷款人发放贷款,借款人应当提供担保。贷款人应当对保证人的偿还能力,抵押物、质物的权属和价值以及实现抵押权、质权的可行性进行严格审查。

经贷款审查、评估,确认借款人资信良好,确能偿还贷款的,可以不提供担保。

## 第三章 贷款期限和利率

**第十一条** 贷款期限:
贷款期限根据借款人的生产经营周期、还款能力和贷款人的资金供给能力由借贷双方共同商议后确定,并在借款合同中载明。

自营贷款期限最长一般不得超过10年,超过10年应当报中国人民银行备案。

票据贴现的贴现期限最长不得超过6个月,贴现期限为从贴现之日起到票据到期日止。

**第十二条** 贷款展期:
不能按期归还贷款的,借款人应当在贷款到期日之前,向贷款人申请贷款展期。是否展期由贷款人决定。申请保证贷款、抵押贷款、质押贷款展期的,还应当由保证人、抵押人、出质人出具同意的书面证明。已有约定的,按照约定执行。

短期贷款展期期限累计不得超过原贷款期限;中期贷款展期期限累计不得超过原贷款期限的一半;长期贷款展期期限累计不得超过3年。国家另有规定者除外。借款人未申请展期或申请展期未得到批准,其贷款从到期日次日起,转入逾期贷款账户。

**第十三条** 贷款利率的确定:
贷款人应当按照中国人民银行规定的贷款利率的上下限,确定每笔贷款利率,并在借款合同中载明。

**第十四条** 贷款利息的计收：

贷款人和借款人应当按借款合同和中国人民银行有关计息规定按期计收或交付利息。

贷款的展期期限加上原期限达到新的利率期限档次时，从展期之日起，贷款利息按新的期限档次利率计收。

逾期贷款按规定计收罚息。

**第十五条** 贷款的贴息：

根据国家政策，为了促进某些产业和地区经济的发展，有关部门可以对贷款补贴利息。对有关部门贴息的贷款，承办银行应当自主审查发放，并根据本通则有关规定严格管理。

**第十六条** 贷款停息、减息、缓息和免息：

除国务院决定外，任何单位和个人无权决定停息、减息、缓息和免息。贷款人应当依据国务院决定，按照职责权限范围具体办理停息、减息、缓息和免息。

## 第四章 借款人

**第十七条** 借款人应当是经工商行政管理机关（或主管机关）核准登记的企（事）业法人、其他经济组织、个体工商户或具有中华人民共和国国籍的具有完全民事行为能力的自然人。

借款人申请贷款，应当具备产品有市场、生产经营有效益、不挤占挪用信贷资金、恪守信用等基本条件，并且应当符合以下要求：

（1）有按期还本付息的能力，原应付贷款利息和到期贷款已清偿；没有清偿的，已经做了贷款人认可的偿还计划。

（2）除自然人和不需要经工商部门核准登记的事业法人外，应当经过工商部门办理年检手续。

（3）已开立基本账户或一般存款账户。

（4）除国务院规定外，有限责任公司和股份有限公司对外股本权益性投资累计额未超过其净资产总额的50%。

（5）借款人的资产负债率符合贷款人的要求。

（6）申请中期、长期贷款的，新建项目的企业法人所有者权益与项目所需总投资的比例不低于国家规定的投资项目的资本金比例。

**第十八条** 借款人的权利：

（1）可以自主向主办银行或者其他银行的经办机构申请贷款并依条件取得贷款；

（2）有权按合同约定提取和使用全部贷款；

（3）有权拒绝借款合同以外的附加条件；

（4）有权向贷款人的上级和中国人民银行反映、举报有关情况；

（5）在征得贷款人同意后，有权向第三人转让债务。

**第十九条** 借款人的义务:

（1）应当如实提供贷款人要求的资料（法律规定不能提供者除外），应当向贷款人如实提供所有开户行、账号及存贷款余额情况，配合贷款人的调查、审查和检查；

（2）应当接受贷款人对其使用信贷资金情况和有关生产经营、财务活动的监督；

（3）应当按借款合同约定用途使用贷款；

（4）应当按借款合同约定及时清偿贷款本息；

（5）将债务全部或部分转让给第三人的，应当取得贷款人的同意；

（6）有危及贷款人债权安全情况时，应当及时通知贷款人，同时采取保全措施。

**第二十条** 对借款人的限制：

（1）不得在一个贷款人同一辖区内的两个或两个以上同级分支机构取得贷款。

（2）不得向贷款人提供虚假的或者隐瞒重要事实的资产负债表、损益表等。

（3）不得用贷款从事股本权益性投资，国家另有规定的除外。

（4）不得用贷款在有价证券、期货等方面从事投机经营。

（5）除依法取得经营房地产资格的借款人以外，不得用贷款经营房地产业务；依法取得经营房地产资格的借款人，不得用贷款从事房地产投机。

（6）不得套取贷款用于借贷牟取非法收入。

（7）不得违反国家外汇管理规定使用外币贷款。

（8）不得采取欺诈手段骗取贷款。

## 第五章 贷款人

**第二十一条** 贷款人必须经中国人民银行批准经营贷款业务，持有中国人民银行颁发的《金融机构法人许可证》或《金融机构营业许可证》，并经工商行政管理部门核准登记。

**第二十二条** 贷款人的权利：

根据贷款条件和贷款程序自主审查和决定贷款，除国务院批准的特定贷款外，有权拒绝任何单位和个人强令其发放贷款或者提供担保。

（1）要求借款人提供与借款有关的资料；

（2）根据借款人的条件，决定贷与不贷、贷款金额、期限和利率等；

（3）了解借款人的生产经营活动和财务活动；

（4）依合同约定从借款人账户上划收贷款本金和利息；

（5）借款人未能履行借款合同规定义务的，贷款人有权依合同约定要求借款人提前归还贷款或停止支付借款人尚未使用的贷款；

（6）在贷款将受或已受损失时，可依据合同规定，采取使贷款免受损失的措施。

**第二十三条** 贷款人的义务：

（1）应当公布所经营的贷款的种类、期限和利率，并向借款人提供咨询。

（2）应当公开贷款审查的资信内容和发放贷款的条件。

（3）贷款人应当审议借款人的借款申请，并及时答复贷与不贷。短期贷款答复时间不得超过1个月，中期、长期贷款答复时间不得超过6个月；国家另有规定者除外。

（4）应当对借款人的债务、财务、生产、经营情况保密。但对依法查询者除外。

第二十四条　对贷款人的限制：

（1）贷款的发放必须严格执行《中华人民共和国商业银行法》第三十九条关于资产负债比例管理的有关规定，第四十条关于不得向关系人发放信用贷款、向关系人发放担保贷款的条件不得优于其他借款人同类贷款条件的规定。

（2）借款人有下列情形之一者，不得对其发放贷款：

①不具备本通则第四章第十七条所规定的资格和条件的；

②生产、经营或投资国家明文禁止的产品、项目的；

③违反国家外汇管理规定的；

④建设项目按国家规定应当报有关部门批准而未取得批准文件的；

⑤生产经营或投资项目未取得环境保护部门许可的；

⑥在实行承包、租赁、联营、合并（兼并）、合作、分立、产权有偿转让、股份制改造等体制变更过程中，未清偿原有贷款债务、落实原有贷款债务或提供相应担保的；

⑦有其他严重违法经营行为的。

（3）未经中国人民银行批准，不得对自然人发放外币币种的贷款。

（4）自营贷款和特定贷款，除按中国人民银行规定计收利息之外，不得收取其他任何费用；委托贷款，除按中国人民银行规定计收手续费之外，不得收取其他任何费用。

（5）不得给委托人垫付资金，国家另有规定的除外。

（6）严格控制信用贷款，积极推广担保贷款。

## 第六章　贷款程序

第二十五条　贷款申请：

借款人需要贷款，应当向主办银行或者其他银行的经办机构直接申请。

借款人应当填写包括借款金额、借款用途、偿还能力及还款方式等主要内容的《借款申请书》并提供以下资料：

（1）借款人及保证人基本情况；

（2）财政部门或会计（审计）事务所核准的上年度财务报告，以及申请借款前一期的财务报告；

（3）原有不合理占用的贷款的纠正情况；

（4）抵押物、质物清单和有处分权人的同意抵押、质押的证明及保证人拟同意保证的有关证明文件；

（5）项目建议书和可行性报告；

（6）贷款人认为需要提供的其他有关资料。

**第二十六条** 对借款人的信用等级评估：

应当根据借款人的领导者素质、经济实力、资金结构、履约情况、经营效益和发展前景等因素，评定借款人的信用等级。评级可由贷款人独立进行，内部掌握，也可由有权部门批准的评估机构进行。

**第二十七条** 贷款调查：

贷款人受理借款人申请后，应当对借款人的信用等级以及借款的合法性、安全性、盈利性等情况进行调查，核实抵押物、质物、保证人情况，测定贷款的风险度。

**第二十八条** 贷款审批：

贷款人应当建立审贷分离，分级审批的贷款管理制度。审查人员应当对调查人员提供的资料进行核实、评定，复测贷款风险度，提出意见，按规定权限报批。

**第二十九条** 签订借款合同：

所有贷款应当由贷款人与借款人签订借款合同。借款合同应当约定借款种类、借款用途、金额、利率、借款期限、还款方式、借、贷双方的权利、义务、违约责任和双方认为需要约定的其他事项。

保证贷款应当由保证人与贷款人签订保证合同，或保证人在借款合同上载明与贷款人协商一致的保证条款，加盖保证人的法人公章，并由保证人的法定代表人或其授权代理人签署姓名。抵押贷款、质押贷款应当由抵押人、出质人与贷款人签订抵押合同、质押合同，需要办理登记的，应依法办理登记。

**第三十条** 贷款发放：

贷款人要按借款合同规定按期发放贷款。贷款人不按合同约定按期发放贷款的，应偿付违约金。借款人不按合同约定用款的，应偿付违约金。

**第三十一条** 贷后检查：

贷款发放后，贷款人应当对借款人执行借款合同情况及借款人的经营情况进行追踪调查和检查。

**第三十二条** 贷款归还：

借款人应当按照借款合同规定按时足额归还贷款本息。

贷款人在短期贷款到期1个星期之前、中长期贷款到期1个月之前，应当向借款人发送还本付息通知单；借款人应当及时筹备资金，按期还本付息。

贷款人对逾期的贷款要及时发出催收通知单，做好逾期贷款本息的催收工作。

贷款人对不能按借款合同约定期限归还的贷款，应当按规定加罚利息；对不能归还或者不能落实还本付息事宜的，应当督促归还或者依法起诉。

借款人提前归还贷款，应当与贷款人协商。

## 第七章 不良贷款监管

**第三十三条** 贷款人应当建立和完善贷款的质量监管制度，对不良贷款进行分类、登记、考核和催收。

第三十四条　不良贷款系指呆账贷款、呆滞贷款、逾期贷款。

呆账贷款，系指按财政部有关规定列为呆账的贷款。

呆滞贷款，系指按财政部有关规定，逾期（含展期后到期）超过规定年限以上仍未归还的贷款，或虽未逾期或逾期不满规定年限但生产经营已终止、项目已停建的贷款（不含呆账贷款）。

逾期贷款，系指借款合同约定到期（含展期后到期）未归还的贷款（不含呆滞贷款和呆账贷款）。

第三十五条　不良贷款的登记：

不良贷款由会计、信贷部门提供数据，由稽核部门负责审核并按规定权限认定，贷款人应当按季填报不良贷款情况表。在报上级行的同时，应当报中国人民银行当地分支机构。

第三十六条　不良贷款的考核：

贷款人的呆账贷款、呆滞贷款、逾期贷款不得超过中国人民银行规定的比例。贷款人应当对所属分支机构下达和考核呆账贷款、呆滞贷款和逾期贷款的有关指标。

第三十七条　不良贷款的催收和呆账贷款的冲销：

信贷部门负责不良贷款的催收，稽核部门负责对催收情况的检查。贷款人应当按照国家有关规定提取呆账准备金，并按照呆账冲销的条件和程序冲销呆账贷款。

未经国务院批准，贷款人不得豁免贷款。除国务院批准外，任何单位和个人不得强令贷款人豁免贷款。

## 第八章　贷款管理责任制

第三十八条　贷款管理实行行长（经理、主任，下同）负责制。

贷款实行分级经营管理，各级行长应当在授权范围内对贷款的发放和收回负全部责任。行长可以授权副行长或贷款管理部门负责审批贷款，副行长或贷款管理部门负责人应当对行长负责。

第三十九条　贷款人各级机构应当建立有行长或副行长（经理、主任、下同）和有关部门负责人参加的贷款审查委员会（小组），负责贷款的审查。

第四十条　建立审贷分离制：

贷款调查评估人员负责贷款调查评估，承担调查失误和评估失准的责任；贷款审查人员负责贷款风险的审查，承担审查失误的责任；贷款发放人员负责贷款的检查和清收，承担检查失误、清收不力的责任。

第四十一条　建立贷款分级审批制：

贷款人应当根据业务量大小、管理水平和贷款风险度确定各级分支机构的审批权限，超过审批权限的贷款，应当报上级审批。各级分支机构应当根据贷款种类、借款人的信用等级和抵押物、质物、保证人等情况确定每一笔贷款的风险度。

第四十二条　建立和健全信贷工作岗位责任制：

各级贷款管理部门应将贷款管理的每一个环节的管理责任落实到部门、岗位、个人，严格划分各级信贷工作人员的职责。

第四十三条　贷款人对大额借款人建立驻厂信贷员制度。

第四十四条　建立离职审计制：

贷款管理人员在调离原工作岗位时，应当对其在任职期间和权限内所发放的贷款风险情况进行审计。

## 第九章　贷款债权保全和清偿的管理

第四十五条　借款人不得违反法律规定，借兼并、破产或者股份制改造等途径，逃避银行债务，侵吞信贷资金；不得借承包、租赁等途经逃避贷款人的信贷监管以及偿还贷款本息的责任。

第四十六条　贷款人有权参与处于兼并、破产或股份制改造等过程中的借款人的债务重组，应当要求借款人落实贷款还本付息事宜。

第四十七条　贷款人应当要求实行承包、租赁经营的借款人，在承包、租赁合同中明确落实原贷款债务的偿还责任。

第四十八条　贷款人对实行股份制改造的借款人，应当要求其重新签订借款合同，明确原贷款债务的清偿责任。

对实行整体股份制改造的借款人，应当明确其所欠贷款债务由改造后公司全部承担；对实行部分股份制改造的借款人，应当要求改造后的股份公司按占用借款人的资本金或资产的比例承担原借款人的贷款债务。

第四十九条　贷款人对联营后组成新的企业法人的借款人，应当要求其依据所占用的资本金或资产的比例将贷款债务落实到新的企业法人。

第五十条　贷款人对合并(兼并)的借款人，应当要求其在合并(兼并)前清偿贷款债务或提供相应的担保。

借款人不清偿贷款债务或未提供相应担保，贷款人应当要求合并(兼并)企业或合并后新成立的企业承担归还原借款人贷款的义务，并与之重新签订有关合同或协议。

第五十一条　贷款人对与外商合资(合作)的借款人，应当要求其继续承担合资(合作)前的贷款归还责任，并要求其将所得收益优先归还贷款。借款人用已作为贷款抵押、质押的财产与外商合资(合作)时必须征求贷款人同意。

第五十二条　贷款人对分立的借款人，应当要求其在分立前清偿贷款债务或提供相应的担保。

借款人不清偿贷款债务或未提供相应担保，贷款人应当要求分立后的各企业，按照分立时所占资本或资产比例或协议，对原借款人所欠贷款承担清偿责任。对设立子公司的借款人，应当要求其子公司按所得资本或资产的比例承担和偿还母公司相应的贷款债务。

第五十三条　贷款人对产权有偿转让或申请解散的借款人，应当要求其在产权转让或解散前必须落实贷款债务的清偿。

第五十四条　贷款人应当按照有关法律参与借款人破产财产的认定与债权债务的处置，对于破产借款人已设定财产抵押、质押或其他担保的贷款债权，贷款人依法享有优先受偿权；无财产担保的贷款债权按法定程序和比例受偿。

## 第十章　贷款管理特别规定

第五十五条　建立贷款主办行制度：

借款人应按中国人民银行的规定与其开立基本账户的贷款人建立贷款主办行关系。

借款人发生企业分立、股份制改造、重大项目建设等涉及信贷资金使用和安全的重大经济活动，事先应当征求主办行的意见。一个借款人只能有一个贷款主办行，主办行应当随基本账户的变更而变更。

主办行不包资金，但应当按规定有计划地对借款人提供贷款，为借款人提供必要的信息咨询、代理等金融服务。

贷款主办行制度与实施办法，由中国人民银行另行规定。

第五十六条　银团贷款应当确定一个贷款人为牵头行，并签订银团贷款协议，明确各贷款人的权利和义务，共同评审贷款项目。牵头行应当按协议确定的比例监督贷款的偿还。银团贷款管理办法由中国人民银行另行规定。

第五十七条　特定贷款管理：

国有独资商业银行应当按国务院规定发放和管理特定贷款。

特定贷款管理办法另行规定。

第五十八条　非银行金融机构贷款的种类、对象、范围，应当符合中国人民银行规定。

第五十九条　贷款人发放异地贷款，或者接受异地存款，应当报中国人民银行当地分支机构备案。

第六十条　信贷资金不得用于财政支出。

第六十一条　各级行政部门和企事业单位、供销合作社等合作经济组织、农村合作基金会和其他基金会，不得经营存贷款等金融业务。企业之间不得违反国家规定办理借贷或者变相借贷融资业务。

## 第十一章　罚　　则

第六十二条　贷款人违反资产负债比例管理有关规定发放贷款的，应当依照《中华人民共和国商业银行法》第七十五条，由中国人民银行责令改正，处以罚款，有违法所得的没收违法所得，并且应当依照第七十六条对直接负责的主管人员和其他直接责任人员给予处罚。

第六十三条　贷款人违反规定向关系人发放信用贷款或者发放担保贷款的条件优于其他借款人同类贷款条件的，应当依照《中华人民共和国商业银行法》第七十四条处罚，并且应当依照第七十六条对有关直接责任人员给予处罚。

第六十四条　贷款人的工作人员对单位或者个人强令其发放贷款或者提供担保未予拒

绝的,应当依照《中华人民共和国商业银行法》第八十五条给予纪律处分,造成损失的应当承担相应的赔偿责任。

第六十五条　贷款人的有关责任人员违反本通则有关规定,应当给予纪律处分和罚款;情节严重或屡次违反的,应当调离工作岗位,取消任职资格;造成严重经济损失或者构成其他经济犯罪的,应当依照有关法律规定追究刑事责任。

第六十六条　贷款人有下列情形之一,由中国人民银行责令改正;逾期不改正的,中国人民银行可以处以5千元以上1万元以下罚款:
（1）没有公布所经营贷款的种类、期限、利率的;
（2）没有公开贷款条件和发放贷款时要审查的内容的;
（3）没有在规定期限内答复借款人贷款申请的。

第六十七条　贷款人有下列情形之一,由中国人民银行责令改正;有违法所得的,没收违法所得,并处以违法所得1倍以上3倍以下罚款;没有违法所得的,处以5万元以上30万元以下罚款;构成犯罪的,依法追究刑事责任:
（1）贷款人违反规定代垫委托贷款资金的;
（2）未经中国人民银行批准,对自然人发放外币贷款的;
（3）贷款人违反中国人民银行规定,对自营贷款或者特定贷款在计收利息之外收取其他任何费用的,或者对委托贷款在计收手续费之外收取其他任何费用的。

第六十八条　任何单位和个人强令银行发放贷款或者提供担保的,应当依照《中华人民共和国商业银行法》第八十五条,对直接负责的主管人员和其他直接责任人员或者个人给予纪律处分;造成经济损失的,承担全部或者部分赔偿责任。

第六十九条　借款人采取欺诈手段骗取贷款,构成犯罪的,应当依照《中华人民共和国商业银行法》第八十条等法律规定处以罚款并追究刑事责任。

第七十条　借款人违反本通则第九章第四十五条规定,蓄意通过兼并、破产或者股份制改造等途径侵吞信贷资金的,应当依据有关法律规定承担相应部分的赔偿责任并处以罚款;造成贷款人重大经济损失的,应当依照有关法律规定追究直接责任人员的刑事责任。

借款人违反本通则第九章其他条款规定,致使贷款债务落空,由贷款人停止发放新贷款,并提前收回原发放的贷款。造成信贷资产损失的,借款人及其主管人员或其他个人,应当承担部分或全部赔偿责任。在未履行赔偿责任之前,其他任何贷款人不得对其发放贷款。

第七十一条　借款人有下列情形之一,由贷款人对其部分或全部贷款加收利息;情节特别严重的,由贷款人停止支付借款人尚未使用的贷款,并提前收回部分或全部贷款:
（1）不按借款合同规定用途使用贷款的。
（2）用贷款进行股本权益性投资的。
（3）用贷款在有价证券、期货等方面从事投机经营的。
（4）未依法取得经营房地产资格的借款人用贷款经营房地产业务的;依法取得经营房地产资格的借款人,用贷款从事房地产投机的。

(5) 不按借款合同规定清偿贷款本息的。

(6) 套取贷款相互借贷牟取非法收入的。

**第七十二条** 借款人有下列情形之一，由贷款人责令改正。情节特别严重或逾期不改正的，由贷款人停止支付借款人尚未使用的贷款，并提前收回部分或全部贷款：

(1) 向贷款人提供虚假或者隐瞒重要事实的资产负债表、利润表等资料的；

(2) 不如实向贷款人提供所有开户行、账号及存贷款余额等资料的；

(3) 拒绝接受贷款人对其使用信贷资金情况和有关生产经营、财务活动监督的。

**第七十三条** 行政部门、企事业单位、股份合作经济组织、供销合作社、农村合作基金会和其他基金会擅自发放贷款的；企业之间擅自办理借贷或者变相借贷的，由中国人民银行对出借方按违规收入处以1倍以上至5倍以下罚款，并由中国人民银行予以取缔。

**第七十四条** 当事人对中国人民银行处罚决定不服的，可按《中国人民银行行政复议办法(试行)》的规定申请复议，复议期间仍按原处罚执行。

## 第十二章 附 则

**第七十五条** 国家政策性银行、外资金融机构(含外资、中外合资、外资金融机构的分支机构等)的贷款管理办法，由中国人民银行另行制定。

**第七十六条** 有关外国政府贷款、出口信贷、外商贴息贷款、出口信贷项下的对外担保以及与上述贷款配套的国际商业贷款的管理办法，由中国人民银行另行制定。

**第七十七条** 贷款人可根据本通则制定实施细则，报中国人民银行备案。

**第七十八条** 本通则自实施之日起，中国人民银行和各贷款人在此以前制定的各种规定，与本通则有抵触者，以本通则为准。

**第七十九条** 本通则由中国人民银行负责解释。

**第八十条** 本通则自一九九六年八月一日起施行。

# 《商业银行授信工作尽职指引》

(银监发〔2004〕51号)

## 第一章 总 则

**第一条** 为促进商业银行审慎经营，进一步完善授信工作机制，规范授信管理，明确授信工作尽职要求，依据《中华人民共和国商业银行法》《中华人民共和国银行业监督管理法》和《贷款通则》等法律法规，制定本指引。

**第二条** 本指引中的授信指对非自然人客户的表内外授信。表内授信包括贷款、项目融资、贸易融资、贴现、透支、保理、拆借和回购等；表外授信包括贷款承诺、保证、信用证、票据承兑等。

授信按期限分为短期授信和中长期授信。短期授信指一年以内（含一年）的授信，中长期授信指一年以上的授信。

**第三条** 本指引中的授信工作、授信工作人员、授信工作尽职和授信工作尽职调查是指：

（1）授信工作指商业银行从事客户调查、业务受理、分析评价、授信决策与实施、授信后管理与问题授信管理等各项授信业务活动。

（2）授信工作人员指商业银行参与授信工作的相关人员。

（3）授信工作尽职指商业银行授信工作人员按照本指引规定履行了最基本的尽职要求。

（4）授信工作尽职调查指商业银行总行及分支机构授信工作尽职调查人员对授信工作人员的尽职情况进行独立地验证、评价和报告。

**第四条** 授信工作人员对《中华人民共和国商业银行法》规定的关系人申请的客户授信业务，应申请回避。

**第五条** 商业银行应建立严格的授信风险垂直管理体制，对授信进行统一管理。

**第六条** 商业银行应建立完整的授信政策、决策机制、管理信息系统和统一的授信业务操作程序，明确尽职要求，定期或在有关法律法规发生变化时，及时对授信业务规章制度进行评审和修订。

**第七条** 商业银行应创造良好的授信工作环境，采取各种有效方式和途径，使授信工作人员明确授信风险控制要求，熟悉授信工作职责和尽职要求，不断提高授信工作能力，并确保授信工作人员独立履行职责。

**第八条** 商业银行应加强授信文档管理，对借贷双方的权利、义务、约定、各种形式的往来及违约纠正措施记录并存档。

**第九条** 商业银行应建立授信工作尽职问责制，明确规定各个授信部门、岗位的职责，对违法、违规造成的授信风险进行责任认定，并按规定对有关责任人进行处理。

**第十条** 本指引的《附录》列举了有关风险提示，商业银行应结合实际参照制定相应的风险防范工作要求。

## 第二章 客户调查和业务受理尽职要求

**第十一条** 商业银行应根据本行确定的业务发展规划及风险战略，拟定明确的目标客户，包括已建立业务关系的客户和潜在客户。

**第十二条** 商业银行确定目标客户时应明确所期望的客户特征，并确定可受理客户的基本要求。商业银行受理的所有客户原则上必须满足或高于这些要求。

**第十三条** 商业银行客户调查应根据授信种类搜集客户基本资料，建立客户档案。资料清单提示参见《附录》中的"客户基本资料清单提示"。

**第十四条** 商业银行应关注和搜集集团客户及关联客户的有关信息，有效识别授信集中风险及关联客户授信风险。

**第十五条** 商业银行应对客户提供的身份证明、授信主体资格、财务状况等资料的合法性、真实性和有效性进行认真核实,并将核实过程和结果以书面形式记载。

**第十六条** 商业银行对客户调查和客户资料的验证应以实地调查为主,间接调查为辅。必要时,可通过外部征信机构对客户资料的真实性进行核实。

**第十七条** 商业银行应酌情、主动向政府有关部门及社会中介机构索取相关资料,以验证客户提供材料的真实性,并作备案。

**第十八条** 客户资料如有变动,商业银行应要求客户提供书面报告,进一步核实后在档案中重新记载。

**第十九条** 对客户资料补充或变更时,授信工作人员之间应主动进行沟通,确保各方均能够及时得到相关信息。

授信业务部门授信工作人员和授信管理部门授信工作人员任何一方需对客户资料进行补充时,须通知另外一方,但原则上须由业务部门授信工作人员办理。

**第二十条** 商业银行应了解和掌握客户的经营管理状况,督促客户不断提高经营管理效益,保证授信安全。

**第二十一条** 当客户发生突发事件时,商业银行应立即派员实地调查,并依法及时做出是否更改原授信资料的意见。必要时,授信管理部门应及时会同授信业务部门派员实地调查。

**第二十二条** 商业银行应督促授信管理部门与其他商业银行之间就客户调查资料的完整性、真实性建立相互沟通机制。对从其他商业银行获得的授信信息,授信工作人员应注意保密,不得用于不正当业务竞争。

## 第三章 分析与评价尽职要求

**第二十三条** 商业银行应根据不同授信品种的特点,对客户申请的授信业务进行分析评价,重点关注可能影响授信安全的因素,有效识别各类风险。主要授信品种的风险提示参见《附录》中的"主要授信品种风险分析提示"。

**第二十四条** 商业银行应认真评估客户的财务报表,对影响客户财务状况的各项因素进行分析评价,预测客户未来的财务和经营情况。必要时应进行利率、汇率等的敏感度分析。

**第二十五条** 商业银行应对客户的非财务因素进行分析评价,对客户公司治理、管理层素质、履约记录、生产装备和技术能力、产品和市场、行业特点以及宏观经济环境等方面的风险进行识别,风险提示参见《附录》中的"非财务因素分析风险提示"。

**第二十六条** 商业银行应对客户的信用等级进行评定并予以记载。必要时可委托独立的、资质和信誉较高的外部评级机构完成。

**第二十七条** 商业银行应根据国家法律、法规、有关方针政策以及本行信贷制度,对授信项目的技术、市场、财务等方面的可行性进行评审,并以书面形式予以记载。

**第二十八条** 商业银行应对第二还款来源进行分析评价,确认保证人的保证主体资格和代偿能力,以及抵押、质押的合法性、充分性和可实现性。

**第二十九条** 商业银行应根据各环节授信分析评价的结果,形成书面的分析评价报告。分析评价报告应详细注明客户的经营、管理、财务、行业和环境等状况,内容应真实、简洁、明晰。分析评价报告报出后,不得在原稿上作原则性更改;如需作原则性更改,应另附说明。

**第三十条** 在客户信用等级和客户评价报告的有效期内,对发生影响客户资信的重大事项,商业银行应重新进行授信分析评价。重大事项包括:
(1)外部政策变动;
(2)客户组织结构、股权或主要领导人发生变动;
(3)客户的担保超过所设定的担保警戒线;
(4)客户财务收支能力发生重大变化;
(5)客户涉及重大诉讼;
(6)客户在其他银行交叉违约的历史记录;
(7)其他。

**第三十一条** 商业银行对发生变动或信用等级已失效的客户评价报告,应随时进行审查,及时做出相应的评审意见。

## 第四章 授信决策与实施尽职要求

**第三十二条** 商业银行授信决策应在书面授权范围内进行,不得超越权限进行授信。

**第三十三条** 商业银行授信决策应依据规定的程序进行,不得违反程序或减少程序进行授信。

**第三十四条** 商业银行在授信决策过程中,应严格要求授信工作人员遵循客观、公正的原则,独立发表决策意见,不受任何外部因素的干扰。

**第三十五条** 商业银行不得对以下用途的业务进行授信:
(1)国家明令禁止的产品或项目;
(2)违反国家有关规定从事股本权益性投资,以授信作为注册资本金、注册验资和增资扩股;
(3)违反国家有关规定从事股票、期货、金融衍生产品等投资;
(4)其他违反国家法律法规和政策的项目。

**第三十六条** 客户未按国家规定取得以下有效批准文件之一的,或虽然取得,但属于化整为零、越权或变相越权和超授权批准的,商业银行不得提供授信:
(1)项目批准文件;
(2)环保批准文件;
(3)土地批准文件;
(4)其他按国家规定需具备的批准文件。

**第三十七条** 商业银行授信决策做出后,授信条件发生变更的,商业银行应依有关法律、法规或相应的合同条款重新决策或变更授信。

第三十八条　商业银行实施有条件授信时应遵循"先落实条件,后实施授信"的原则,授信条件未落实或条件发生变更未重新决策的,不得实施授信。

第三十九条　商业银行对拟实施的授信应制作相应的法律文件并审核法律文件的合法合规性,法律文件的主要条款提示参见《附录》中的"格式合同文本主要条款提示"。

第四十条　商业银行授信实施时,应关注借款合同的合法性。被授权签署借款合同的授信工作人员在签字前应对借款合同进行逐项审查,并对客户确切的法律名称、被授权代表客户签名者的授权证明文件、签名者身份以及所签署的授信法律文件合法性等进行确认。

## 第五章　授信后管理和问题授信处理尽职要求

第四十一条　商业银行授信实施后,应对所有可能影响还款的因素进行持续监测,并形成书面监测报告。重点监测以下内容:

（1）客户是否按约定用途使用授信,是否诚实地全面履行合同;

（2）授信项目是否正常进行;

（3）客户的法律地位是否发生变化;

（4）客户的财务状况是否发生变化;

（5）授信的偿还情况;

（6）抵押品可获得情况和质量、价值等情况。

第四十二条　商业银行应严格按照风险管理的原则,对已实施授信进行准确分类,并建立客户情况变化报告制度。

第四十三条　商业银行应通过非现场和现场检查,及时发现授信主体的潜在风险并发出预警风险提示。风险提示参见《附录》中的"预警信号风险提示",授信工作人员应及时对授信情况进行分析,发现客户违约时应及时制止并采取补救措施。

第四十四条　商业银行应根据客户偿还能力和现金流量,对客户授信进行调整,包括展期,增加或缩减授信,要求借款人提前还款,并决定是否将该笔授信列入观察名单或划入问题授信。

第四十五条　商业银行对列入观察名单的授信应设立明确的指标,进一步观察判断是否将该笔授信从观察名单中删去或降级;对划入问题授信的,应指定专人管理。

第四十六条　商业银行对问题授信应采取以下措施:

（1）确认实际授信余额;

（2）重新审核所有授信文件,征求法律、审计和问题授信管理等方面专家的意见;

（3）对于没有实施的授信额度,依照约定条件和规定予以终止。依法难以终止或因终止将造成客户经营困难的,应对未实施的授信额度专户管理,未经有权部门批准,不得使用;

（4）书面通知所有可能受到影响的分支机构并要求承诺落实必要的措施;

（5）要求保证人履行保证责任,追加担保或行使担保权;

（6）向所在地司法部门申请冻结问题授信客户的存款账户以减少损失;

（7）其他必要的处理措施。

## 第六章　授信工作尽职调查要求

**第四十七条**　商业银行应设立独立的授信工作尽职调查岗位，明确岗位职责和工作要求。

从事授信尽职调查的人员应具备较完备的授信、法律、财务等知识，接受相关培训，并依诚信和公正原则开展工作。

**第四十八条**　商业银行应支持授信工作尽职调查人员独立行使尽职调查职能，调查可采取现场或非现场的方式进行。必要时，可聘请外部专家或委托专业机构开展特定的授信尽职调查工作。

**第四十九条**　商业银行对授信业务流程的各项活动都须进行尽职调查，评价授信工作人员是否勤勉尽责，确定授信工作人员是否免责。被调查人员应积极配合调查人员的工作。

授信工作尽职调查人员应及时报告尽职调查结果。

**第五十条**　商业银行对授信工作尽职调查人员发现的问题，经过确认的程序，应责成相关授信工作人员及时进行纠正。

**第五十一条**　商业银行应根据授信工作尽职调查人员的调查结果，对具有以下情节的授信工作人员依法、依规追究责任。

（1）进行虚假记载、误导性陈述或重大疏漏的；
（2）未对客户资料进行认真和全面核实的；
（3）授信决策过程中超越权限、违反程序审批的；
（4）未按照规定时间和程序对授信和担保物进行授信后检查的；
（5）授信客户发生重大变化和突发事件时，未及时实地调查的；
（6）未根据预警信号及时采取必要保全措施的；
（7）故意隐瞒真实情况的；
（8）不配合授信尽职调查人员工作或提供虚假信息的；
（9）其他。

**第五十二条**　对于严格按照授信业务流程及有关法规，在客户调查和业务受理、授信分析与评价、授信决策与实施、授信后管理和问题授信管理等环节都勤勉尽职地履行职责的授信工作人员，授信一旦出现问题，可视情况免除相关责任。

## 第七章　附　　则

**第五十三条**　本指引适用于在中华人民共和国境内依法设立的中资商业银行。其他银行业金融机构可参照执行。

**第五十四条**　商业银行应根据本指引制定相应的实施细则并报中国银行业监督管理委员会或其派出机构备案。

第五十五条 中国银行业监督管理委员会及其派出机构应依据本指引加强对商业银行授信工作监管。

第五十六条 本指引由中国银行业监督管理委员会负责解释。

第五十七条 本指引自发布之日起施行。

附录：

一、主要授信种类的风险提示

（一）票据承兑是否对真实贸易背景进行核实；是否取得或核实税收证明等相关文件；是否严格按要求履行了票据承兑的相关程序。

（二）贴现票据是否符合票据法规定的形式和实质要件；是否对真实贸易背景及相关证明文件进行核实；是否对贴现票据信用状况进行评估；是否对客户有无背书及付款人的承兑予以查实。

（三）开立信用证是否对信用证受益人与开证申请人之间的贸易关系予以核实；申请人是否按照信用证开立要求填写有关书面材料；受理因申请人开立信用证而产生的汇票时，是否按照票据法和监管部门要求对汇票本身的形式和实质要件进行审核。

（四）公司贷款是否严格审查客户的资产负债状况，认真独立计算客户的现金流量，并将有关情况存入档案，提示全部问题。

（五）项目融资除评估授信项目建议书、可行性研究报告及未来现金流量预测情况外，是否对质押权、抵押权以及保证或保险等严格调查，防止关联客户无交叉互保。

（六）关联企业授信是否了解统一授信的科学性、合理性和安全性，认真实施统一授信，及时调整额度并紧密跟踪。

（七）担保授信是否对保证人的偿还能力，违反国家规定担当保证人，抵押物、质押物的权属和价值以及实现抵押权、质押权的可行性进行严格审查；是否就开设担保扣款账户的余额控制及银行授权主动划账办法达成书面协议；是否对抵（质）押权的行使和过户制定可操作的办法。

二、客户基本信息提示

（一）营业执照（副本及影印件）和年检证明。

（二）法人代码证书（副本及影印件）。

（三）法定代表人身份证明及其必要的个人信息。

（四）近三年经审计的资产负债表、损益表、业主权益变动表以及销量情况。成立不足三年的客户，提交自成立以来年度的报表。

（五）本年度及最近月份存借款及对外担保情况。

（六）税务部门年检合格的税务登记证明和近二年税务部门纳税证明资料复印件。

（七）合同或章程（原件及影印件）。

（八）董事会成员和主要负责人、财务负责人名单和签字样本等。

（九）若为有限责任客户、股份有限客户、合资合作客户或承包经营客户，要求提供董事会或发包人同意申请授信业务的决议、文件或具有同等法律效力的文件或证明。

(十)股东大会关于利润分配的决议。

(十一)现金流量预测及营运计划。

(十二)授信业务由授权委托人办理的,需提供客户法定代表人授权委托书(原件)。

(十三)其他必要的资料(如海关等部门出具的相关文件等)。

对于中长期授信,还须有各类合格、有效的相关批准文件,预计资金来源及使用情况、预计的资产负债情况、损益情况、项目建设进度及营运计划。

### 三、主要授信品种风险分析提示

(一)流动性短期资金需求应关注:

(1)融资需求的时间性(常年性还是季节性);

(2)对存货融资,要充分考虑当实际销售已经小于或将小于所预期的销售量时的风险和对策,以及存货本身的风险,如过时或变质;

(3)应收账款的质量与坏账准备情况;

(4)存货的周期。

(二)设备采购和更新融资需求应关注:

(1)时机选择,宏观经济情况和行业展望;

(2)未实现的生产能力;

(3)其他提供资金的途径:长期授信、资本注入、出售资产;

(4)其他因素可能对资金的影响。

(三)项目融资需求应关注:

(1)项目可行性;

(2)项目批准;

(3)项目完工时限。

(四)中长期授信需求应关注:

(1)客户当前的现金流量;

(2)利率风险;

(3)客户的劳资情况;

(4)法规和政策变动可能给客户带来的影响;

(5)客户的投资或负债率过大,影响其还款能力;

(6)原材料短缺或变质;

(7)第二还款来源情况恶化;

(8)市场变化;

(9)竞争能力及其变化;

(10)高管层组成及变化;

(11)产品质量可能导致产品销售的下降;

(12)汇率波动对进出口原辅料及产成品带来的影响；
(13)经营不善导致的盈利下降。
(五)对现有债务的再融资需求。
(六)贸易融资需求应关注：
(1)汇率风险；
(2)国家风险；
(3)法律风险；
(4)付款方式。

## 四、非财务因素分析风险提示

(一)客户管理者：
重点考核客户管理者的人品、诚信度、授信动机、赢利能力以及其道德水准。
对客户的管理者风险应关注：
(1)历史经营记录及其经验；
(2)经营者相对于所有者的独立性；
(3)品德与诚信度；
(4)影响其决策的相关人员的情况；
(5)决策过程；
(6)所有者关系、组织结构和法律结构；
(7)领导后备力量和中层主管人员的素质；
(8)管理的政策、计划、实施和控制。

(二)识别客户的产品风险应关注：
(1)产品定位、分散度与集中度、产品研发；
(2)产品实际销售，潜在销售和库存变化；
(3)核心产品和非核心产品，对市场变化的应变能力。
(三)识别客户生产过程的风险应关注：
(1)原材料来源，对供应商的依赖度；
(2)劳动密集型还是资本密集型；
(3)设备状况；
(4)技术状况。

(四)对客户的行业风险应关注：
(1)行业定位；
(2)竞争力和结构；
(3)行业特征；
(4)行业管制；
(5)行业成功的关键因素。

（五）对宏观经济环境的风险应关注：

（1）通货膨胀；

（2）社会购买力；

（3）汇率；

（4）货币供应量；

（5）税收；

（6）政府财政支出；

（7）价格控制；

（8）工资调整；

（9）贸易平衡；

（10）失业；

（11）GDP增长；

（12）外汇来源；

（13）外汇管制规定；

（14）利率；

（15）政府的其他管制。

## 五、格式合同文本主要条款提示

（一）客户必须提供的年度财务报告。

（二）客户必须持续保持银行要求的各项财务指标。

（三）未经银行允许，合同期内客户不得因主观原因关闭。

（四）未经银行允许，客户分红不得超过税后净收入的一定比例。

（五）客户的资本支出不得超过银行要求的一定数额。

（六）未经银行允许，客户不得出售特定资产（主要指固定资产）。

（七）未经银行同意，客户不得向其他授信人申请授信。

（八）未经银行允许，客户不得更改与其他授信人的债务条款。

（九）未经银行允许，客户不得提前清偿其他长期债务。

（十）未经银行允许，客户不得进行兼并收购等活动。

（十一）未经银行允许，客户不得为第三方提供额外债务担保。

（十二）未经银行允许，客户不得向其他债权人或授信人抵押资产。

## 六、预警信号风险提示

（一）与客户品质有关的信号：

（1）企业负责人失踪或无法联系；

（2）客户不愿意提供与信用审核有关的文件；

（3）在没有正当理由的情况下撤回或延迟提供与财务、业务、税收或抵押担保有关的信息或要求提供的其他文件；

(4)资产或抵押品高估;
(5)客户不愿意提供过去的所得税纳税单;
(6)客户的竞争者、供货商或其他客户对授信客户产生负面评价;
(7)改变主要授信银行,向许多银行借款或不断在这些银行中间借新还旧;
(8)客户频繁更换会计人员或主要管理人员;
(9)作为被告卷入法律纠纷;
(10)有破产经历;
(11)有些债务未在资产负债表上反映或列示;
(12)客户内部或客户的审计机构使用的会计政策不够审慎。

(二)客户在银行账户变化的信号:
(1)客户在银行的头寸不断减少;
(2)对授信的长期占用;
(3)缺乏财务计划,如总是突然向银行提出借款需求;
(4)短期授信和长期授信错配;
(5)在银行存款变化出现异常;
(6)经常接到供货商查询核实头寸情况的电话;
(7)突然出现大额资金向新交易商转移;
(8)对授信的需求增长异常。

(三)客户管理层变化的信号:
(1)管理层行为异常;
(2)财务计划和报告质量下降;
(3)业务战略频繁变化;
(4)对竞争变化或其他外部条件变化缺少对策;
(5)核心盈利业务削弱和偏离;
(6)管理层主要成员家庭出现问题;
(7)与以往合作的伙伴不再进行合作;
(8)不遵守授信的承诺;
(9)管理层能力不足或构成缺乏代表性;
(10)缺乏技术工人或有劳资争议。

(四)业务运营环境变化的信号:
(1)库存水平的异常变化;
(2)工厂维护或设备管理落后;
(3)核心业务发生变动;
(4)缺乏操作控制、程序、质量控制等;
(5)主要产品线上的供货商或客户流失。

（五）财务状况变化信号：
（1）付息或还本拖延，不断申请延期支付或申请实施新的授信或不断透支；
（2）申请实施授信支付其他银行的债务，不交割抵押品，授信抵押品情况恶化；
（3）违反合同规定；
（4）支票收益人要求核实客户支票账户的余额；
（5）定期存款账户余额减少；
（6）授信需求增加，短期债务超常增加；
（7）客户自身的配套资金不到位或不充足；
（8）杠杆率过高，经常用短期债务支付长期债务；
（9）现金流不足以支付利息；
（10）其他银行提高对同一客户的利率；
（11）客户申请无抵押授信产品或申请特殊还款方式；
（12）交易和文件过于复杂；
（13）银行无法控制抵押品和质押权。

（六）其他预警信号：
（1）业务领域收缩；
（2）无核心业务并过分追求多样化；
（3）业务增长过快；
（4）市场份额下降。

## 七、客户履约能力风险提示

（1）成本和费用失控。
（2）客户现金流出现问题。
（3）客户产品或服务的市场需求下降。
（4）还款记录不正常。
（5）欺诈，如在对方付款后故意不提供相应的产品或服务。
（6）弄虚作假（如伪造或涂改各种批准文件或相关业务凭证）。
（7）对传统财务分析的某些趋势，例如市场份额的快速下降未作解释。
（8）客户战略、业务或环境的重大变动。
（9）某些欺诈信号，如无法证明财务记录的合法性。
（10）财务报表披露延迟。
（11）未按合同还款。
（12）未作客户破产的应急预案。
（13）对于信息的反应迟缓。

# 《商业银行集团客户授信业务风险管理指引》

(中国银行业监督管理委员会令2010年第4号)

## 第一章 总 则

**第一条** 为切实防范风险,促进商业银行加强对集团客户授信业务的风险管理,根据《中华人民共和国银行业监督管理法》《中华人民共和国商业银行法》,制定本指引。

**第二条** 本指引所称商业银行是指在中华人民共和国境内依法设立的中资、中外合资、外商独资商业银行等。

**第三条** 本指引所称集团客户是指具有以下特征的商业银行的企事业法人授信对象:

(1)在股权上或者经营决策上直接或间接控制其他企事业法人或被其他企事业法人控制的;

(2)共同被第三方企事业法人所控制的;

(3)主要投资者个人、关键管理人员或与其近亲属(包括三代以内直系亲属关系和二代以内旁系亲属关系)共同直接控制或间接控制的;

(4)存在其他关联关系,可能不按公允价格原则转移资产和利润,商业银行认为应当视同集团客户进行授信管理的。

前款所指企事业法人包括除商业银行外的其他金融机构。

商业银行应当根据上述四个特征结合本行授信业务风险管理的实际需要确定单一集团客户的范围。

**第四条** 授信是指商业银行向客户直接提供资金支持,或者对客户在有关经济活动中可能产生的赔偿、支付责任做出保证。包括但不限于:贷款、贸易融资、票据承兑和贴现、透支、保理、担保、贷款承诺、开立信用证等表内外业务。

商业银行持有的集团客户成员企业发行的公司债券、企业债券、短期融资券、中期票据等债券资产以及通过衍生产品等交易行为所产生的信用风险暴露应纳入集团客户授信业务进行风险管理。

**第五条** 本指引所称集团客户授信业务风险是指由于商业银行对集团客户多头授信、过度授信和不适当分配授信额度,或集团客户经营不善以及集团客户通过关联交易、资产重组等手段在内部关联方之间不按公允价格原则转移资产或利润等情况,导致商业银行不能按时收回由于授信产生的贷款本金及利息,或给商业银行带来其他损失的可能性。

**第六条** 商业银行对集团客户授信应当遵循以下原则:

(1)统一原则。商业银行对集团客户授信实行统一管理,集中对集团客户授信进行风险控制。

(2)适度原则。商业银行应当根据授信客体风险大小和自身风险承担能力,合理确定对集团客户的总体授信额度,防止过度集中风险。

(3)预警原则。商业银行应当建立风险预警机制,及时防范和化解集团客户授信风险。

## 第二章 授信业务风险管理

**第七条** 商业银行应当根据本指引的规定,结合自身的经营管理水平和信贷管理信息系统的状况,制定集团客户授信业务风险管理制度,其内容应包括集团客户授信业务风险管理的组织建设、风险管理与防范的具体措施、确定单一集团客户的范围所依据的准则、对单一集团客户的授信限额标准、内部报告程序以及内部责任分配等。

商业银行制定的集团客户授信业务风险管理制度应当报银行业监督管理机构备案。

**第八条** 商业银行应当建立与集团客户授信业务风险管理特点相适应的管理机制,各级行应当指定部门负责全行集团客户授信活动的组织管理,负责组织对集团客户授信的信息收集、信息服务和信息管理。

**第九条** 商业银行对集团客户授信,应当由集团客户总部(或核心企业)所在地的分支机构或总行指定机构为主管机构。主管机构应当负责集团客户统一授信的限额设定和调整或提出相应方案,按规定程序批准后执行,同时应当负责集团客户经营管理信息的跟踪收集和风险预警通报等工作。

**第十条** 商业银行对集团客户授信应当实行客户经理制。商业银行对集团客户授信的主管机构,要指定专人负责集团客户授信的日常管理工作。

**第十一条** 商业银行对集团客户内各个授信对象核定最高授信额度时,在充分考虑各个授信对象自身的信用状况、经营状况和财务状况的同时,还应当充分考虑集团客户的整体信用状况、经营状况和财务状况。最高授信额度应当根据集团客户的经营和财务状况变化及时做出调整。

**第十二条** 一家商业银行对单一集团客户授信余额(包括第四条第二款所列各类信用风险暴露)不得超过该商业银行资本净额的15%。否则将视为超过其风险承受能力。

当一个集团客户授信需求超过一家银行风险的承受能力时,商业银行应当采取组织银团贷款、联合贷款和贷款转让等措施分散风险。

计算授信余额时,可扣除客户提供的保证金存款及质押的银行存单和国债金额。

根据审慎监管的要求,银行业监管机构可以调低单个商业银行单一集团客户授信余额与资本净额的比例。

**第十三条** 商业银行在对集团客户授信时,应当要求集团客户提供真实、完整的信息资料,包括但不限于集团客户各成员的名称、相互之间的关联关系、组织机构代码、法定代表人及证件、实际控制人及证件、注册地、注册资本、主营业务、股权结构、高级管理人员情况、财务状况、重大资产项目、担保情况和重大诉讼情况以及在其他金融机构授信情况等。

必要时,商业银行可要求集团客户聘请独立的具有公证效力的第三方出具资料真实性证明。

**第十四条** 商业银行在给集团客户授信时,应当进行充分的资信尽职调查,要对照授信对象提供的资料,对重点内容或存在疑问的内容进行实地核查,并在授信调查报告中反映出来。调查人员应当对调查报告的真实性负责。

**第十五条** 商业银行对跨国集团客户在境内机构授信时，除了要对其境内机构进行调查外，还要关注其境外公司的背景、信用评级、经营和财务、担保和重大诉讼等情况，并在调查报告中记录相关情况。

**第十六条** 商业银行在给集团客户授信时，应当注意防范集团客户内部关联方之间互相担保的风险。对于集团客户内部直接控股或间接控股关联方之间互相担保，商业银行应当严格审核其资信情况，并严格控制。

**第十七条** 商业银行在对集团客户授信时，应当在授信协议中约定，要求集团客户及时报告被授信人净资产10%以上关联交易的情况，包括但不限于：

（1）交易各方的关联关系；

（2）交易项目和交易性质；

（3）交易的金额或相应的比例；

（4）定价政策(包括没有金额或只有象征性金额的交易)。

**第十八条** 商业银行给集团客户贷款时，应当在贷款合同中约定，贷款对象有下列情形之一的，贷款人有权单方决定停止支付借款人尚未使用的贷款，并提前收回部分或全部贷款本息，并依法采取其他措施：

（1）提供虚假材料或隐瞒重要经营财务事实的；

（2）未经贷款人同意擅自改变贷款原定用途，挪用贷款或用银行贷款从事非法、违规交易的；

（3）利用与关联方之间的虚假合同，以无真实贸易背景的应收票据、应收账款等债权到银行贴现或质押，套取银行资金或授信的；

（4）拒绝接受贷款人对其信贷资金使用情况和有关经营财务活动进行监督和检查的；

（5）出现重大兼并、收购重组等情况，贷款人认为可能影响到贷款安全的；

（6）通过关联交易，有意逃废银行债权的；

（7）商业银行认定的其他重大违约行为。

**第十九条** 商业银行应当加强对集团客户授信后的风险管理，定期或不定期开展针对整个集团客户的联合调查，掌握其整体经营和财务变化情况，并把重大变化的情况登录到全行的信贷管理信息系统中。

**第二十条** 集团客户授信风险暴露后，商业银行在对授信对象采取清收措施的同时，应当特别关注集团客户内部关联方之间的关联交易。有多家商业银行贷款的，商业银行之间可采取行动联合清收，必要时可组织联合清收小组，统一清收贷款。

**第二十一条** 商业银行总行每年应对全行集团客户授信风险作一次综合评估，同时应当检查分支机构对相关制度的执行情况，对违反规定的行为应当严肃查处。商业银行每年应至少向银行业监督管理机构提交一次相关风险评估报告。

**第二十二条** 银行业监督管理机构按本指引的要求加强对商业银行集团客户授信业务的监管，定期或不定期进行检查，重点检查商业银行对集团客户授信管理制度的建设、执行情况和信贷信息系统的建设情况。

### 第三章　信息管理和风险预警

**第二十三条**　商业银行应当建立健全信贷管理信息系统，为对集团客户授信业务的管理提供有效的信息支持。商业银行通过信贷管理信息系统应当能够有效识别集团客户的各关联方，能够使商业银行各个机构共享集团客户的信息，能够支持商业银行全系统的集团客户贷款风险预警。

**第二十四条**　商业银行在给集团客户授信前，应当通过查询贷款卡信息及其他合法途径，充分掌握集团客户的负债信息、关联方信息、对外对内担保信息和诉讼情况等重大事项，防止对集团客户过度授信。

**第二十五条**　商业银行给集团客户授信后，应当及时将授信总额、期限和被授信人的法定代表人、关联方等信息登录到银行业监督管理机构或其他相关部门的信贷登记系统，同时应做好集团客户授信后信息收集与整理工作，集团客户贷款的变化、经营财务状况的异常变化、关键管理人员的变动以及集团客户的违规经营、被起诉、欠息、逃废债、提供虚假资料等重大事项必须及时登录到本行信贷信息管理系统。

**第二十六条**　商业银行应当根据集团客户所处的行业和经营能力，对集团客户的授信总额、资产负债指标、盈利指标、流动性指标、贷款本息偿还情况和关键管理人员的信用状况等，设置授信风险预警线。

**第二十七条**　银监会建立大额集团客户授信业务统计和风险分析制度，并视个别集团客户风险状况进行通报。

**第二十八条**　各商业银行之间应当加强合作，相互征询集团客户的资信时，应当按商业原则依法提供必要的信息和查询协助。

**第二十九条**　商业银行应当与信誉好的会计师事务所、律师事务所等中介机构建立稳定的业务合作关系，必要时应当要求授信对象出具经商业银行认可的中介机构的相关意见。

### 第四章　附　则

**第三十条**　政策性银行、农村合作银行、城市信用社、农村信用社、信托公司、金融租赁公司、汽车金融公司、外国银行分行等对集团客户授信业务风险管理参照本指引执行。

**第三十一条**　本指引由中国银行业监督管理委员会负责解释。

# 《绿色信贷指引》

（银监发〔2012〕4号）

### 第一章　总　则

**第一条**　为促进银行业金融机构发展绿色信贷，根据《中华人民共和国银行业监督管理法》《中华人民共和国商业银行法》等法律法规，制定本指引。

**第二条** 本指引所称银行业金融机构,包括在中华人民共和国境内依法设立的政策性银行、商业银行、农村合作银行、农村信用社。

**第三条** 银行业金融机构应当从战略高度推进绿色信贷,加大对绿色经济、低碳经济、循环经济的支持,防范环境和社会风险,提升自身的环境和社会表现,并以此优化信贷结构,提高服务水平,促进发展方式转变。

**第四条** 银行业金融机构应当有效识别、计量、监测、控制信贷业务活动中的环境和社会风险,建立环境和社会风险管理体系,完善相关信贷政策制度和流程管理。

本指引所称环境和社会风险是指银行业金融机构的客户及其重要关联方在建设、生产、经营活动中可能给环境和社会带来的危害及相关风险,包括与耗能、污染、土地、健康、安全、移民安置、生态保护、气候变化等有关的环境与社会问题。

**第五条** 中国银监会依法负责对银行业金融机构的绿色信贷业务及其环境和社会风险管理实施监督管理。

## 第二章 组织管理

**第六条** 银行业金融机构董事会或理事会应当树立并推行节约、环保、可持续发展等绿色信贷理念,重视发挥银行业金融机构在促进经济社会全面、协调、可持续发展中的作用,建立与社会共赢的可持续发展模式。

**第七条** 银行业金融机构董事会或理事会负责确定绿色信贷发展战略,审批高级管理层制定的绿色信贷目标和提交的绿色信贷报告,监督、评估本机构绿色信贷发展战略执行情况。

**第八条** 银行业金融机构高级管理层应当根据董事会或理事会的决定,制定绿色信贷目标,建立机制和流程,明确职责和权限,开展内控检查和考核评价,每年度向董事会或理事会报告绿色信贷发展情况,并及时向监管机构报送相关情况。

**第九条** 银行业金融机构高级管理层应当明确一名高管人员及牵头管理部门,配备相应资源,组织开展并归口管理绿色信贷各项工作。必要时可以设立跨部门的绿色信贷委员会,协调相关工作。

## 第三章 政策制度及能力建设

**第十条** 银行业金融机构应当根据国家环保法律法规、产业政策、行业准入政策等规定,建立并不断完善环境和社会风险管理的政策、制度和流程,明确绿色信贷的支持方向和重点领域,对国家重点调控的限制类以及有重大环境和社会风险的行业制定专门的授信指引,实行有差别、动态的授信政策,实施风险敞口管理制度。

**第十一条** 银行业金融机构应当制定针对客户的环境和社会风险评估标准,对客户的环境和社会风险进行动态评估与分类,相关结果应当作为其评级、信贷准入、管理和退出的重要依据,并在贷款"三查"、贷款定价和经济资本分配等方面采取差别化的风险管理措施。

银行业金融机构应当对存在重大环境和社会风险的客户实行名单制管理,要求其采取风险缓释措施,包括制定并落实重大风险应对预案,建立充分、有效的利益相关方沟通机制,寻求第三方分担环境和社会风险等。

**第十二条** 银行业金融机构应当建立有利于绿色信贷创新的工作机制,在有效控制风险和商业可持续的前提下,推动绿色信贷流程、产品和服务创新。

**第十三条** 银行业金融机构应当重视自身的环境和社会表现,建立相关制度,加强绿色信贷理念宣传教育,规范经营行为,推行绿色办公,提高集约化管理水平。

**第十四条** 银行业金融机构应当加强绿色信贷能力建设,建立健全绿色信贷标识和统计制度,完善相关信贷管理系统,加强绿色信贷培训,培养和引进相关专业人才。必要时可以借助合格、独立的第三方对环境和社会风险进行评审或通过其他有效的服务外包方式,获得相关专业服务。

## 第四章 流程管理

**第十五条** 银行业金融机构应当加强授信尽职调查,根据客户及其项目所处行业、区域特点,明确环境和社会风险尽职调查的内容,确保调查全面、深入、细致。必要时可以寻求合格、独立的第三方和相关主管部门的支持。

**第十六条** 银行业金融机构应当对拟授信客户进行严格的合规审查,针对不同行业的客户特点,制定环境和社会方面的合规文件清单和合规风险审查清单,确保客户提交的文件和相关手续的合规性、有效性和完整性,确信客户对相关风险点有足够的重视和有效的动态控制,符合实质合规要求。

**第十七条** 银行业金融机构应当加强授信审批管理,根据客户面临的环境和社会风险的性质和严重程度,确定合理的授信权限和审批流程。对环境和社会表现不合规的客户,应当不予授信。

**第十八条** 银行业金融机构应当通过完善合同条款督促客户加强环境和社会风险管理。对涉及重大环境和社会风险的客户,在合同中应当要求客户提交环境和社会风险报告,订立客户加强环境和社会风险管理的声明和保证条款,设定客户接受贷款人监督等承诺条款,以及客户在管理环境和社会风险方面违约时银行业金融机构的救济条款。

**第十九条** 银行业金融机构应当加强信贷资金拨付管理,将客户对环境和社会风险的管理状况作为决定信贷资金拨付的重要依据。在已授信项目的设计、准备、施工、竣工、运营、关停等各环节,均应当设置环境和社会风险评估关卡,对出现重大风险隐患的,可以中止直至终止信贷资金拨付。

**第二十条** 银行业金融机构应当加强贷后管理,对有潜在重大环境和社会风险的客户,制定并实行有针对性的贷后管理措施。密切关注国家政策对客户经营状况的影响,加强动态分析,并在资产风险分类、准备计提、损失核销等方面及时做出调整。建立健全客户重大环境和社会风险的内部报告制度和责任追究制度。在客户发生重大环境和社会风险事件时,应当及时采取相关的风险处置措施,并就该事件可能对银行业金融机构造成的影响向监管机构报告。

第二十一条　银行业金融机构应当加强对拟授信的境外项目的环境和社会风险管理,确保项目发起人遵守项目所在国家或地区有关环保、土地、健康、安全等相关法律法规。对拟授信的境外项目公开承诺采用相关国际惯例或国际准则,确保对拟授信项目的操作与国际良好做法在实质上保持一致。

## 第五章　内控管理与信息披露

第二十二条　银行业金融机构应当将绿色信贷执行情况纳入内控合规检查范围,定期组织实施绿色信贷内部审计。检查发现重大问题的,应当依据规定进行问责。

第二十三条　银行业金融机构应当建立有效的绿色信贷考核评价体系和奖惩机制,落实激励约束措施,确保绿色信贷持续有效开展。

第二十四条　银行业金融机构应当公开绿色信贷战略和政策,充分披露绿色信贷发展情况。对涉及重大环境与社会风险影响的授信情况,应当依据法律法规披露相关信息,接受市场和利益相关方的监督。必要时可以聘请合格、独立的第三方,对银行业金融机构履行环境和社会责任的活动进行评估或审计。

## 第六章　监督检查

第二十五条　各级银行业监管机构应当加强与相关主管部门的协调配合,建立健全信息共享机制,完善信息服务,向银行业金融机构提示相关环境和社会风险。

第二十六条　各级银行业监管机构应当加强非现场监管,完善非现场监管指标体系,强化对银行业金融机构面临的环境和社会风险的监测分析,及时引导其加强风险管理,调整信贷投向。

银行业金融机构应当根据本指引要求,至少每两年开展一次绿色信贷的全面评估工作,并向银行业监管机构报送自我评估报告。

第二十七条　银行业监管机构组织开展现场检查,应当充分考虑银行业金融机构面临的环境和社会风险,明确相关检查内容和要求。对环境和社会风险突出的地区或银行业金融机构,应当开展专项检查,并根据检查结果督促其整改。

第二十八条　银行业监管机构应当加强对银行业金融机构绿色信贷自我评估的指导,并结合非现场监管和现场检查情况,全面评估银行业金融机构的绿色信贷成效,按照相关法律法规将评估结果作为银行业金融机构监管评级、机构准入、业务准入、高管人员履职评价的重要依据。

## 第七章　附　　则

第二十九条　本指引自公布之日起施行。村镇银行、贷款公司、农村资金互助社、非银行金融机构参照本指引执行。

第三十条　本指引由中国银监会负责解释。

# 《流动资金贷款管理暂行办法》

（中国银行业监督管理委员会令2010年第1号）

## 第一章 总 则

**第一条** 为规范银行业金融机构流动资金贷款业务经营行为，加强流动资金贷款审慎经营管理，促进流动资金贷款业务健康发展，依据《中华人民共和国银行业监督管理法》《中华人民共和国商业银行法》等有关法律法规，制定本办法。

**第二条** 中华人民共和国境内经中国银行业监督管理委员会批准设立的银行业金融机构（以下简称贷款人）经营流动资金贷款业务，应遵守本办法。

**第三条** 本办法所称流动资金贷款，是指贷款人向企（事）业法人或国家规定可以作为借款人的其他组织发放的用于借款人日常生产经营周转的本外币贷款。

**第四条** 贷款人开展流动资金贷款业务，应当遵循依法合规、审慎经营、平等自愿、公平诚信的原则。

**第五条** 贷款人应完善内部控制机制，实行贷款全流程管理，全面了解客户信息，建立流动资金贷款风险管理制度和有效的岗位制衡机制，将贷款管理各环节的责任落实到具体部门和岗位，并建立各岗位的考核和问责机制。

**第六条** 贷款人应合理测算借款人营运资金需求，审慎确定借款人的流动资金授信总额及具体贷款的额度，不得超过借款人的实际需求发放流动资金贷款。

贷款人应根据借款人生产经营的规模和周期特点，合理设定流动资金贷款的业务品种和期限，以满足借款人生产经营的资金需求，实现对贷款资金回笼的有效控制。

**第七条** 贷款人应将流动资金贷款纳入对借款人及其所在集团客户的统一授信管理，并按区域、行业、贷款品种等维度建立风险限额管理制度。

**第八条** 贷款人应根据经济运行状况、行业发展规律和借款人的有效信贷需求等，合理确定内部绩效考核指标，不得制订不合理的贷款规模指标，不得恶性竞争和突击放贷。

**第九条** 贷款人应与借款人约定明确、合法的贷款用途。

流动资金贷款不得用于固定资产、股权等投资，不得用于国家禁止生产、经营的领域和用途。

流动资金贷款不得挪用，贷款人应按照合同约定检查、监督流动资金贷款的使用情况。

**第十条** 中国银行业监督管理委员会依照本办法对流动资金贷款业务实施监督管理。

## 第二章 受理与调查

**第十一条** 流动资金贷款申请应具备以下条件：
（1）借款人依法设立；
（2）借款用途明确、合法；
（3）借款人生产经营合法、合规；

（4）借款人具有持续经营能力，有合法的还款来源；

（5）借款人信用状况良好，无重大不良信用记录；

（6）贷款人要求的其他条件。

**第十二条** 贷款人应对流动资金贷款申请材料的方式和具体内容提出要求，并要求借款人恪守诚实守信原则，承诺所提供材料真实、完整、有效。

**第十三条** 贷款人应采取现场与非现场相结合的形式履行尽职调查，形成书面报告，并对其内容的真实性、完整性和有效性负责。尽职调查包括但不限于以下内容：

（1）借款人的组织架构、公司治理、内部控制及法定代表人和经营管理团队的资信等情况；

（2）借款人的经营范围、核心主业、生产经营、贷款期内经营规划和重大投资计划等情况；

（3）借款人所在行业状况；

（4）借款人的应收账款、应付账款、存货等真实财务状况；

（5）借款人营运资金总需求和现有融资性负债情况；

（6）借款人关联方及关联交易等情况；

（7）贷款具体用途及与贷款用途相关的交易对手资金占用等情况；

（8）还款来源情况，包括生产经营产生的现金流、综合收益及其他合法收入等；

（9）对有担保的流动资金贷款，还需调查抵（质）押物的权属、价值和变现难易程度，或保证人的保证资格和能力等情况。

## 第三章 风险评价与审批

**第十四条** 贷款人应建立完善的风险评价机制，落实具体的责任部门和岗位，全面审查流动资金贷款的风险因素。

**第十五条** 贷款人应建立和完善内部评级制度，采用科学合理的评级和授信方法，评定客户信用等级，建立客户资信记录。

**第十六条** 贷款人应根据借款人经营规模、业务特征及应收账款、存货、应付账款、资金循环周期等要素测算其营运资金需求（测算方法参考附件），综合考虑借款人现金流、负债、还款能力、担保等因素，合理确定贷款结构，包括金额、期限、利率、担保和还款方式等。

**第十七条** 贷款人应根据贷审分离、分级审批的原则，建立规范的流动资金贷款评审制度和流程，确保风险评价和信贷审批的独立性。

贷款人应建立健全内部审批授权与转授权机制。审批人员应在授权范围内按规定流程审批贷款，不得越权审批。

## 第四章 合同签订

**第十八条** 贷款人应和借款人及其他相关当事人签订书面借款合同及其他相关协议，需担保的应同时签订担保合同。

**第十九条** 贷款人应在借款合同中与借款人明确约定流动资金贷款的金额、期限、利率、用途、支付、还款方式等条款。

**第二十条** 前条所指支付条款，包括但不限于以下内容：

（1）贷款资金的支付方式和贷款人受托支付的金额标准；
（2）支付方式变更及触发变更条件；
（3）贷款资金支付的限制、禁止行为；
（4）借款人应及时提供的贷款资金使用记录和资料。

第二十一条　贷款人应在借款合同中约定由借款人承诺以下事项：
（1）向贷款人提供真实、完整、有效的材料；
（2）配合贷款人进行贷款支付管理、贷后管理及相关检查；
（3）进行对外投资、实质性增加债务融资，以及进行合并、分立、股权转让等重大事项前征得贷款人同意；
（4）贷款人有权根据借款人资金回笼情况提前收回贷款；
（5）发生影响偿债能力的重大不利事项时及时通知贷款人。

第二十二条　贷款人应与借款人在借款合同中约定，出现以下情形之一时，借款人应承担的违约责任和贷款人可采取的措施：
（1）未按约定用途使用贷款的；
（2）未按约定方式进行贷款资金支付的；
（3）未遵守承诺事项的；
（4）突破约定财务指标的；
（5）发生重大交叉违约事件的；
（6）违反借款合同约定的其他情形的。

## 第五章　发放和支付

第二十三条　贷款人应设立独立的责任部门或岗位，负责流动资金贷款发放和支付审核。

第二十四条　贷款人在发放贷款前应确认借款人满足合同约定的提款条件，并按照合同约定通过贷款人受托支付或借款人自主支付的方式对贷款资金的支付进行管理与控制，监督贷款资金按约定用途使用。

贷款人受托支付是指贷款人根据借款人的提款申请和支付委托，将贷款通过借款人账户支付给符合合同约定用途的借款人交易对象。

借款人自主支付是指贷款人根据借款人的提款申请将贷款资金发放至借款人账户后，由借款人自主支付给符合合同约定用途的借款人交易对象。

第二十五条　贷款人应根据借款人的行业特征、经营规模、管理水平、信用状况等因素和贷款业务品种，合理约定贷款资金支付方式及贷款人受托支付的金额标准。

第二十六条　具有以下情形之一的流动资金贷款，原则上应采用贷款人受托支付方式：
（1）与借款人新建立信贷业务关系且借款人信用状况一般；
（2）支付对象明确且单笔支付金额较大；
（3）贷款人认定的其他情形。

第二十七条　采用贷款人受托支付的，贷款人应根据约定的贷款用途,审核借款人提供的支付申请所列支付对象、支付金额等信息是否与相应的商务合同等证明材料相符。审核同意后，贷款人应将贷款资金通过借款人账户支付给借款人交易对象。

**第二十八条** 采用借款人自主支付的，贷款人应按借款合同约定要求借款人定期汇总报告贷款资金支付情况，并通过账户分析、凭证查验或现场调查等方式核查贷款支付是否符合约定用途。

**第二十九条** 贷款支付过程中，借款人信用状况下降、主营业务盈利能力不强、贷款资金使用出现异常的，贷款人应与借款人协商补充贷款发放和支付条件，或根据合同约定变更贷款支付方式、停止贷款资金的发放和支付。

## 第六章 贷后管理

**第三十条** 贷款人应加强贷款资金发放后的管理，针对借款人所属行业及经营特点，通过定期与不定期现场检查与非现场监测，分析借款人经营、财务、信用、支付、担保及融资数量和渠道变化等状况，掌握各种影响借款人偿债能力的风险因素。

**第三十一条** 贷款人应通过借款合同的约定，要求借款人指定专门资金回笼账户并及时提供该账户资金进出情况。

贷款人可根据借款人信用状况、融资情况等，与借款人协商签订账户管理协议，明确约定对指定账户回笼资金进出的管理。贷款人应关注大额及异常资金流入流出情况，加强对资金回笼账户的监控。

**第三十二条** 贷款人应动态关注借款人经营、管理、财务及资金流向等重大预警信号，根据合同约定及时采取提前收贷、追加担保等有效措施防范化解贷款风险。

**第三十三条** 贷款人应评估贷款品种、额度、期限与借款人经营状况、还款能力的匹配程度，作为与借款人后续合作的依据，必要时及时调整与借款人合作的策略和内容。

**第三十四条** 贷款人应根据法律法规规定和借款合同的约定，参与借款人大额融资、资产出售以及兼并、分立、股份制改造、破产清算等活动，维护贷款人债权。

**第三十五条** 流动资金贷款需要展期的，贷款人应审查贷款所对应的资产转换周期的变化原因和实际需要，决定是否展期，并合理确定贷款展期期限，加强对展期贷款的后续管理。

**第三十六条** 流动资金贷款形成不良的，贷款人应对其进行专门管理，及时制订清收处置方案。对借款人确因暂时经营困难不能按期归还贷款本息的，贷款人可与其协商重组。

**第三十七条** 对确实无法收回的不良贷款，贷款人按照相关规定对贷款进行核销后，应继续向债务人追索或进行市场化处置。

## 第七章 法律责任

**第三十八条** 贷款人违反本办法规定经营流动资金贷款业务的，中国银行业监督管理委员会应当责令其限期改正。贷款人有下列情形之一的，中国银行业监督管理委员会可采取《中华人民共和国银行业监督管理法》第三十七条规定的监管措施：

（1）流动资金贷款业务流程有缺陷的；
（2）未将贷款管理各环节的责任落实到具体部门和岗位的；
（3）贷款调查、风险评价、贷后管理未尽职的；
（4）对借款人违反合同约定的行为应发现而未发现，或虽发现但未及时采取有效措施的。

**第三十九条** 贷款人有下列情形之一的，中国银行业监督管理委员会除按本办法第三十八条采取监管措施外，还可根据《中华人民共和国银行业监督管理法》第四十六条、第四十八条对其进行处罚：
（1）以降低信贷条件或超过借款人实际资金需求发放贷款的；
（2）未按本办法规定签订借款合同的；
（3）与借款人串通违规发放贷款的；
（4）放任借款人将流动资金贷款用于固定资产投资、股权投资以及国家禁止生产、经营的领域和用途的；
（5）超越或变相超越权限审批贷款的；
（6）未按本办法规定进行贷款资金支付管理与控制的；
（7）严重违反本办法规定的审慎经营规则的其他情形的。

## 第八章 附 则

**第四十条** 贷款人应依据本办法制定流动资金贷款管理实施细则及操作规程。
**第四十一条** 本办法由中国银行业监督管理委员会负责解释。
**第四十二条** 本办法自发布之日起施行。
附件：

### 流动资金贷款需求量的测算参考

流动资金贷款需求量应基于借款人日常生产经营所需营运资金与现有流动资金的差额（即流动资金缺口）确定。一般来讲，影响流动资金需求的关键因素为存货（原材料、半成品、产成品）、现金、应收账款和应付账款。同时，还会受到借款人所属行业、经营规模、发展阶段、谈判地位等重要因素的影响。银行业金融机构根据借款人当期财务报告和业务发展预测，按以下方法测算其流动资金贷款需求量：

**一、估算借款人营运资金量**

借款人营运资金量影响因素主要包括现金、存货、应收账款、应付账款、预收账款、预付账款等。在调查基础上，预测各项资金周转时间变化，合理估算借款人营运资金量。在实际测算中，借款人营运资金需求可参考如下公式：

营运资金量=上年度销售收入×（1−上年度销售利润率）×（1+预计销售收入年增长率）/营运资金周转次数

其中：营运资金周转次数=360/(存货周转天数+应收账款周转天数−应付账款周转天数+预付账款周转天数−预收账款周转天数）

周转天数=360/周转次数

应收账款周转次数=销售收入/平均应收账款余额

预收账款周转次数=销售收入/平均预收账款余额

存货周转次数=销售成本/平均存货余额

预付账款周转次数=销售成本/平均预付账款余额

应付账款周转次数=销售成本/平均应付账款余额

## 二、估算新增流动资金贷款额度

将估算出的借款人营运资金需求量扣除借款人自有资金、现有流动资金贷款以及其他融资,即可估算出新增流动资金贷款额度。

新增流动资金贷款额度=营运资金量－借款人自有资金－现有流动资金贷款－其他渠道提供的营运资金

## 三、需要考虑的其他因素

(一)各银行业金融机构应根据实际情况和未来发展情况(如借款人所属行业、规模、发展阶段、谈判地位等)分别合理预测借款人应收账款、存货和应付账款的周转天数,并可考虑一定的保险系数。

(二)对集团关联客户,可采用合并报表估算流动资金贷款额度,原则上纳入合并报表范围内的成员企业流动资金贷款总和不能超过估算值。

(三)对小企业融资、订单融资、预付租金或者临时大额债项融资等情况,可在交易真实性的基础上,确保有效控制用途和回款情况下,根据实际交易需求确定流动资金额度。

(四)对季节性生产借款人,可按每年的连续生产时段作为计算周期估算流动资金需求,贷款期限应根据回款周期合理确定。

# 《固定资产贷款管理暂行办法》

(中国银行业监督管理委员会令2009年第2号)

## 第一章 总 则

**第一条** 为规范银行业金融机构固定资产贷款业务经营行为,加强固定资产贷款审慎经营管理,促进固定资产贷款业务健康发展,依据《中华人民共和国银行业监督管理法》《中华人民共和国商业银行法》等法律法规,制定本办法。

**第二条** 中华人民共和国境内经国务院银行业监督管理机构批准设立的银行业金融机构(以下简称贷款人),经营固定资产贷款业务应遵守本办法。

**第三条** 本办法所称固定资产贷款,是指贷款人向企(事)业法人或国家规定可以作为借款人的其他组织发放的,用于借款人固定资产投资的本外币贷款。

**第四条** 贷款人开展固定资产贷款业务应当遵循依法合规、审慎经营、平等自愿、公平诚信的原则。

**第五条** 贷款人应完善内部控制机制，实行贷款全流程管理，全面了解客户和项目信息，建立固定资产贷款风险管理制度和有效的岗位制衡机制，将贷款管理各环节的责任落实到具体部门和岗位，并建立各岗位的考核和问责机制。

**第六条** 贷款人应将固定资产贷款纳入对借款人及借款人所在集团客户的统一授信额度管理，并按区域、行业、贷款品种等维度建立固定资产贷款的风险限额管理制度。

**第七条** 贷款人应与借款人约定明确、合法的贷款用途，并按照约定检查、监督贷款的使用情况，防止贷款被挪用。

**第八条** 银行业监督管理机构依照本办法对贷款人固定资产贷款业务实施监督管理。

## 第二章 受理与调查

**第九条** 贷款人受理的固定资产贷款申请应具备以下条件：
（1）借款人依法经工商行政管理机关或主管机关核准登记；
（2）借款人信用状况良好，无重大不良记录；
（3）借款人为新设项目法人的，其控股股东应有良好的信用状况，无重大不良记录；
（4）国家对拟投资项目有投资主体资格和经营资质要求的，符合其要求；
（5）借款用途及还款来源明确、合法；
（6）项目符合国家的产业、土地、环保等相关政策，并按规定履行了固定资产投资项目的合法管理程序；
（7）符合国家有关投资项目资本金制度的规定；
（8）贷款人要求的其他条件。

**第十条** 贷款人应对借款人提供申请材料的方式和具体内容提出要求，并要求借款人恪守诚实守信原则，承诺所提供材料真实、完整、有效。

**第十一条** 贷款人应落实具体的责任部门和岗位，履行尽职调查并形成书面报告。尽职调查的主要内容包括：
（1）借款人及项目发起人等相关关系人的情况；
（2）贷款项目的情况；
（3）贷款担保情况；
（4）需要调查的其他内容。
尽职调查人员应当确保尽职调查报告内容的真实性、完整性和有效性。

## 第三章 风险评价与审批

**第十二条** 贷款人应落实具体的责任部门和岗位，对固定资产贷款进行全面的风险评价，并形成风险评价报告。

**第十三条** 贷款人应建立完善的固定资产贷款风险评价制度，设置定量或定性的指标和标准，从借款人、项目发起人、项目合规性、项目技术和财务可行性、项目产品市场、项目融资方案、还款来源可靠性、担保、保险等角度进行贷款风险评价。

**第十四条** 贷款人应按照审贷分离、分级审批的原则,规范固定资产贷款审批流程,明确贷款审批权限,确保审批人员按照授权独立审批贷款。

## 第四章 合同签订

**第十五条** 贷款人应与借款人及其他相关当事人签订书面借款合同、担保合同等相关合同。合同中应详细规定各方当事人的权利、义务及违约责任,避免对重要事项未约定、约定不明或约定无效。

**第十六条** 贷款人应在合同中与借款人约定具体的贷款金额、期限、利率、用途、支付、还贷保障及风险处置等要素和有关细节。

**第十七条** 贷款人应在合同中与借款人约定提款条件以及贷款资金支付接受贷款人管理和控制等与贷款使用相关的条款,提款条件应包括与贷款同比例的资本金已足额到位、项目实际进度与已投资额相匹配等要求。

**第十八条** 贷款人应在合同中与借款人约定对借款人相关账户实施监控,必要时可约定专门的贷款发放账户和还款准备金账户。

**第十九条** 贷款人应要求借款人在合同中对与贷款相关的重要内容作出承诺,承诺内容应包括:贷款项目及其借款事项符合法律法规的要求;及时向贷款人提供完整、真实、有效的材料;配合贷款人对贷款的相关检查;发生影响其偿债能力的重大不利事项及时通知贷款人;进行合并、分立、股权转让、对外投资、实质性增加债务融资等重大事项前征得贷款人同意等。

**第二十条** 贷款人应在合同中与借款人约定,借款人出现未按约定用途使用贷款、未按约定方式支用贷款资金、未遵守承诺事项、申贷文件信息失真、突破约定的财务指标约束等情形时借款人应承担的违约责任和贷款人可采取的措施。

## 第五章 发放与支付

**第二十一条** 贷款人应设立独立的责任部门或岗位,负责贷款发放和支付审核。

**第二十二条** 贷款人在发放贷款前应确认借款人满足合同约定的提款条件,并按照合同约定的方式对贷款资金的支付实施管理与控制,监督贷款资金按约定用途使用。

**第二十三条** 合同约定专门贷款发放账户的,贷款发放和支付应通过该账户办理。

**第二十四条** 贷款人应通过贷款人受托支付或借款人自主支付的方式对贷款资金的支付进行管理与控制。

贷款人受托支付是指贷款人根据借款人的提款申请和支付委托,将贷款资金支付给符合合同约定用途的借款人交易对手。

借款人自主支付是指贷款人根据借款人的提款申请将贷款资金发放至借款人账户后,由借款人自主支付给符合合同约定用途的借款人交易对手。

**第二十五条** 单笔金额超过项目总投资5%或超过500万元人民币的贷款资金支付,应采用贷款人受托支付方式。

**第二十六条** 采用贷款人受托支付的,贷款人应在贷款资金发放前审核借款人相关交易资料是否符合合同约定条件。贷款人审核同意后,将贷款资金通过借款人账户支付给借款人交易对手,并应做好有关细节的认定记录。

**第二十七条** 采用借款人自主支付的,贷款人应要求借款人定期汇总报告贷款资金支付情况,并通过账户分析、凭证查验、现场调查等方式核查贷款支付是否符合约定用途。

**第二十八条** 固定资产贷款发放和支付过程中,贷款人应确认与拟发放贷款同比例的项目资本金足额到位,并与贷款配套使用。

**第二十九条** 在贷款发放和支付过程中,借款人出现以下情形的,贷款人应与借款人协商补充贷款发放和支付条件,或根据合同约定停止贷款资金的发放和支付:
(1)信用状况下降;
(2)不按合同约定支付贷款资金;
(3)项目进度落后于资金使用进度;
(4)违反合同约定,以化整为零方式规避贷款人受托支付。

## 第六章 贷后管理

**第三十条** 贷款人应定期对借款人和项目发起人的履约情况及信用状况、项目的建设和运营情况、宏观经济变化和市场波动情况、贷款担保的变动情况等内容进行检查与分析,建立贷款质量监控制度和贷款风险预警体系。

出现可能影响贷款安全的不利情形时,贷款人应对贷款风险进行重新评价并采取针对性措施。

**第三十一条** 项目实际投资超过原定投资金额,贷款人经重新风险评价和审批决定追加贷款的,应要求项目发起人配套追加不低于项目资本金比例的投资和相应担保。

**第三十二条** 贷款人应对抵(质)押物的价值和担保人的担保能力建立贷后动态监测和重估制度。

**第三十三条** 贷款人应对固定资产投资项目的收入现金流以及借款人的整体现金流进行动态监测,对异常情况及时查明原因并采取相应措施。

**第三十四条** 合同约定专门还款准备金账户的,贷款人应按约定根据需要对固定资产投资项目或借款人的收入现金流进入该账户的比例和账户内的资金平均存量提出要求。

**第三十五条** 借款人出现违反合同约定情形的,贷款人应及时采取有效措施,必要时应依法追究借款人的违约责任。

**第三十六条** 固定资产贷款形成不良贷款的,贷款人应对其进行专门管理,并及时制定清收或盘活措施。

对借款人确因暂时经营困难不能按期归还贷款本息的,贷款人可与借款人协商进行贷款重组。

**第三十七条** 对确实无法收回的固定资产不良贷款,贷款人按照相关规定对贷款进行核销后,应继续向债务人追索或进行市场化处置。

## 第七章　法律责任

**第三十八条**　贷款人违反本办法规定经营固定资产贷款业务的,银行业监督管理机构应当责令其限期改正。贷款人有下列情形之一的,银行业监督管理机构可根据《中华人民共和国银行业监督管理法》第三十七条的规定采取监管措施:

（1）固定资产贷款业务流程有缺陷的；

（2）未按本办法要求将贷款管理各环节的责任落实到具体部门和岗位的；

（3）贷款调查、风险评价未尽职的；

（4）未按本办法规定对借款人和项目的经营情况进行持续有效监控的；

（5）对借款人违反合同约定的行为未及时采取有效措施的。

**第三十九条**　贷款人有下列情形之一的,银行业监督管理机构除按本办法第三十八条规定采取监管措施外,还可根据《中华人民共和国银行业监督管理法》第四十六条、第四十八条规定对其进行处罚:

（1）受理不符合条件的固定资产贷款申请并发放贷款的；

（2）与借款人串通,违法违规发放固定资产贷款的；

（3）超越、变相超越权限或不按规定流程审批贷款的；

（4）未按本办法规定签订贷款协议的；

（5）与贷款同比例的项目资本金到位前发放贷款的；

（6）未按本办法规定进行贷款资金支付管理与控制的；

（7）有其他严重违反本办法规定的行为的。

## 第八章　附　　则

**第四十条**　全额保证金类质押项下的固定资产贷款参照本办法执行。

**第四十一条**　贷款人应依照本办法制定固定资产贷款管理细则及操作规程。

**第四十二条**　本办法由中国银行业监督管理委员会负责解释。

**第四十三条**　本办法自发布之日起三个月后施行。

# 《项目融资业务指引》

（银监发〔2009〕71号）

**第一条**　为促进银行业金融机构项目融资业务健康发展,有效管理项目融资风险,依据《中华人民共和国银行业监督管理法》《中华人民共和国商业银行法》《固定资产贷款管理暂行办法》以及其他有关法律法规,制定本指引。

**第二条**　中华人民共和国境内经国务院银行业监督管理机构批准设立的银行业金融机构（以下简称贷款人）开展项目融资业务,适用本指引。

**第三条**　本指引所称项目融资,是指符合以下特征的贷款:

（1）贷款用途通常是用于建造一个或一组大型生产装置、基础设施、房地产项目或其他项目，包括对在建或已建项目的再融资；

（2）借款人通常是为建设、经营该项目或为该项目融资而专门组建的企事业法人，包括主要从事该项目建设、经营或融资的既有企事业法人；

（3）还款资金来源主要依赖该项目产生的销售收入、补贴收入或其他收入，一般不具备其他还款来源。

**第四条** 贷款人从事项目融资业务，应当具备对所从事项目的风险识别和管理能力，配备业务开展所需要的专业人员，建立完善的操作流程和风险管理机制。

贷款人可以根据需要，委托或者要求借款人委托具备相关资质的独立中介机构为项目提供法律、税务、保险、技术、环保和监理等方面的专业意见或服务。

**第五条** 贷款人提供项目融资的项目，应当符合国家产业、土地、环保和投资管理等相关政策。

**第六条** 贷款人从事项目融资业务，应当充分识别和评估融资项目中存在的建设期风险和经营期风险，包括政策风险、筹资风险、完工风险、产品市场风险、超支风险、原材料风险、营运风险、汇率风险、环保风险和其他相关风险。

**第七条** 贷款人从事项目融资业务，应当以偿债能力分析为核心，重点从项目技术可行性、财务可行性和还款来源可靠性等方面评估项目风险，充分考虑政策变化、市场波动等不确定因素对项目的影响，审慎预测项目的未来收益和现金流。

**第八条** 贷款人应当按照国家关于固定资产投资项目资本金制度的有关规定，综合考虑项目风险水平和自身风险承受能力等因素，合理确定贷款金额。

**第九条** 贷款人应当根据项目预测现金流和投资回收期等因素，合理确定贷款期限和还款计划。

**第十条** 贷款人应当按照中国人民银行关于利率管理的有关规定，根据风险收益匹配原则，综合考虑项目风险、风险缓释措施等因素，合理确定贷款利率。

贷款人可以根据项目融资在不同阶段的风险特征和水平，采用不同的贷款利率。

**第十一条** 贷款人应当要求将符合抵质押条件的项目资产和/或项目预期收益等权利为贷款设定担保，并可以根据需要，将项目发起人持有的项目公司股权为贷款设定质押担保。

贷款人应当要求成为项目所投保商业保险的第一顺位保险金请求权人，或采取其他措施有效控制保险赔款权益。

**第十二条** 贷款人应当采取措施有效降低和分散融资项目在建设期和经营期的各类风险。

贷款人应当以要求借款人或者通过借款人要求项目相关方签订总承包合同、投保商业保险、建立完工保证金、提供完工担保和履约保函等方式，最大限度降低建设期风险。

贷款人可以以要求借款人签订长期供销合同、使用金融衍生工具或者发起人提供资金缺口担保等方式，有效分散经营期风险。

**第十三条** 贷款人可以通过为项目提供财务顾问服务，为项目设计综合金融服务方案，组合运用各种融资工具，拓宽项目资金来源渠道，有效分散风险。

**第十四条** 贷款人应当按照《固定资产贷款管理暂行办法》的有关规定，恰当设计账户管理、贷款资金支付、借款人承诺、财务指标控制、重大违约事项等项目融资合同条款，促进项目正常建设和运营，有效控制项目融资风险。

**第十五条** 贷款人应当根据项目的实际进度和资金需求，按照合同约定的条件发放贷款资金。贷款发放前，贷款人应当确认与拟发放贷款同比例的项目资本金足额到位，并与贷款配套使用。

**第十六条** 贷款人应当按照《固定资产贷款管理暂行办法》关于贷款发放与支付的有关规定，对贷款资金的支付实施管理和控制，必要时可以与借款人在借款合同中约定专门的贷款发放账户。

采用贷款人受托支付方式的，贷款人在必要时可以要求借款人、独立中介机构和承包商等共同检查设备建造或者工程建设进度，并根据出具的、符合合同约定条件的共同签证单，进行贷款支付。

**第十七条** 贷款人应当与借款人约定专门的项目收入账户，并要求所有项目收入进入约定账户，并按照事先约定的条件和方式对外支付。

贷款人应当对项目收入账户进行动态监测，当账户资金流动出现异常时，应当及时查明原因并采取相应措施。

**第十八条** 在贷款存续期间，贷款人应当持续监测项目的建设和经营情况，根据贷款担保、市场环境、宏观经济变动等因素，定期对项目风险进行评价，并建立贷款质量监控制度和风险预警体系。出现可能影响贷款安全情形的，应当及时采取相应措施。

**第十九条** 多家银行业金融机构参与同一项目融资的，原则上应当采用银团贷款方式。

**第二十条** 对文化创意、新技术开发等项目发放的符合项目融资特征的贷款，参照本指引执行。

**第二十一条** 本指引由中国银行业监督管理委员会负责解释。

**第二十二条** 本指引自发布之日起三个月后施行。

## 《银团贷款业务指引（修订）》

（银监发〔2011〕85号）

### 第一章 总　则

**第一条** 为促进和规范银团贷款业务，分散授信风险，推动银行同业合作，根据《中华人民共和国银行业监督管理法》《中华人民共和国商业银行法》等法律法规，制定本指引。

**第二条** 本指引适用于在中国境内依法设立并经营贷款业务的银行业金融机构（以下简称银行）。

**第三条** 银团贷款是指由两家或两家以上银行基于相同贷款条件,依据同一贷款合同,按约定时间和比例,通过代理行向借款人提供的本外币贷款或授信业务。

**第四条** 银行开办银团贷款业务,应当遵守国家有关法律法规,符合国家信贷政策,坚持平等互利、公平协商、诚实履约、风险自担的原则。

**第五条** 银行业协会负责维护银团贷款市场秩序,推进市场标准化建设,推动银团贷款与交易系统平台搭建,协调银团贷款与交易中发生的问题,收集和披露有关银团贷款信息,制定行业公约等行业自律工作。

## 第二章 银团成员

**第六条** 参与银团贷款的银行均为银团成员。银团成员应按照"信息共享、独立审批、自主决策、风险自担"的原则自主确定各自授信行为,并按实际承担份额享有银团贷款项下相应的权利,履行相应的义务。

**第七条** 按照在银团贷款中的职能和分工,银团成员通常分为牵头行、代理行和参加行等角色,也可根据实际规模与需要在银团内部增设副牵头行、联合牵头行等,并按照银团贷款合同履行相应职责。

**第八条** 银团贷款牵头行是指经借款人同意,负责发起组织银团、分销银团贷款份额的银行。牵头行主要履行以下职责:

(1)发起和筹组银团贷款,分销银团贷款份额;
(2)对借款人进行贷前尽职调查,草拟银团贷款信息备忘录,并向潜在的参加行推荐;
(3)代表银团与借款人谈判确定银团贷款条件;
(4)代表银团聘请相关中介机构起草银团贷款法律文本;
(5)组织银团成员与借款人签订书面银团贷款合同;
(6)银团贷款合同确定的其他职责。

**第九条** 单家银行担任牵头行时,其承贷份额原则上不得少于银团融资总金额的20%;分销给其他银团成员的份额原则上不得低于50%。

**第十条** 按照牵头行对贷款最终安排额所承担的责任,银团牵头行分销银团贷款可以分为全额包销、部分包销和尽最大努力推销三种类型。

**第十一条** 银团代理行是指银团贷款合同签订后,按相关贷款条件确定的金额和进度归集资金向借款人提供贷款,并接受银团委托按银团贷款合同约定进行银团贷款事务管理和协调活动的银行。对担保结构比较复杂的银团贷款,可以指定担保代理行,由其负责落实银团贷款的各项担保及抵(质)押物登记、管理等工作。代理行经银团成员协商确定,可以由牵头行或者其他银行担任。银团代理行应当代表银团利益,借款人的附属机构或关联机构不得担任代理行。

**第十二条** 代理行应当依据银团贷款合同的约定履行代理行职责。其主要职责包括:
(1)审查、督促借款人落实贷款条件,提供贷款或办理其他授信业务;
(2)办理银团贷款的担保抵押手续,负责抵(质)押物的日常管理工作;
(3)制定账户管理方案,开立专门账户管理银团贷款资金,对专户资金的变动情况进

行逐笔登记;

（4）根据约定用款日期或借款人的用款申请,按照银团贷款合同约定的承贷份额比例,通知银团成员将款项划到指定账户;

（5）划收银团贷款本息和代收相关费用,并按承贷比例和银团贷款合同约定及时划转到银团成员指定账户;

（6）根据银团贷款合同,负责银团贷款资金支付管理、贷后管理和贷款使用情况的监督检查,并定期向银团成员通报;

（7）密切关注借款人财务状况,对贷款期间发生的企业并购、股权分红、对外投资、资产转让、债务重组等影响借款人还款能力的重大事项,在借款人通知后按银团贷款合同约定尽早通知各银团成员;

（8）根据银团贷款合同,在借款人出现违约事项时,及时组织银团成员对违约贷款进行清收、保全、追偿或其他处置;

（9）根据银团贷款合同,负责组织召开银团会议,协调银团成员之间的关系;

（10）接受各银团成员不定期的咨询与核查,办理银团会议委托的其他事项等。

第十三条　代理行应当勤勉尽责。因代理行行为导致银团利益受损的,银团成员有权根据银团贷款合同约定的方式更换代理行,并要求代理行赔偿相关损失。

第十四条　参加行是指接受牵头行邀请,参加银团并按照协商确定的承贷份额向借款人提供贷款的银行。参加行应当按照约定及时足额划拨资金至代理行指定的账户,参加银团会议,做好贷后管理,了解掌握借款人日常经营与信用状况的变化情况,及时向代理行通报借款人的异常情况。

## 第三章　银团贷款的发起和筹组

第十五条　有下列情形之一的大额贷款,鼓励采取银团贷款方式:

（1）大型集团客户、大型项目融资和大额流动资金融资;

（2）单一企业或单一项目融资总额超过贷款行资本净额10%的;

（3）单一集团客户授信总额超过贷款行资本净额15%的;

（4）借款人以竞争性谈判选择银行业金融机构进行项目融资的。

各地银行业协会可以根据以上原则,结合本地区实际情况,组织辖内会员银行共同确定银团贷款额度的具体下限。

第十六条　银团贷款由借款人或银行发起。牵头行应当与借款人谈妥银团贷款的初步条件,并获得借款人签署的银团贷款委任书。

第十七条　牵头行应当按照授信工作尽职的相关要求,对借款人或贷款项目进行贷前尽职调查,并在此基础上与借款人进行前期谈判,商谈贷款的用途、额度、利率、期限、担保形式、提款条件、还款方式和相关费用等,并据此编制银团贷款信息备忘录。

第十八条　银团贷款信息备忘录由牵头行分发给潜在参加行,作为潜在参加行审贷和提出修改建议的重要依据。银团贷款信息备忘录内容主要包括:银团贷款的基本条件、借款人的法律地位及概况、借款人的财务状况、项目概况及市场分析、项目财务现金流量分析、担保人和担保物介绍、风险因素及避险措施、项目的准入审批手续及有资质环保机构出具的环境影响监测评估文件等。

第十九条 牵头行在编制银团贷款信息备忘录过程中,应如实向潜在参加行披露其知悉的借款人全部真实信息。牵头行在向其他银行发送银团贷款信息备忘录前,应要求借款人审阅该银团贷款信息备忘录,并由借款人签署"对信息备忘录所载内容的真实性、完整性负责"的声明。必要时,牵头行也可以要求担保人审阅银团贷款信息备忘录并签署上述声明。

第二十条 为提高银团贷款信息备忘录等银团贷款资料的独立性、公正性和真实性,牵头行可以聘请外部中介机构如会计师事务所、资产评估事务所、律师事务所及相关技术专家负责评审编写有关信息及资料、出具意见书。

第二十一条 牵头行与借款人协商后,向潜在参加行发出银团贷款邀请函,并随附贷款条件清单、信息备忘录、保密承诺函、贷款承诺函等文件。

第二十二条 收到银团贷款邀请函的银行应按照"信息共享、独立审贷、自主决策、风险自担"的原则,在全面掌握借款人相关信息的基础上做出是否参加银团贷款的决定。银团贷款信息备忘录信息不能满足潜在参加行审批要求的,潜在参加行可要求牵头行补充提供相关信息、提出工作建议或者直接进行调查。

第二十三条 牵头行应根据潜在参加行实际反馈情况,合理确定各银团成员的贷款份额。在超额认购或认购不足的情况下,牵头行可按事先约定的条件或与借款人协商后重新确定各银团成员的承贷份额。

第二十四条 在牵头行有效委任期间,其他未获委任的银行不得与借款人就同一项目进行委任或开展融资谈判。

## 第四章 银团贷款合同

第二十五条 银团贷款合同是银团成员与借款人、担保人根据有关法律法规,经过协商后共同签订,主要约定银团成员与借款人、担保人之间权利义务关系的法律文本。银团贷款合同应当包括以下主要条款:

(1)当事人基本情况;
(2)定义及解释;
(3)与贷款有关的约定,包括贷款金额与币种、贷款期限、贷款利率、贷款用途、支付方式、还款方式及还款资金来源、贷款担保组合、贷款展期条件、提前还款约定等;
(4)银团各成员承诺的贷款额度及贷款划拨的时间;
(5)提款先决条件;
(6)费用条款;
(7)税务条款;
(8)财务约束条款;
(9)非财务承诺,包括资产处置限制、业务变更和信息披露等条款;
(10)违约事件及处理;
(11)适用法律;

（12）其他约定及附属文件。

**第二十六条** 银团成员之间权利义务关系可以在银团贷款合同中约定，也可以另行签订《银团内部协议》(或称为《银团贷款银行间协议》等)加以约定。银团成员间权利义务关系主要包括：银团成员内部分工、权利与义务、银团贷款额度的分配、银团贷款额度的转让；银团会议的议事规则；银团成员的退出和银团解散；违约行为及责任；解决争议的方式；银团成员认为有必要约定的其他事项。

**第二十七条** 银团成员应严格按照银团贷款合同的约定，及时足额划付贷款款项，履行合同规定的职责和义务。

**第二十八条** 借款人应严格按照银团贷款合同的约定，保证贷款用途，及时向代理行划转贷款本息，如实向银团成员提供有关情况。

**第二十九条** 银行开展银团贷款业务可以依据中国银行业协会制定的银团贷款合同示范文本，制定银团贷款合同。

## 第五章 银团贷款管理

**第三十条** 银团贷款的日常管理工作主要由代理行负责。代理行应在银团贷款存续期内跟踪了解项目的进展情况，及时发现银团贷款可能出现的问题，并以书面形式尽快通报银团成员。

**第三十一条** 银团贷款存续期间，银团会议由代理行负责定期召集，或者根据银团贷款合同的约定由一定比例的银团成员提议召开。银团会议的主要职能是讨论、协商银团贷款管理中的重大事项。

**第三十二条** 银团会议商议的重大事项主要包括：修改银团贷款合同、调整贷款额度、变更担保、变动利率、终止银团贷款、通报企业并购和重大关联交易、认定借款人违约事项、贷款重组和调整代理行等。

**第三十三条** 银团贷款出现违约风险时，代理行应当根据银团贷款合同的约定，负责及时召集银团会议，并可成立银团债权委员会，对贷款进行清收、保全、重组和处置。必要时可以申请仲裁或向人民法院提起诉讼。

**第三十四条** 银团贷款存续期间，银团成员原则上不得在银团之外向同一项目提供有损银团其他成员利益的贷款或其他授信。

**第三十五条** 银团成员在办理银团贷款业务过程中发现借款人有下列行为，经指正不改的，代理行应当根据银团贷款合同的约定，负责召集银团会议，追究其违约责任，并以书面形式通知借款人及其保证人：

（1）所提供的有关文件被证实无效；
（2）未能履行和遵守贷款合同约定的义务；
（3）未能按贷款合同规定支付利息和本金；
（4）以假破产等方式逃废银行债务；
（5）贷款合同约定的其他违约事项。

第三十六条 银团成员在开展银团贷款业务过程中有以下行为，经银团会议审核认定违约的，可以要求其承担违约责任：

（1）银团成员收到代理行按合同规定时间发出的通知后，未按合同约定时限足额划付款项的；

（2）银团成员擅自提前收回贷款或违约退出银团的；

（3）不执行银团会议决议的；

（4）借款人归还银团贷款本息而代理行未如约及时划付银团成员的；

（5）其他违反银团贷款合同、本业务指引以及法律法规的行为。银团成员之间的上述纠纷，不影响银团与借款人所定贷款合同的执行。

第三十七条 开办银团贷款业务的银行应当定期向当地银行业协会报送银团贷款有关信息。内容包括：银团贷款一级市场的包销量及持有量、二级市场的转让量，银团贷款的利率水平、费率水平、贷款期限、担保条件、借款人信用评级等。

第三十八条 开办银团贷款业务的银行应当依据本指引，结合自身经营管理水平制定银团贷款业务管理办法，建立与银团贷款业务风险相适应的管理机制，并指定相关部门和专人负责银团贷款的日常管理工作。

第三十九条 银行向大型集团客户发放银团贷款，应当注意防范集团客户内部关联交易及关联方之间相互担保的风险。对集团客户内部关联交易频繁、互相担保严重的，应当加强对其资信的审核，并严格控制贷款发放。

## 第六章 银团贷款收费

第四十条 银团贷款收费是指银团成员接受借款人委托，为借款人提供银团筹组、包销安排、贷款承诺、银团事务管理等服务而收取的相关中间业务费用，纳入商业银行中间业务收费管理。银团贷款收费应当按照"自愿协商、公平合理、质价相符"的原则由银团成员和借款人协商确定，并在银团贷款合同或费用函中载明。

第四十一条 银团贷款收费的具体项目可以包括安排费、承诺费、代理费等。银团费用仅限为借款人提供相应服务的银团成员享有。安排费一般按银团贷款总额的一定比例一次性支付；承诺费一般按未用余额的一定比例每年根据银团贷款合同约定的方式收取；代理费可以根据代理行的工作量按年支付。

第四十二条 银团贷款的收费应当遵循"谁借款、谁付费"的原则，由借款人支付。

第四十三条 牵头行不得向银团成员提出任何不合理条件，不得以免予收费的手段，开展银团贷款业务竞争，不得借筹组银团贷款向银团成员和借款人搭售其他金融产品或收取其他费用。

## 第七章 银团贷款转让交易

第四十四条 银团贷款转让交易是指银团贷款项下的贷款人作为出让方，将其持有的银团贷款份额转让给作为受让方的其他贷款人或第三方，并由受让方向出让方支付转让价款的交易。银团贷款转让交易不得违反贷款转让的相关监管规定。

第四十五条　转让交易的定价由交易双方根据转让标的、市场等情况自行协商、自主定价。

第四十六条　转让交易的出让方应当确保与转让标的相关的贷款合同及其他文件已由各方有效签署，其对转让的份额拥有合法的处分权，且转让标的之上不存在包括债务人抵销权在内的任何可能造成转让标的价值减损的其他权利。出让方应当为转让交易之目的向受让方充分披露信息，不得提供明知为虚假或具有误导性的信息，不得隐瞒转让标的相关负面信息。

第四十七条　转让交易的受让方应当按照转让合同的约定，受让转让标的并支付转让价款，不得将出让方提供的相关信息用于任何非法目的，或违反保密义务使用该信息。

第四十八条　代理行应当按照银团贷款合同的约定及时履行转让交易相关义务；其他银团成员、担保人等相关各方应当按照银团贷款合同的约定履行相关义务，协助转让交易的顺利进行。

## 第八章　附　则

第四十九条　依法设立的非银行金融机构开办银团贷款业务适用本指引。

第五十条　本指引由银监会负责解释。

第五十一条　本指引自公布之日起实施。2007年8月11日印发的《银团贷款业务指引》（银监发〔2007〕68号）同时废止。

# 《商业银行并购贷款风险管理指引》

（银监发〔2015〕5号）

## 第一章　总　则

第一条　为规范商业银行并购贷款经营行为，提高商业银行并购贷款风险管理能力，加强商业银行对经济结构调整和资源优化配置的支持力度，促进银行业公平竞争，维护银行业合法稳健运行，根据《中华人民共和国银行业监督管理法》《中华人民共和国商业银行法》等法律法规，制定本指引。

第二条　本指引所称商业银行是指依照《中华人民共和国商业银行法》设立的商业银行法人机构。

第三条　本指引所称并购，是指境内并购方企业通过受让现有股权、认购新增股权，或收购资产、承接债务等方式以实现合并或实际控制已设立并持续经营的目标企业或资产的交易行为。

并购可由并购方通过其专门设立的无其他业务经营活动的全资或控股子公司（以下称子公司）进行。

**第四条** 本指引所称并购贷款,是指商业银行向并购方或其子公司发放的,用于支付并购交易价款和费用的贷款。

**第五条** 开办并购贷款业务的商业银行法人机构应当符合以下条件:
(1)有健全的风险管理和有效的内控机制;
(2)资本充足率不低于10%;
(3)其他各项监管指标符合监管要求;
(4)有并购贷款尽职调查和风险评估的专业团队。
商业银行开办并购贷款业务前,应当制定并购贷款业务流程和内控制度,并向监管机构报告。商业银行开办并购贷款业务后,如发生不能持续满足上述条件之一的情况,应当停止办理新的并购贷款业务。

**第六条** 商业银行开办并购贷款业务应当遵循依法合规、审慎经营、风险可控、商业可持续的原则。

**第七条** 商业银行应制定并购贷款业务发展策略,充分考虑国家产业、土地、环保等相关政策,明确发展并购贷款业务的目标、客户范围、风险承受限额及其主要风险特征,合理满足企业兼并重组融资需求。

**第八条** 商业银行应按照管理强度高于其他贷款种类的原则建立相应的并购贷款管理制度和管理信息系统,确保业务流程、内控制度以及管理信息系统能够有效地识别、计量、监测和控制并购贷款的风险。

商业银行应按照监管要求建立并购贷款统计制度,做好并购贷款的统计、汇总、分析等工作。

**第九条** 银监会及其派出机构依法对商业银行并购贷款业务实施监督管理,发现商业银行不符合业务开办条件或违反本指引有关规定,不能有效控制并购贷款风险的,可根据有关法律法规采取责令商业银行暂停并购贷款业务等监管措施。

## 第二章 风险评估

**第十条** 商业银行应在全面分析战略风险、法律与合规风险、整合风险、经营风险以及财务风险等与并购有关的各项风险的基础上评估并购贷款的风险。商业银行并购贷款涉及跨境交易的,还应分析国别风险、汇率风险和资金过境风险等。

**第十一条** 商业银行评估战略风险,应从并购双方行业前景、市场结构、经营战略、管理团队、企业文化和股东支持等方面进行分析,包括但不限于以下内容:
(1)并购双方的产业相关度和战略相关性,以及可能形成的协同效应;
(2)并购双方从战略、管理、技术和市场整合等方面取得额外回报的机会;
(3)并购后的预期战略成效及企业价值增长的动力来源;
(4)并购后新的管理团队实现新战略目标的可能性;

(5)并购的投机性及相应风险控制对策;

(6)协同效应未能实现时,并购方可能采取的风险控制措施或退出策略。

**第十二条** 商业银行评估法律与合规风险,包括但不限于分析以下内容:

(1)并购交易各方是否具备并购交易主体资格;

(2)并购交易是否按有关规定已经或即将获得批准,并履行必要的登记、公告等手续;

(3)法律法规对并购交易的资金来源是否有限制性规定;

(4)担保的法律结构是否合法有效并履行了必要的法定程序;

(5)借款人对还款现金流的控制是否合法合规;

(6)贷款人权利能否获得有效的法律保障;

(7)与并购、并购融资法律结构有关的其他方面的合规性。

**第十三条** 商业银行评估整合风险,包括但不限于分析并购双方是否有能力通过以下方面的整合实现协同效应:

(1)发展战略整合;

(2)组织整合;

(3)资产整合;

(4)业务整合;

(5)人力资源及文化整合。

**第十四条** 商业银行评估经营及财务风险,包括但不限于分析以下内容:

(1)并购后企业经营的主要风险,如行业发展和市场份额是否能保持稳定或增长趋势,公司治理是否有效,管理团队是否稳定并且具有足够能力,技术是否成熟并能提高企业竞争力,财务管理是否有效等;

(2)并购双方的未来现金流及其稳定程度;

(3)并购股权(或资产)定价高于目标企业股权(或资产)合理估值的风险;

(4)并购双方的分红策略及其对并购贷款还款来源造成的影响;

(5)并购中使用的债务融资工具及其对并购贷款还款来源造成的影响;

(6)汇率和利率等因素变动对并购贷款还款来源造成的影响。

商业银行应当综合考虑上述风险因素,根据并购双方经营和财务状况、并购融资方式和金额等情况,合理测算并购贷款还款来源,审慎确定并购贷款所支持的并购项目的财务杠杆率,确保并购的资金来源中含有合理比例的权益性资金,防范高杠杆并购融资带来的风险。

**第十五条** 商业银行应在全面分析与并购有关的各项风险的基础上,建立审慎的财务模型,测算并购双方未来财务数据,以及对并购贷款风险有重要影响的关键财务杠杆和偿债能力指标。

**第十六条** 商业银行应在财务模型测算的基础上,充分考虑各种不利情形对并购贷款风险的影响。不利情形包括但不限于:

（1）并购双方的经营业绩（包括现金流）在还款期内未能保持稳定或增长趋势；
（2）并购双方的治理结构不健全，管理团队不稳定或不能胜任；
（3）并购后并购方与目标企业未能产生协同效应；
（4）并购方与目标企业存在关联关系，尤其是并购方与目标企业受同一实际控制人控制的情形。

**第十七条** 商业银行应在全面评估并购贷款风险的基础上，确认并购交易的真实性，综合判断借款人的还款资金来源是否充足，还款来源与还款计划是否匹配，借款人是否能够按照合同约定支付贷款利息和本金等，并提出并购贷款质量下滑时可采取的应对措施或退出策略，形成贷款评审报告。

## 第三章 风险管理

**第十八条** 商业银行全部并购贷款余额占同期本行一级资本净额的比例不应超过50%。

**第十九条** 商业银行应按照本行并购贷款业务发展策略，分别按单一借款人、集团客户、行业类别、国家或地区对并购贷款集中度建立相应的限额控制体系，并向银监会或其派出机构报告。

**第二十条** 商业银行对单一借款人的并购贷款余额占同期本行一级资本净额的比例不应超过5%。

**第二十一条** 并购交易价款中并购贷款所占比例不应高于60%。

**第二十二条** 并购贷款期限一般不超过七年。

**第二十三条** 商业银行应具有与本行并购贷款业务规模和复杂程度相适应的熟悉并购相关法律、财务、行业等知识的专业人员。

**第二十四条** 商业银行应在内部组织并购贷款尽职调查和风险评估的专业团队，对本指引第十一条到第十七条的内容进行调查、分析和评估，并形成书面报告。

前款所称专业团队的负责人应有3年以上并购从业经验，成员可包括但不限于并购专家、信贷专家、行业专家、法律专家和财务专家等。

**第二十五条** 商业银行应在并购贷款业务受理、尽职调查、风险评估、合同签订、贷款发放、贷后管理等主要业务环节以及内部控制体系中加强专业化的管理与控制。

**第二十六条** 商业银行受理的并购贷款申请应符合以下基本条件：
（1）并购方依法合规经营，信用状况良好，没有信贷违约、逃废银行债务等不良记录；
（2）并购交易合法合规，涉及国家产业政策、行业准入、反垄断、国有资产转让等事项的，应按相关法律法规和政策要求，取得有关方面的批准和履行相关手续；
（3）并购方与目标企业之间具有较高的产业相关度或战略相关性，并购方通过并购能够获得目标企业的研发能力、关键技术与工艺、商标、特许权、供应或分销网络等战略性资源以提高其核心竞争能力。

**第二十七条** 商业银行可根据并购交易的复杂性、专业性和技术性,聘请中介机构进行有关调查并在风险评估时使用该中介机构的调查报告。

有前款所述情形的,商业银行应建立相应的中介机构管理制度,并通过书面合同明确中介机构的法律责任。

**第二十八条** 并购方与目标企业存在关联关系的,商业银行应当加强贷前调查,了解和掌握并购交易的经济动机、并购双方整合的可行性、协同效应的可能性等相关情况,核实并购交易的真实性以及并购交易价格的合理性,防范关联企业之间利用虚假并购交易套取银行信贷资金的行为。

**第二十九条** 商业银行原则上应要求借款人提供充足的能够覆盖并购贷款风险的担保,包括但不限于资产抵押、股权质押、第三方保证,以及符合法律规定的其他形式的担保。以目标企业股权质押时,商业银行应采用更为审慎的方法评估其股权价值和确定质押率。

**第三十条** 商业银行应根据并购贷款风险评估结果,审慎确定借款合同中贷款金额、期限、利率、分期还款计划、担保方式等基本条款的内容。

**第三十一条** 商业银行应在借款合同中约定保护贷款人利益的关键条款,包括但不限于:

(1)对借款人或并购后企业重要财务指标的约束性条款;

(2)对借款人特定情形下获得的额外现金流用于提前还款的强制性条款;

(3)对借款人或并购后企业的主要或专用账户的监控条款;

(4)确保贷款人对重大事项知情权或认可权的借款人承诺条款。

**第三十二条** 商业银行应通过本指引第三十一条所述的关键条款约定在并购双方出现以下情形时可采取的风险控制措施:

(1)重要股东的变化;

(2)经营战略的重大变化;

(3)重大投资项目变化;

(4)营运成本的异常变化;

(5)品牌、客户、市场渠道等的重大不利变化;

(6)产生新的重大债务或对外担保;

(7)重大资产出售;

(8)分红策略的重大变化;

(9)担保人的担保能力或抵质押物发生重大变化;

(10)影响企业持续经营的其他重大事项。

**第三十三条** 商业银行应在借款合同中约定提款条件以及与贷款支付使用相关的条款,提款条件应至少包括并购方自筹资金已足额到位和并购合规性条件已满足等内容。

商业银行应按照借款合同约定，加强对贷款资金的提款和支付管理，做好资金流向监控，防范关联企业借助虚假并购交易套取贷款资金，确保贷款资金不被挪用。

**第三十四条** 商业银行应在借款合同中约定，借款人有义务在贷款存续期间定期报送并购双方、担保人的财务报表以及贷款人需要的其他相关资料。

**第三十五条** 商业银行在贷款存续期间，应加强贷后检查，及时跟踪并购实施情况，定期评估并购双方未来现金流的可预测性和稳定性，定期评估借款人的还款计划与还款来源是否匹配，对并购交易或者并购双方出现异常情况的，及时采取有效措施保障贷款安全。

并购方与目标企业存在关联关系的，商业银行应加大贷后管理力度，特别是应确认并购交易得到实际执行以及并购方对目标企业真正实施整合。

**第三十六条** 商业银行在贷款存续期间，应密切关注借款合同中关键条款的履行情况。

**第三十七条** 商业银行应按照不低于其他贷款种类的频率和标准对并购贷款进行风险分类和计提拨备。

**第三十八条** 并购贷款出现不良时，商业银行应及时采取贷款清收、保全，以及处置抵质押物、依法接管企业经营权等风险控制措施。

**第三十九条** 商业银行应明确并购贷款业务内部报告的内容、路线和频率，并应至少每年对并购贷款业务的合规性和资产价值变化进行内部检查和独立的内部审计，对其风险状况进行全面评估。当出现并购贷款集中度趋高、贷款风险分类趋降等情形时，商业银行应提高内部报告、检查和评估的频率。

**第四十条** 商业银行在并购贷款的不良贷款额或不良率上升时应加强对以下内容的报告、检查和评估：

（1）并购贷款担保的方式、构成和覆盖贷款本息的情况；
（2）针对不良贷款所采取的清收和保全措施；
（3）处置质押股权的情况；
（4）依法接管企业经营权的情况；
（5）并购贷款的呆账核销情况。

## 第四章 附 则

**第四十一条** 商业银行贷款支持已获得目标企业控制权的并购方企业，为维持对目标企业的控制权而受让或者认购目标企业股权的，适用本指引。

**第四十二条** 政策性银行、外国银行分行和企业集团财务公司开办并购贷款业务的，参照本指引执行。

**第四十三条** 本指引所称并购双方是指并购方与目标企业。

**第四十四条** 本指引由中国银监会负责解释。

**第四十五条** 本指引自印发之日起施行。《中国银监会关于印发〈商业银行并购贷款风险管理指引〉的通知》（银监发〔2008〕84号）同时废止。

# 《国务院关于加强固定资产投资项目资本金管理的通知》

**（国发〔2019〕26号）**

各省、自治区、直辖市人民政府，国务院各部委、各直属机构：

对固定资产投资项目（以下简称投资项目）实行资本金制度，合理确定并适时调整资本金比例，是促进有效投资、防范风险的重要政策工具，是深化投融资体制改革、优化投资供给结构的重要手段。为更好发挥投资项目资本金制度的作用，做到有保有控、区别对待，促进有效投资和风险防范紧密结合、协同推进，现就加强投资项目资本金管理工作通知如下：

一、进一步完善投资项目资本金制度

（一）明确投资项目资本金制度的适用范围和性质。该制度适用于我国境内的企业投资项目和政府投资的经营性项目。投资项目资本金作为项目总投资中由投资者认缴的出资额，对投资项目来说必须是非债务性资金，项目法人不承担这部分资金的任何债务和利息；投资者可按其出资比例依法享有所有者权益，也可转让其出资，但不得以任何方式抽回。党中央、国务院另有规定的除外。

（二）分类实施投资项目资本金核算管理。设立独立法人的投资项目，其所有者权益可以全部作为投资项目资本金。对未设立独立法人的投资项目，项目单位应设立专门账户，规范设置和使用会计科目，按照国家有关财务制度、会计制度对拨入的资金和投资项目的资产、负债进行独立核算，并据此核定投资项目资本金的额度和比例。

（三）按照投资项目性质，规范确定资本金比例。适用资本金制度的投资项目，属于政府投资项目的，有关部门在审批可行性研究报告时要对投资项目资本金筹措方式和有关资金来源证明文件的合规性进行审查，并在批准文件中就投资项目资本金比例、筹措方式予以确认；属于企业投资项目的，提供融资服务的有关金融机构要加强对投资项目资本金来源、比例、到位情况的审查监督。

二、适当调整基础设施项目最低资本金比例

（四）港口、沿海及内河航运项目，项目最低资本金比例由25%调整为20%。

（五）机场项目最低资本金比例维持25%不变，其他基础设施项目维持20%不变。其中，公路（含政府收费公路）、铁路、城建、物流、生态环保、社会民生等领域的补短板基础设施项目，在投资回报机制明确、收益可靠、风险可控的前提下，可以适当降低项目最低资本金比例，但下调不得超过5个百分点。实行审批制的项目，审批部门可以明确项目单位按此规定合理确定的投资项目资本金比例。实行核准或备案制的项目，项目单位与金融机构可以按此规定自主调整投资项目资本金比例。

（六）法律、行政法规和国务院对有关投资项目资本金比例另有规定的，从其规定。

三、鼓励依法依规筹措重大投资项目资本金

（七）对基础设施领域和国家鼓励发展的行业，鼓励项目法人和项目投资方通过发行权益型、股权类金融工具，多渠道规范筹措投资项目资本金。

（八）通过发行金融工具等方式筹措的各类资金，按照国家统一的会计制度应当分类为权益工具的，可以认定为投资项目资本金，但不得超过资本金总额的50%。存在下列情形之一的，不得认定为投资项目资本金：

1. 存在本息回购承诺、兜底保障等收益附加条件；
2. 当期债务性资金偿还前，可以分红或取得收益；
3. 在清算时受偿顺序优先于其他债务性资金。

（九）地方各级政府及其有关部门可统筹使用本级预算资金、上级补助资金等各类财政资金筹集项目资本金，可按有关规定将政府专项债券作为符合条件的重大项目资本金。

四、严格规范管理，加强风险防范

（十）项目借贷资金和不符合国家规定的股东借款、"名股实债"等资金，不得作为投资项目资本金。筹措投资项目资本金，不得违规增加地方政府隐性债务，不得违反国家关于国有企业资产负债率相关要求。不得拖欠工程款。

（十一）金融机构在认定投资项目资本金时，应严格区分投资项目与项目投资方，依据不同的资金来源与投资项目的权责关系判定其权益或债务属性，对资本金的真实性、合规性和投资收益、贷款风险进行全面审查，并自主决定是否发放贷款以及贷款数量和比例。项目单位应当配合金融机构开展投资项目资本金审查工作，提供有关资本金真实性和资金来源的证明材料，并对证明材料的真实性负责。

（十二）自本通知印发之日起，凡尚未经有关部门审批可行性研究报告、核准项目申请报告、办理备案手续的投资项目，均按本通知执行。已经办理相关手续、尚未开工、金融机构尚未发放贷款的投资项目，可以按本通知调整资金筹措方案，并重新办理审批、核准或备案手续。已与金融机构签订相关贷款合同的投资项目，可按照原合同执行。

# 《商业银行押品管理指引》

（银监发〔2017〕16号）

## 第一章 总 则

**第一条** 为规范商业银行押品管理，根据《中华人民共和国银行业监督管理法》、《中华人民共和国商业银行法》、《中华人民共和国物权法》和《中华人民共和国担保法》（注：

现已被《中华人民共和国民法典》废止)等法律法规,制定本指引。

**第二条** 中华人民共和国境内依法设立的商业银行适用本指引。

**第三条** 本指引所称押品是指债务人或第三方为担保商业银行相关债权实现,抵押或质押给商业银行,用于缓释信用风险的财产或权利。

**第四条** 商业银行应将押品管理纳入全面风险管理体系,完善与押品管理相关的治理架构、管理制度、业务流程、信息系统等。

**第五条** 商业银行押品管理应遵循以下原则:

(1)合法性原则。押品管理应符合法律法规规定。

(2)有效性原则。抵质押担保手续完备,押品估值合理并易于处置变现,具有较好的债权保障作用。

(3)审慎性原则。充分考虑押品本身可能存在的风险因素,审慎制定押品管理政策,动态评估押品价值及风险缓释作用。

(4)从属性原则。商业银行使用押品缓释信用风险应以全面评估债务人的偿债能力为前提。

**第六条** 中国银监会对商业银行押品管理进行监督检查,对不能满足本指引要求的商业银行,视情况采取相应的监管措施。

## 第二章 管理体系

**第七条** 商业银行应健全押品管理的治理架构,明确董事会、高级管理层、相关部门和岗位人员的押品管理职责。

**第八条** 董事会应督促高级管理层在全面风险管理体系框架下构建押品管理体系,切实履行押品管理职责。

**第九条** 高级管理层应规范押品管理制度流程,落实各项押品管理措施,确保押品管理体系与业务发展、风险管理水平相适应。

**第十条** 商业银行应明确前、中、后台各业务部门的押品管理职责,内审部门应将押品管理纳入内部审计范畴定期进行审计。

商业银行应确定押品管理牵头部门,统筹协调押品管理,包括制定押品管理制度、推动信息化建设、开展风险监测、组织业务培训等。

**第十一条** 商业银行应根据需要,设置押品价值评估、抵质押登记、保管等相关业务岗位,明确岗位职责,配备充足人员,确保相关人员具备必要的专业知识和业务能力。同时,应采取建立回避制度、流程化管理等措施防范操作风险。

**第十二条** 商业银行应健全押品管理制度和流程,明确可接受的押品类型、目录、抵质押率、估值方法及频率、担保设立及变更、存续期管理、返还和处置等相关要求。

**第十三条** 商业银行应建立押品管理信息系统,持续收集押品类型、押品估值、抵质押率等相关信息,支持对押品及相关担保业务开展统计分析,动态监控押品债权保障作用和风险缓释能力,将业务管控规则嵌入信息系统,加强系统制约,防范抵质押业务风险。

**第十四条** 商业银行应真实、完整保存押品管理过程中产生的各类文档,包括押品调查文档、估值文档、存续期管理记录等相关资料,并易于检索和查询。

## 第三章 风险管理

**第十五条** 商业银行接受的押品应符合以下基本条件:
(1)押品真实存在;
(2)押品权属关系清晰,抵押(出质)人对押品具有处分权;
(3)押品符合法律法规规定或国家政策要求;
(4)押品具有良好的变现能力。

**第十六条** 商业银行应至少将押品分为金融质押品、房地产、应收账款和其他押品等类别,并在此基础上进一步细分。同时,应结合本行业务实践和风控水平,确定可接受的押品目录,且至少每年更新一次。

**第十七条** 商业银行应遵循客观、审慎原则,依据评估准则及相关规程、规范,明确各类押品的估值方法,并保持连续性。原则上,对于有活跃交易市场、有明确交易价格的押品,应参考市场价格确定押品价值。采用其他方法估值时,评估价值不能超过当前合理市场价格。

**第十八条** 商业银行应根据不同押品的价值波动特性,合理确定价值重估频率,每年应至少重估一次。价格波动较大的押品应适当提高重估频率,有活跃交易市场的金融质押品应进行盯市估值。

**第十九条** 商业银行应明确押品估值的责任主体以及估值流程,包括发起、评估、确认等相关环节。对于外部估值情形,其评估结果应由内部审核确认。

**第二十条** 商业银行应审慎确定各类押品的抵质押率上限,并根据经济周期、风险状况和市场环境及时调整。

抵质押率指押品担保本金余额与押品估值的比率:抵质押率=押品担保本金余额÷押品估值×100%。

**第二十一条** 商业银行应建立动态监测机制,跟踪押品相关政策及行业、地区环境变化,分析其对押品价值的影响,及时发布预警信息,必要时采取相应措施。

**第二十二条** 商业银行应加强押品集中度管理,采取必要措施,防范因单一押品或单一种类押品占比过高产生的风险。

**第二十三条** 商业银行应根据押品重要程度和风险状况,定期对押品开展压力测试,原则上每年至少进行一次,并根据测试结果采取相应的应对措施。

## 第四章 押品调查与评估

**第二十四条** 商业银行各类表内外业务采用抵质押担保的，应对押品情况进行调查与评估，主要包括受理、调查、估值、审批等环节。

**第二十五条** 商业银行应明确抵押（出质）人需提供的材料范围，及时、全面收集押品相关信息和材料。

**第二十六条** 商业银行应对抵押（出质）人以及押品情况进行调查并形成书面意见，内容包括但不限于押品权属及抵质押行为的合法性、押品及其权属证书的真实性、押品变现能力、押品与债务人风险的相关性，以及抵押（出质）人的担保意愿、与债务人的关联关系等。

**第二十七条** 押品调查方式包括现场调查和非现场调查，原则上以现场调查为主，非现场调查为辅。

**第二十八条** 商业银行应按照既定的方法、频率、流程对押品进行估值，并将评估价值和变现能力作为业务审批的参考因素。

**第二十九条** 下列情形下，押品应由外部评估机构进行估值：

（1）法律法规及政策规定、人民法院、仲裁机关等要求必须由外部评估机构估值的押品；

（2）监管部门要求由外部评估机构估值的押品；

（3）因估值技术性要求较高，本行不具备评估专业能力的押品；

（4）其他确需外部评估机构估值的押品。

**第三十条** 商业银行应明确外部评估机构的准入条件，选择符合法定要求、取得相应专业资质的评估机构，实行名单制管理，定期开展后评价，动态调整合作名单。原则上不接受名单以外的外部评估机构的估值结果，确需名单以外的外部评估机构估值的，应审慎控制适用范围。

**第三十一条** 商业银行应参考押品调查意见和估值结果，对抵质押业务进行审批。

## 第五章 抵质押设立与存续期管理

**第三十二条** 商业银行办理抵质押担保业务时，应签订合法、有效的书面主合同及抵质押从合同，押品存续期限原则上不短于主债权期限。主从合同合一的，应在合同中明确抵质押担保事项。

**第三十三条** 对于法律法规规定抵质押权经登记生效或未经登记不得对抗善意第三人的押品，应按登记部门要求办理抵质押登记，取得他项权利证书或其他抵质押登记证明，确保抵质押登记真实有效。

**第三十四条** 对于法律规定以移交占有为质权生效要件的押品和应移交商业银行保管的权属证书，商业银行应办理转移占有的交付或止付手续，并采取必要措施，确保押品真实有效。

**第三十五条** 押品由第三方监管的，商业银行应明确押品第三方监管的准入条件，对合作的监管方实行名单制管理,加强日常监控,全面评价其管理能力和资信状况。对于需要移交第三方保管的押品,商业银行应与抵押(出质)人、监管方签订监管合同或协议,明确监管方的监管责任和违约赔偿责任。监管方应将押品与其他资产相分离,不得重复出具仓储单据或类似证明。

第三十六条　商业银行应明确押品及其权属证书的保管方式和操作要求,妥善保管抵押(出质)人依法移交的押品或权属证书。

第三十七条　商业银行应按规定频率对押品进行价值重估。出现下列情形之一的,即使未到重估时点,也应重新估值:
(1)押品市场价格发生较大波动;
(2)发生合同约定的违约事件;
(3)押品担保的债权形成不良;
(4)其他需要重估的情形。

第三十八条　发生可能影响抵质押权实现或出现其他需要补充变更押品的情形时,商业银行应及时采取补充担保等相关措施防范风险。

第三十九条　抵质押合同明确约定警戒线或平仓线的押品,商业银行应加强押品价格监控,触及警戒线时要及时采取防控措施,触及强制平仓条件时应按合同约定平仓。

第四十条　商业银行在对押品相关主合同办理展期、重组、担保方案变更等业务时,应确保抵质押担保的连续性和有效性,防止债权悬空。

第四十一条　商业银行应对押品管理情况进行定期或不定期检查,重点检查押品保管情况以及权属变更情况,排查风险隐患,评估相关影响,并以书面形式在相关报告中反映。原则上不低于每年一次。

## 第六章　押品返还与处置

第四十二条　出现下列情形之一的,商业银行应办理抵质押注销登记手续,返还押品或权属证书:
(1)抵质押担保合同履行完毕,押品所担保的债务已经全部清偿;
(2)人民法院解除抵质押担保裁判生效;
(3)其他法定或约定情形。

第四十三条　商业银行向受让方转让抵质押担保债权的,应协助受让方办理担保变更手续。

第四十四条　债务人未能按期清偿押品担保的债务或发生其他风险状况的,商业银行应根据合同约定,按照损失最小化原则,合理选择行使抵质押权的时机和方式,通过变卖、拍卖、折价等合法方式及时行使抵质押权,或通过其他方式保障合同约定的权利。

第四十五条　处置押品回收的价款超过合同约定主债权金额、利息、违约金、损害赔偿金和实现债权的相关费用的,商业银行应依法将超过部分退还抵押(出质)人;价款低于合同约定主债权本息及相关费用的,不足部分依法由债务人清偿。

## 第七章 附 则

**第四十六条** 本指引由中国银监会负责解释。

**第四十七条** 中国银监会监管的其他银行业金融机构参照本指引执行。

**第四十八条** 本指引自印发之日起施行。

## 《贷款风险分类指引》

(银监发〔2007〕54号)

**第一条** 为促进商业银行完善信贷管理,科学评估信贷资产质量,根据《中华人民共和国银行业监督管理法》、《中华人民共和国商业银行法》及其他法律、行政法规,制定本指引。

**第二条** 本指引所指的贷款分类,是指商业银行按照风险程度将贷款划分为不同档次的过程,其实质是判断债务人及时足额偿还贷款本息的可能性。

**第三条** 通过贷款分类应达到以下目标:

(1)揭示贷款的实际价值和风险程度,真实、全面、动态地反映贷款质量。

(2)及时发现信贷管理过程中存在的问题,加强贷款管理。

(3)为判断贷款损失准备金是否充足提供依据。

**第四条** 贷款分类应遵循以下原则:

(1)真实性原则。分类应真实客观地反映贷款的风险状况。

(2)及时性原则。应及时、动态地根据借款人经营管理等状况的变化调整分类结果。

(3)重要性原则。对影响贷款分类的诸多因素,要根据本指引第五条的核心定义确定关键因素进行评估和分类。

(4)审慎性原则。对难以准确判断借款人还款能力的贷款,应适度下调其分类等级。

**第五条** 商业银行应按照本指引,至少将贷款划分为正常、关注、次级、可疑和损失五类,后三类合称为不良贷款。

正常:借款人能够履行合同,没有足够理由怀疑贷款本息不能按时足额偿还。

关注:尽管借款人目前有能力偿还贷款本息,但存在一些可能对偿还产生不利影响的因素。

次级:借款人的还款能力出现明显问题,完全依靠其正常营业收入无法足额偿还贷款本息,即使执行担保,也可能会造成一定损失。

可疑:借款人无法足额偿还贷款本息,即使执行担保,也肯定要造成较大损失。

损失:在采取所有可能的措施或一切必要的法律程序之后,本息仍然无法收回,或只能收回极少部分。

> **第六条** 商业银行对贷款进行分类,应主要考虑以下因素:
> (1)借款人的还款能力。
> (2)借款人的还款记录。
> (3)借款人的还款意愿。
> (4)贷款项目的盈利能力。
> (5)贷款的担保。
> (6)贷款偿还的法律责任。
> (7)银行的信贷管理状况。

**第七条** 对贷款进行分类时,要以评估借款人的还款能力为核心,把借款人的正常营业收入作为贷款的主要还款来源,贷款的担保作为次要还款来源。

借款人的还款能力包括借款人现金流量、财务状况、影响还款能力的非财务因素等。

不能用客户的信用评级代替对贷款的分类,信用评级只能作为贷款分类的参考因素。

**第八条** 对零售贷款如自然人和小企业贷款主要采取脱期法,依据贷款逾期时间长短直接划分风险类别。对农户、农村微型企业贷款可同时结合信用等级、担保情况等进行风险分类。

**第九条** 同一笔贷款不得进行拆分分类。

**第十条** 下列贷款应至少归为关注类:
(1)本金和利息虽尚未逾期,但借款人有利用兼并、重组、分立等形式恶意逃废银行债务的嫌疑。
(2)借新还旧,或者需通过其他融资方式偿还。
(3)改变贷款用途。
(4)本金或者利息逾期。
(5)同一借款人对本行或其他银行的部分债务已经不良。
(6)违反国家有关法律和法规发放的贷款。

**第十一条** 下列贷款应至少归为次级类:
(1)逾期(含展期后)超过一定期限、其应收利息不再计入当期损益。
(2)借款人利用合并、分立等形式恶意逃废银行债务,本金或者利息已经逾期。

**第十二条** 需要重组的贷款应至少归为次级类。

重组贷款是指银行由于借款人财务状况恶化,或无力还款而对借款合同还款条款作出调整的贷款。

重组后的贷款(简称重组贷款)如果仍然逾期,或借款人仍然无力归还贷款,应至少归为可疑类。

重组贷款的分类档次在至少6个月的观察期内不得调高,观察期结束后,应严格按照本指引规定进行分类。

第十三条 商业银行在贷款分类中应当做到：

（1）制定和修订信贷资产风险分类的管理政策、操作实施细则或业务操作流程。

（2）开发和运用信贷资产风险分类操作实施系统和信息管理系统。

（3）保证信贷资产分类人员具备必要的分类知识和业务素质。

（4）建立完整的信贷档案，保证分类资料信息准确、连续、完整。

（5）建立有效的信贷组织管理体制，形成相互监督制约的内部控制机制，保证贷款分类的独立、连续、可靠。

商业银行高级管理层要对贷款分类制度的执行、贷款分类的结果承担责任。

第十四条 商业银行应至少每季度对全部贷款进行一次分类。

如果影响借款人财务状况或贷款偿还因素发生重大变化，应及时调整对贷款的分类。

对不良贷款应严密监控，加大分析和分类的频率，根据贷款的风险状况采取相应的管理措施。

第十五条 逾期天数是分类的重要参考指标。商业银行应加强对贷款的期限管理。

第十六条 商业银行内部审计部门应对信贷资产分类政策、程序和执行情况进行检查和评估，将结果向上级行或董事会作出书面汇报，并报送中国银行业监督管理委员会或其派出机构。

检查、评估的频率每年不得少于一次。

第十七条 本指引规定的贷款分类方式是贷款风险分类的最低要求，各商业银行可根据自身实际制定贷款分类制度，细化分类方法，但不得低于本指引提出的标准和要求，并与本指引的贷款风险分类方法具有明确的对应和转换关系。

商业银行制定的贷款分类制度应向中国银行业监督管理委员会或其派出机构进行报备。

第十八条 对贷款以外的各类资产，包括表外项目中的直接信用替代项目，也应根据资产的净值、债务人的偿还能力、债务人的信用评级情况和担保情况划分为正常、关注、次级、可疑、损失五类，其中后三类合称为不良资产。

分类时，要以资产价值的安全程度为核心，具体可参照贷款风险分类的标准和要求。

第十九条 中国银行业监督管理委员会及其派出机构通过现场检查和非现场监管对贷款分类及其质量进行监督管理。

第二十条 商业银行应当按照相关规定，向中国银行业监督管理委员会及其派出机构报送贷款分类的数据资料。

第二十一条 商业银行应在贷款分类的基础上，根据有关规定及时足额计提贷款损失准备，核销贷款损失。

第二十二条 商业银行应依据有关信息披露的规定，披露贷款分类方法、程序、结果及贷款损失计提、贷款损失核销等信息。

**第二十三条** 本指引适用于各类商业银行、农村合作银行、村镇银行、贷款公司和农村信用社。

政策性银行和经中国银行业监督管理委员会批准经营信贷业务的其他金融机构可参照本指引建立各自的分类制度,但不应低于本指引所提出的标准和要求。

**第二十四条** 本指引由中国银行业监督管理委员会负责解释和修改。

**第二十五条** 本指引自发布之日起施行,在本指引发布施行前有关规定与本指引相抵触的,以本指引为准。

# 《金融企业不良资产批量转让管理办法》

(财金〔2012〕6号)

## 第一章 总 则

**第一条** 为盘活金融企业不良资产,增强抵御风险能力,促进金融支持经济发展,防范国有资产流失,根据国家有关法律法规,制定本办法。

**第二条** 本办法所称金融企业,是指在中华人民共和国境内依法设立的国有及国有控股商业银行、政策性银行、信托投资公司、财务公司、城市信用社、农村信用社以及中国银行业监督管理委员会(以下简称银监会)依法监督管理的其他国有及国有控股金融企业(金融资产管理公司除外)。

其他中资金融企业参照本办法执行。

**第三条** 本办法所称资产管理公司,是指具有健全公司治理、内部管理控制机制,并有5年以上不良资产管理和处置经验,公司注册资本金100亿元(含)以上,取得银监会核发的金融许可证的公司,以及各省、自治区、直辖市人民政府依法设立或授权的资产管理或经营公司。

各省级人民政府原则上只可设立或授权一家资产管理或经营公司,核准设立或授权文件同时抄送财政部和银监会。上述资产管理或经营公司只能参与本省(区、市)范围内不良资产的批量转让工作,其购入的不良资产应采取债务重组的方式进行处置,不得对外转让。

批量转让是指金融企业对一定规模的不良资产(10户/项以上)进行组包,定向转让给资产管理公司的行为。

**第四条** 金融企业应进一步完善公司治理和内控制度,不断提高风险管理能力,建立损失补偿机制,及时提足相关风险准备。

**第五条** 金融企业应对批量处置的不良资产及时认定责任人,对相关责任人进行严肃处理,并将处理情况报同级财政部门和银监会或属地银监局。

**第六条** 不良资产批量转让工作应坚持依法合规、公开透明、竞争择优、价值最大化原则。

（1）依法合规原则。转让资产范围、程序严格遵守国家法律法规和政策规定，严禁违法违规行为。

（2）公开透明原则。转让行为要公开、公平、公正，及时充分披露相关信息，避免暗箱操作，防范道德风险。

（3）竞争择优原则。要优先选择招标、竞价、拍卖等公开转让方式，充分竞争，避免非理性竞价。

（4）价值最大化原则。转让方式和交易结构应科学合理，提高效率，降低成本，实现处置回收价值最大化。

## 第二章 转让范围

**第七条** 金融企业批量转让不良资产的范围包括金融企业在经营中形成的以下不良信贷资产和非信贷资产：

（1）按规定程序和标准认定为次级、可疑、损失类的贷款；

（2）已核销的账销案存资产；

（3）抵债资产；

（4）其他不良资产。

**第八条** 下列不良资产不得进行批量转让：

（1）债务人或担保人为国家机关的资产；

（2）经国务院批准列入全国企业政策性关闭破产计划的资产；

（3）国防军工等涉及国家安全和敏感信息的资产；

（4）个人贷款（包括向个人发放的购房贷款、购车贷款、教育助学贷款、信用卡透支、其他消费贷款等以个人为借款主体的各类贷款）；

（5）在借款合同或担保合同中有限制转让条款的资产；

（6）国家法律法规限制转让的其他资产。

## 第三章 转让程序

**第九条** 资产组包。金融企业应确定拟批量转让不良资产的范围和标准，对资产进行分类整理，对一定户数和金额的不良资产进行组包，根据资产分布和市场行情，合理确定批量转让资产的规模。

**第十条** 卖方尽职调查。金融企业应按照国家有关规定和要求，认真做好批量转让不良资产的卖方尽职调查工作。

（1）通过审阅不良资产档案和现场调查等方式，客观、公正地反映不良资产状况，充分披露资产风险。

（2）金融企业应按照地域、行业、金额等特点确定样本资产，并对样本资产（其中债权资产应包括抵质押物）开展现场调查，样本资产金额（债权为本金金额）应不低于每批次资产的80%。

（3）金融企业应真实记录卖方尽职调查过程，建立卖方尽职调查数据库，撰写卖方尽职调查报告。

第十一条 资产估值。金融企业应在卖方尽职调查的基础上，采取科学的估值方法，逐户预测不良资产的回收情况，合理估算资产价值，作为资产转让定价的依据。

第十二条 制定转让方案。金融企业制定转让方案应对资产状况、尽职调查情况、估值的方法和结果、转让方式、邀请或公告情况、受让方的确定过程、履约保证和风险控制措施、预计处置回收和损失、费用支出等进行阐述和论证。转让方案应附卖方尽职调查报告和转让协议文本。

第十三条 方案审批。金融企业不良资产批量转让方案须履行相应的内部审批程序。

第十四条 发出要约邀请。金融企业可选择招标、竞价、拍卖等公开转让方式，根据不同的转让方式向资产管理公司发出邀请函或进行公告。邀请函或公告内容应包括资产金额、交易基准日、五级分类、资产分布、转让方式、交易对象资格和条件、报价日、邀请或公告日期、有效期限、联系人和联系方式及其他需要说明的问题。通过公开转让方式只产生1个符合条件的意向受让方时，可采取协议转让方式。

第十五条 组织买方尽职调查。金融企业应组织接受邀请并注册竞买的资产管理公司进行买方尽职调查。

（1）金融企业应在买方尽职调查前，向已注册竞买的资产管理公司提供必要的资产权属文件、档案资料和相应电子信息数据，至少应包括不良资产重要档案复印件或扫描文件、贷款五级分类结果等。

（2）金融企业应对资产管理公司的买方尽职调查提供必要的条件，保证合理的现场尽职调查时间，对于资产金额和户数较大的资产包，应适当延长尽职调查时间。

（3）资产管理公司通过买方尽职调查，补充完善资产信息，对资产状况、权属关系、市场前景等进行评价分析，科学估算资产价值，合理预测风险。对拟收购资产进行量本利分析，认真测算收购资产的预期收入和成本，根据资产管理公司自身的风险承受能力，理性报价。

第十六条 确定受让方。金融企业根据不同的转让方式，按照市场化原则和国家有关规定，确定受让资产管理公司。金融企业应将确定受让方的原则提前告知已注册的资产管理公司。采取竞价方式转让资产，应组成评价委员会，负责转让资产的评价工作，评价委员会可邀请外部专家参加；采取招标方式应遵守国家有关招标的法律法规；采取拍卖方式应遵守国家有关拍卖的法律法规。

第十七条 签订转让协议。金融企业应与受让资产管理公司签订资产转让协议，转让协议应明确约定交易基准日、转让标的、转让价格、付款方式、付款时间、收款账户、资产清单、资产交割日、资产交接方式、违约责任等条款，以及有关资产权利的维护、担保权利的变更、已起诉和执行项目主体资格的变更等具体事项。转让协议经双方签署后生效。

第十八条　组织实施。金融企业和受让资产管理公司根据签署的资产转让协议组织实施。

第十九条　发布转让公告。转让债权资产的，金融企业和受让资产管理公司要在约定时间内在全国或者省级有影响的报纸上发布债权转让通知暨债务催收公告，通知债务人和相应的担保人，公告费用由双方承担。双方约定采取其他方式通知债务人的除外。

第二十条　转让协议生效后，受让资产管理公司应在规定时间内将交易价款划至金融企业指定账户。原则上采取一次性付款方式，确需采取分期付款方式的，应将付款期限和次数等条件作为确定转让对象和价格的因素，首次支付比例不低于全部价款的30%。

采取分期付款的，资产权证移交受让资产管理公司前应落实有效履约保障措施。

第二十一条　金融企业应按照资产转让协议约定，及时完成资产档案的整理、组卷和移交工作。

（1）金融企业移交的档案资料原则上应为原件（电子信息资料除外），其中证明债权债务关系和产权关系的法律文件资料必须移交原件。

（2）金融企业将资产转让给资产管理公司时，对双方共有债权的档案资料，由双方协商确定档案资料原件的保管方，并在协议中进行约定，确保其他方需要使用原件时，原件保管方及时提供。

（3）金融企业应确保移交档案资料和信息披露资料（债权利息除外）的一致性，严格按照转让协议的约定向受让资产管理公司移交不良资产的档案资料。

第二十二条　自交易基准日至资产交割日的过渡期内，金融企业应继续负责转让资产的管理和维护，避免出现管理真空，丧失诉讼时效等相关法律权利。

过渡期内由于金融企业原因造成债权诉讼时效丧失所形成的损失，应由金融企业承担。签订资产转让协议后，金融企业对不良资产进行处置或签署委托处置代理协议的方案，应征得受让资产管理公司同意。

第二十三条　金融企业应按照国家有关规定，对资产转让成交价格与账面价值的差额进行核销，并按规定进行税前扣除。

## 第四章　转让管理

第二十四条　金融企业应建立健全不良资产批量转让管理制度，设立或确定专门的审核机构，完善授权机制，明确股东大会、董事会、经营管理层的职责。

资产管理公司应制定不良资产收购管理制度，设立收购业务审议决策机构，建立科学的决策机制，有效防范经营风险。

第二十五条　金融企业和资产管理公司负责不良资产批量转让或收购的有关部门应遵循岗位分离、人员独立、职能制衡的原则。

第二十六条　金融企业根据本办法规定，按照公司章程和内部管理权限，履行批量转让不良资产的内部审批程序，自主批量转让不良资产。

第二十七条　金融企业应在每批次不良资产转让工作结束后（即金融企业向受让资产管理公司完成档案移交）30个工作日内，向同级财政部门和银监会或属地银监局报告转让方案及处置结果，其中中央管理的金融企业报告财政部和银监会，地方管理的金融企业报告同级财政部门和属地银监局。同一报价日发生的批量转让行为作为一个批次。

第二十八条　金融企业应于每年2月20日前向同级财政部门和银监会或属地银监局报送上年度批量转让不良资产情况报告。省级财政部门和银监局于每年3月30日前分别将辖区内金融企业上年度批量转让不良资产汇总情况报财政部和银监会。

第二十九条　金融企业和资产管理公司的相关人员与债务人、担保人、受托中介机构等存在直接或间接利益关系的，或经认定对不良资产形成有直接责任的，在不良资产转让和收购工作中应予以回避。

第三十条　金融企业应在法律法规允许的范围内及时披露资产转让的有关信息，同时充分披露参与不良资产转让关联方的相关信息，提高转让工作的透明度。

上市金融企业应严格遵守证券交易所有关信息披露的规定，及时充分披露不良资产成因与处置结果等信息，以强化市场约束机制。

第三十一条　金融企业应做好不良资产批量转让工作的内部检查和审计，认真分析不良资产的形成原因，及时纠正存在的问题，总结经验教训，提出改进措施，强化信贷管理和风险防控。

第三十二条　金融企业应严格遵守国家法律法规，严禁以下违法违规行为：
（1）自交易基准日至资产交割日期间，擅自放弃与批量转让资产相关的权益；
（2）违反规定程序擅自转让不良资产；
（3）与债务人串通，转移资产，逃废债务；
（4）抽调、隐匿原始不良资产档案资料，编造、伪造档案资料或其他数据、资料；
（5）其他违法违规的行为。

第三十三条　金融企业和资产管理公司应建立健全责任追究制度，对违反相关法律、法规的行为进行责任认定，视情节轻重和损失大小对相关责任人进行处罚；违反党纪、政纪的，移交纪检、监察部门处理；涉嫌犯罪的，移交司法机关处理。

第三十四条　财政部和银监会依照相关法律法规，对金融企业的不良资产批量转让工作和资产管理公司的资产收购工作进行监督和管理，具体办法由财政部和银监会另行制定。对检查中发现的问题，责令有关单位或部门进行整改，并追究相关人员责任。

### 第五章 附 则

**第三十五条** 金融企业应依据本办法制定内部管理办法,并报告同级财政部门和银监会或属地银监局。

**第三十六条** 各省、自治区、直辖市人民政府依法设立或授权的资产管理或经营公司的资质认可条件,由银监会另行制定。

**第三十七条** 本办法自印发之日起施行。

## 《中国银监会关于进一步加强商业银行小微企业授信尽职免责工作的通知》

（银监发〔2016〕56号）

各银监局,各政策性银行、大型银行、股份制银行,邮储银行,外资银行：

为贯彻落实党中央、国务院关于金融支持小微企业发展的决策部署,进一步完善商业银行小微企业授信业务管理机制,推动小微企业金融服务持续健康发展,现就加强商业银行小微企业授信尽职免责工作通知如下：

### 一、总体要求

小微企业授信尽职免责工作(以下简称小微尽职免责),是指商业银行在小微企业授信业务出现风险后,经过有关工作流程,有充分证据表明授信部门及工作人员按照有关法律法规、规章和规范性文件以及银行内部管理制度勤勉尽职地履行了职责的,应免除其全部或部分责任,包括内部考核扣减分、行政处分、经济处罚等责任。

（一）适用对象

小微尽职免责适用于商业银行小微企业授信业务营销、受理、审查审批、作业监督、放款操作、贷款后管理等环节中承担管理职责和直接办理业务的工作人员,包括但不限于分管小微企业授信业务的机构负责人、管理部门及经办分支机构负责人、小微企业授信业务管理人员、小微企业授信业务经办人员。

（二）制度建设

商业银行要按照加强风险管理和服务实体经济并重的指导思想,根据有关法律法规和小微企业支持服务政策,明确尽职免责标准、完善工作办法和流程,厘清内部责任部门和岗位职责,建立健全相关决策、监督机制和管理信息系统。在落实小微尽职免责制度的同时,要强化风险管理能力建设,防范片面追求程序及形式合规、不计工作实质和可预见结果的道德风险。

商业银行应结合授信业务风险溢价状况，配套设定合理的小微企业不良容忍度。在落实现有不良容忍度监管政策的基础上，商业银行可根据自身风险偏好、风险管理水平和各地经济金融环境，对不同地区的分支机构设置差异化的小微企业不良容忍度目标。

## 二、厘清尽职认定标准

（三）直接责任认定标准

商业银行小微企业授信业务经办人员和参与具体业务流程的管理人员，应当以《商业银行授信工作尽职指引》（银监发〔2004〕51号）和《商业银行小企业授信工作尽职指引》（银监发〔2006〕69号），以及商业银行相关业务标准、作业流程作为尽职免责的主要标准。

（四）间接责任认定标准

商业银行负责小微企业授信业务的管理部门和经办机构负责人及管理人员，若未参与具体业务流程的，原则上只承担所在部门或机构小微企业授信业务领导或管理责任。

## 三、明确免责情形与问责要求

（五）负责人免责情形

商业银行小微企业授信业务风险状况未超过本行所设定不良容忍度目标的，在不违反有关法律法规、规章和规范性文件规定的前提下，原则上对相关小微企业授信业务管理部门或经办机构负责人不追究领导或管理责任。

（六）经办人员及参与具体业务流程管理人员免责情形

符合下列情形之一的，商业银行在责任认定中可对小微企业授信业务工作人员免除全部或部分责任：

（1）无确切证据证明工作人员未按照标准化操作流程完成相关操作或未勤勉尽职的；

（2）自然灾害等不可抗力因素直接导致不良资产形成，且相关工作人员在风险发生后及时揭示风险并第一时间采取措施的；

（3）信贷资产本金已还清，仅因少量欠息形成不良的，如相关工作人员无舞弊欺诈、违规违纪行为，并已按商业银行有关管理制度积极采取追索措施的；

（4）因工作调整等移交的小微企业存量授信业务，移交前已暴露风险 后续接管的工作人员在风险化解及业务管理过程中无违规失职行为；移交前未暴露风险的，后续接管的工作人员及时发现风险并采取措施减少了损失的；

（5）参与集体决策的工作人员明确提出不同意见（有合法依据），经事实证明该意见正确，且该项决策与授信业务风险存在直接关系的；

（6）在档案或流程中有书面记录、或有其他可采信的证据表明工作人员对不符合当时有关法律法规、规章、规范性文件和商业银行管理制度的业务曾明确提出反对意见，或对小微企业信贷资产风险有明确警示意见，但经上级决策后业务仍予办理且形成不良的；

(7)有关法律法规、规章、规范性文件规定的其他从轻处理情形。

(七)不得免责情形

小微企业授信业务工作人员存在以下失职或违规情节的,不得免责:

(1)借用小微企业业务流程、产品为大中型企业办理授信业务、出现风险的(存量小微企业自然成长为大中型企业的除外);

(2)有证据证明管理人员或经办人员弄虚作假、与企业内外勾结、故意隐瞒真实情况骗取授信的;

(3)在授信业务中存在重大失误,未及时发现借款人经营、管理、财务、资金流向等各种影响还款能力的风险因素的;

(4)在授信过程中向企业索取或接受企业经济利益的;

(5)其他违反有关法律法规、规章和规范性文件规定的行为。

(八)特殊情形下的问责要求

小微企业授信业务工作人员有证据证明,上级管理人员或所在机构负责人指使、教唆或命令工作人员故意隐瞒事实或违规办理业务,且工作人员对此明确提出了异议的,即使该管理人员或负责人未参与具体业务流程,仍应承担全部或主要责任。视具体情形,可对该提出异议的工作人员予以免责或部分免责。

同一小微企业授信业务工作人员应对多户不良贷款承担责任的,商业银行应当统一考虑、合并问责。

执行尽职免责后,若有证据证明相关小微企业授信业务工作人员存在主观、故意隐瞒行为的,应当对其追加责任认定。

四、规范尽职免责工作流程

(九)完善相关规程制度

小微尽职免责工作流程主要包括尽职免责调查、尽职评议、责任认定等环节。

商业银行应按照本通知规定,修改完善小微企业授信业务相关的不良资产及损失责任评议、认定工作规程和责任追究制度,并根据有关法律法规、规章、规范性文件最新规定和业务发展管理的实际需要,及时进行修订更新。

(十)建立健全组织架构

商业银行可在内部成立各级机构小微尽职免责工作领导小组(以下简称"领导小组"),负责尽职免责的认定和处置。领导小组可指定具体部门负责设立尽职评议组织,开展尽职免责调查与评议。小微企业授信业务经营部门应当参与尽职评议和责任认定工作,以保障有关免责规定落到实处。

(十一)严格落实回避要求

开展尽职评议时,被评议的小微企业授信业务工作人员(含部门负责人、经办人员等,以下简称被评议人)不得参与评议工作。小微企业授信业务工作人员为所评议授信业务申请人关系人,或为所评议授信业务流程相关环节关系人的,应主动声明并回避;事后发现关系人未主动声明和回避的,相关尽职免责评议结果无效。

### (十二)细化工作流程环节

小微企业授信业务发生风险后,对相关工作人员的责任处理,必须以尽职评议组织开展尽职免责调查与评议并进行责任认定为前提,不得以合规检查、信贷检查、专项检查等检查结论替代尽职评议。尽职免责调查可采取调阅、审核相关业务资料等非现场方式,以及必要的谈话、核实等现场方式。调查情况应作为尽职评议的重要依据。

尽职免责调查结束后,应当形成相应的尽职评议报告。报告主要内容应包括具体授信业务办理情况和业务各环节工作人员履行职责情况,并应对被评议人是否尽职给出明确的评议结论。评议结论可分为尽职、需要改进、不尽职等3类。其中,需要改进是指被评议人基本履行了授信职责,但仍需改进,发现的不足不是导致授信业务出现风险的直接原因,且未造成较大损失。商业银行可依据自身实际,对评议结论类别进行进一步细分。

领导小组在审核评议结论的基础上,依据相关规定对被评议人作出责任认定。认定为尽职的,可以免除责任;认定为需要改进的,可酌情减免责任追究;认定为不尽职的,应根据相关规程制度要求,启动责任追究程序。

### (十三)明确事实认证与责任认定程序

形成尽职评议结论前,尽职评议组织应制作事实认证材料,送被评议人签字;被评议人拒不签字、且未在规定期限内提出书面异议的,应注明原因和送达时间,并作出书面说明。被评议人在规定期限内提出书面异议的,评议组织应对其意见及证明材料进行审核;不予采纳的,应作出书面说明。

领导小组应以被评议人签字确认的事实认证材料及书面说明材料和尽职评议组织的评议结论为参考,作出责任认定。责任认定结果应在银行内部公示,并以书面形式告知被评议人及其所在部门。

### (十四)加强档案管理

商业银行应对小微企业授信业务及尽职免责工作文档加强管理,客观、全面地记录有关调查、评议、认定过程和结果,并将相关材料存档。

## 五、抓好细化落实和监管督导

### (十五)制定实施细则

商业银行应按照本通知要求,结合自身实际,制定相应的小微尽职免责内部实施细则,并将有关情况书面报告监管部门。其他银行业金融机构的小微尽职免责工作参照本通知执行。

### (十六)强化监管督导

各级监管部门要加强对商业银行小微尽职免责落实工作的引导和督促,在对商业银行小微企业金融服务工作开展监管评价时,将小微尽职免责落实情况作为重要参考因素。

## 参考文献

[1] 陈怡君.我国消费金融公司信贷风险管理研究[D].兰州大学,2016.

[2] 张昕.我国商业银行公司信贷风险管理的行业思维[J].现代经济信息,2014(3).

[3] 张颖,吴桐.绿色信贷对上市公司信贷融资成本的影响——基于双重差分模型的估计[J].金融与经济,2018(12).

[4] 刘洪泽.小额贷款公司信贷资产证券化交易结构设计及定价研究[D].哈尔滨工业大学,2014.

[5] 于博,植率.我国商业信用再配置的动机检验及其治理效应分析——来自上市公司信贷漏损的证据[J].广东财经大学学报,2017,32(4).

[6] 魏春宇,焦栋.浅析我国汽车金融公司信贷风险控制的现状及策略[J].现代经济信息,2014(23).

[7] 王明虎,郑兴东.银行竞争、区域信贷差异与上市公司信贷融资[J].财政研究,2013(10).

[8] 李凯.我国商业银行公司信贷业务发展研究[D].首都经济贸易大学,2018.

[9] 王钢.中国工商银行公司信贷风险管理研究[D].江西财经大学,2017.

[10] 许飞剑,余达淮.经济新常态下小额贷款公司信贷法律问题研究[J].经济问题,2015(10).

[11] 刘志强.我国汽车金融公司的信贷风险管理研究[D].山西财经大学,2018.